/ 当代世界农业丛书 /

加拿大农业

刘英杰　苏　洋　主编

中国农业出版社
北　京

图书在版编目（CIP）数据

加拿大农业 / 刘英杰，苏洋主编. —北京：中国
农业出版社，2021.12
（当代世界农业丛书）
ISBN 978-7-109-28901-7

Ⅰ.①加… Ⅱ.①刘… ②苏… Ⅲ.①农业经济—研
究—加拿大 Ⅳ.①F371.13

中国版本图书馆 CIP 数据核字（2021）第 221036 号

加拿大农业
JIANADA NONGYE

中国农业出版社出版
地址：北京市朝阳区麦子店街 18 号楼
邮编：100125
出版人：陈邦勋
策划统筹：胡乐鸣 苑 荣 赵 刚 徐 晖 张丽四 闫保荣
责任编辑：姚 佳
版式设计：王 晨　责任校对：刘丽香
印刷：北京通州皇家印刷厂
版次：2021 年 12 月第 1 版
印次：2021 年 12 月北京第 1 次印刷
发行：新华书店北京发行所
开本：787mm×1092mm　1/16
印张：22.5
字数：380 千字
定价：116.00 元

当代世界农业丛书编委会

加 拿 大 农 业

当代世界农业丛书

本 书 编 写 组

主　　编：刘英杰　苏　洋

副 主 编：张　凯　马　晶　汪晶晶　骆　翔

编写人员：丁　宇　李　凤　陈　芳　张　璇　李　贺

　　　　　毕　坤　李　岩　舒　芹　张　超　徐敬文

　　　　　张　敏

序

| *Preface* |

  2018 年 6 月，习近平总书记在中央外事工作会议上提出"当前中国处于近代以来最好的发展时期，世界处于百年未有之大变局"的重大战略论断，对包括农业在内的各领域以创新的精神、开放的视野，认识新阶段、坚持新理念、谋划新格局具有重要指导意义。农业是衣食之源、民生之基。中国农业现代化取得举世瞩目的巨大成就，不仅为中国经济社会发展奠定了坚实基础，而且为当代世界农业发展提供了新经验、注入了新动力。与此同时，中国农业现代化的巨大进步，与中国不断学习借鉴世界农业现代化的先进技术和成功经验，与不断融入世界农业现代化的进程是分不开的。今天，在世界处于百年未有之大变局、世界经济全球化进程深入发展、中国农业现代化进入新阶段的重要历史时刻，更加深入、系统、全面地研究和了解世界农业变化及发展规律，同时从当代世界农业发展的角度，诠释中国农业现代化的成就及其经验，是当前我国农业工作重要而紧迫的任务。为贯彻国务院领导同志的要求，2019 年 7 月农业农村部决定组织编著出版"当代世界农业丛书"，专门成立了由部领导牵头的丛书编辑委员会，从全国遴选了相关部门（单位）负责人、对世界农业研究有造诣的权威专家学者和中国驻外使馆工作人员，参与丛书的编著工作。丛书共设 25 卷，包含 1 本总论卷（《当代世界农业》）和 24 本国别卷，国别卷涵盖了除中国外的所有 G20 成员，还有五大洲的其他一些农业重要国家和地区，尤其是发展中国家和地区。

在编写过程中，大家感到，丛书的编写，是一次对国内关于世界农业研究力量的总动员，业界很受鼓舞。编委会以及所有参与者表示一定要尽心尽责，把它编纂成高质量权威读物，使之对于促进中国与世界农业国际交流与合作，推动世界农业科研教学等有重要参考价值。但同时，大家也切实感到，至今我国对世界农业的研究基础薄弱，对发达国家（地区）与发展中国家（地区）的农业研究很不平衡，有关研究国外农业的理论成果少，基础资料少，获取国外资料存在诸多不便。编委会、各卷作者、编审人员本着认真负责、深入研究、质量第一的原则，克服新冠肺炎疫情带来的诸多困难。编委会多次组织召开专家研讨会，拟订丛书编写大纲、制订详细写作指南。各卷作者、编审人员千方百计收集资料，不厌其烦研讨，字斟句酌修改，一丝不苟地推进丛书编著工作。在初稿完成后，丛书编委会还先后组织农业农村部有关领导和专家对书稿进行反复审核，对有些书稿的部分章节做了大幅修改；之后又特别请中国国际问题研究院院长徐步、中国农业大学世界农业问题研究专家樊胜根对丛书进行审改。中国农业出版社高度重视，从领导到职工认真负责、精益求精。历经两年三个月时间，在国务院领导和农业农村部领导的关心、指导下，在所有参与者的无私奉献、辛勤努力下，丛书终于付梓与读者见面。在此，一并表示衷心感谢和敬意！

即便如此，呈现在广大读者面前的成书，也肯定存在许多不足之处，恳请广大读者和行业专家提出宝贵意见，以便修订再版时完善。

唐欣荣

2021 年 10 月

前言
|*Foreword*|

　　加拿大东临大西洋，西抵太平洋，北濒北冰洋达北极圈，东北与格陵兰岛隔戴维斯海峡和巴芬湾相望，西北方与美国阿拉斯加州接壤，南接美国本土。国土面积约998万平方公里，居世界第二位。加拿大位于北温带，气候四季分明，但地理差异较大。西部地势高，降水量少，温度较高；东部地势低，降水量多，温度较低。

　　加拿大是世界农业发达国家之一，也是世界上重要的农产品生产国和出口国之一。农业资源丰富，主要农作物为麦类作物、土豆、豌豆和油菜，其中2/3以上用于出口。油菜籽、豌豆等产量居全球第一，蓝莓产量全球第二。加拿大早在20世纪40年代就实现了农业机械化，并在20世纪60年代初基本实现了种植专业化、农业区域化的产业化布局，成为世界上农业现代化发展水平最高的国家之一。

　　中国与加拿大同为世界上农业大国，两国国土面积相近，但人口数量相差悬殊。中国农业发展相对于加拿大来说差距较大。在此背景下，分析加拿大农业发展特征，并研究加拿大农业发展趋势，借鉴其成功经验，对于促进中国现代农业发展以及提升中国农业竞争力具有重要的意义。

　　本书从中国读者视角，全景式地分析了加拿大农业发展概况及其与中国农业合作关系。本书既有对加拿大国家概况、农业资源概况的梳理，也有对农业生产、农产品加工、农村服务以及农产品贸易的全貌分析，还有对农业管理与政策、农业科技与教育、农村公共服务与保障的全面呈现。同时，详细分析了中加两国农业合作历程、农产品贸易、农业投资情况，并重点分析了加拿大农业发展的经验与启示。

　　本书由中国农业产业化龙头企业协会副会长刘英杰研究员主撰。第一章和第二章主要由中国农学会张凯、马晶等编写；第三章至第十六章主要由新疆农业大学苏洋博士、汪晶晶博士、丁宇博士、李凤博士、陈芳硕士、舒芹、张超、徐敬文编写；第十七章至第二十章主要由农业农村部对外合作经济中心骆翔博士、清华大学农业技术创新中心张璇硕士、中国常驻联合国粮农机构代表处李贺、中国农学会毕坤、中国农学会李岩、国盛源投资有限公司张敏编写。

本书内容全面、数据翔实，相信会成为读者了解加拿大农业的窗口和拓展中加农业投资与贸易空间的参考。当然，书中难免有疏漏和不足之处，恳请读者批评指正。

编　者

2021 年 10 月

目 录

Contents

序

前言

第一章 加拿大国家概况 ·· 1

第一节 地理环境 ·· 1

第二节 经济发展 ·· 5

第三节 人口状况 ·· 8

第二章 加拿大农业资源概况 ·· 11

第一节 自然资源条件 ·· 11

第二节 土地资源 ·· 14

第三节 劳动力资源 ·· 17

第三章 加拿大农业生产 ·· 20

第一节 农业生产概述 ·· 20

第二节 种植业 ·· 24

第三节 畜牧业 ·· 26

第四节 渔业 ·· 28

第五节 林业 ·· 31

第四章 加拿大农产品加工业 ·· 34

第一节 乳制品产业 ·· 34

第二节　食品制造业 ……………………………………………………… 35

第三节　饮料制造业 ……………………………………………………… 36

第四节　木材加工业 ……………………………………………………… 39

第五章　加拿大农村服务业 ………………………………………………… 43

第一节　农产品流通业 …………………………………………………… 43

第二节　农村金融业 ……………………………………………………… 43

第六章　加拿大农产品市场与价格 ………………………………………… 46

第一节　农产品消费情况 ………………………………………………… 46

第二节　农产品市场价格 ………………………………………………… 49

第七章　加拿大农产品贸易 ………………………………………………… 67

第一节　农产品贸易形势 ………………………………………………… 67

第二节　农产品出口贸易总体状况和结构 ……………………………… 69

第三节　农产品进口总体状况和结构 …………………………………… 93

第四节　农产品贸易竞争力分析 ………………………………………… 116

第五节　农业对外合作政策及其演变 …………………………………… 121

第八章　加拿大农业经济及其管理 ………………………………………… 128

第一节　农业经济发展史 ………………………………………………… 128

第二节　农业经济现状 …………………………………………………… 134

第三节　农业产业化经营模式 …………………………………………… 137

第四节　农业公共管理体系概况 ………………………………………… 140

第九章　加拿大农业政策 …………………………………………………… 145

第一节　农业政策体系 …………………………………………………… 145

第二节　产销支持系统 …………………………………………………… 149

第三节　粮食保护政策 …………………………………………………… 152

第四节　农业发展与农村社会改革政策 ………………………………… 154

第五节　农场主收入稳定政策 …………………………………………… 155

第六节　农业信贷与补贴政策 ……………………………………… 157

第七节　农村用地政策 ……………………………………………… 158

第八节　农业生产政策 ……………………………………………… 159

第九节　农产品流通、加工和对外贸易政策 …………………… 164

第十节　农业资源和环境保护政策 ……………………………… 167

第十一节　农业投入和支持保护政策 …………………………… 169

第十二节　农村人力资源政策 …………………………………… 172

第十章　加拿大农业合作社 ………………………………………… 177

第一节　农业合作社起源 ………………………………………… 177

第二节　农业合作社的发展现状 ………………………………… 179

第三节　《加拿大合作社法》及相关支持政策 ………………… 183

第四节　农业合作社的管理模式 ………………………………… 185

第五节　农业合作社的发展趋势 ………………………………… 186

第六节　农业合作社发展经验 …………………………………… 190

第十一章　加拿大家庭农场 ………………………………………… 193

第一节　家庭农场发展历程 ……………………………………… 193

第二节　家庭农场发展的制度环境 ……………………………… 196

第三节　家庭农场发展现状 ……………………………………… 200

第四节　家庭农场的管理模式 …………………………………… 202

第十二章　加拿大农业科技创新与推广体系 …………………… 204

第一节　农业科技创新体系 ……………………………………… 204

第二节　农业科技推广体系 ……………………………………… 209

第十三章　加拿大农民教育与培训 ……………………………… 216

第一节　农民教育与培训的发展历程 …………………………… 216

第二节　农民教育与培训模式 …………………………………… 217

第三节　农民教育与培训体系 …………………………………… 221

第四节　农民教育与培训的特点 ………………………………… 225

第十四章　加拿大农业生态环境保护 228

第一节　农业环境保护措施 228

第二节　退化土地恢复管理 236

第三节　矿区复垦政策 241

第十五章　加拿大都市农业与休闲农业 247

第一节　都市农业 247

第二节　休闲农业 250

第三节　重点案例分析 254

第十六章　加拿大农村社会公共服务与保障 257

第一节　农村医疗 257

第二节　农村社会救助 259

第三节　农业保险 262

第十七章　中国与加拿大农业合作历程 267

第一节　双方合作初始阶段（1970—1996） 267

第二节　双方合作高速发展阶段（1997—2015） 269

第三节　双方合作成熟阶段（2016 年至今） 273

第十八章　中国与加拿大农产品贸易情况 276

第一节　中国与加拿大农产品贸易形势 276

第二节　加拿大农产品出口中国情况 279

第三节　加拿大进口中国农产品情况 301

第四节　中国在加拿大农产品对外贸易中的地位 323

第十九章　中国在加拿大农业投资情况及案例分析 328

第一节　中国在加拿大投资概况 328

第二节　投资环境分析 329

第三节　案例分析——加拿大皇家牛奶公司 334

第二十章　加拿大农业发展的经验与启示 ································· 336

　第一节　农业发展的经验 ································· 336

　第二节　农业发展的启示 ································· 338

参考文献 ································· 340

第一章 CHAPTER 1
加拿大国家概况 ▶▶▶

第一节　地理环境

一、地理概况

加拿大地处北美洲北部，位于北纬 41°～83°、西经 52°～141°之间，一半的领土处于北纬 60°以北。东临大西洋，西抵太平洋，北濒北冰洋达北极圈，东北与格陵兰岛隔戴维斯海峡和巴芬湾相望，西北方与美国阿拉斯加州接壤，南接美国本土，国土面积 998 万多平方公里，是全球面积第二大国家，仅次于俄罗斯。东西方向上，加拿大东起纽芬兰岛，西至与美国阿拉斯加州之间笔直的国界线，东西之间相距约 5 500 公里；南北方向上，陆地的最南端是伊利湖上的米德尔岛，最北点是埃尔斯米尔岛上的哥伦比亚角，南北相距约 4 600 公里。加拿大拥有世界上最长海岸线，总长超过 20 万公里。与美国本土及阿拉斯加州之间的边境线总长约 9 000 公里，是世界最长不设防边界。

加拿大是由 10 个省和 3 个地区组成的联邦制国家，10 个省自西向东分别是：不列颠哥伦比亚省、艾伯塔省、萨斯喀彻温省、马尼托巴省、安大略省、魁北克省、纽芬兰-拉布拉多省、新不伦瑞克省、新斯科舍省和爱德华王子岛省；3 个地区位于加拿大北部，自西向东依次是：育空地区、西北地区和努纳武特地区。

二、地形地貌

加拿大不仅地域辽阔，而且地理形态复杂多样：巍峨的高山，雄浑的高原，富饶的谷地，众多的湖泊，纵横交错的河流与星罗棋布的岛屿一起构成了加拿大神奇、独特而别具魅力的自然风光。地势整体上呈东西高、中间低，山地多分布在外围：西部山脉高大绵延，包括落基山脉、马更些山脉、海岸山脉等，最高峰洛根峰海拔近 6 000 米，是北美第二高峰。加拿大陆地东南边缘和北极群岛的北缘、东缘为受侵蚀的古老山地，以丘陵为主，有大片森林覆盖。加拿大海岸线蜿蜒曲折，沿岸多峡湾和岛屿，主要有哈得孙湾、詹姆斯湾、圣劳伦斯湾等，其中哈得孙湾面积最大，约 64 万平方公里。加拿大面积 1 000 平方公里以上的岛屿超过 40 个，许多岛屿甚至比一些欧洲国家的面积还要大，例如巴芬岛、纽芬兰岛等，其中巴芬岛面积约 51 万平方公里，是加拿大最大岛屿，也是世界第五大岛屿。此外，加拿大还拥有世界上最大的淡水湖岛——休伦湖中的马尼图林岛。

东西部山地中间，是平坦而肥沃的草原和地盾。加拿大地盾是北美洲大部分大陆地壳的暴露部分，通过板块构造、侵蚀和冰川融化等过程，经过 30 亿年以上形成，是北美大陆坚硬而稳定的"骨架"。地盾面积 500 万平方公里，约占加拿大陆地面积的一半。地盾上像星空般点缀着数以千计的小湖泊，而地盾的西缘和南缘，串起了十余个面积巨大的湖泊，形成了一条东南至西北走向的弧形链条。其中最有名的当属东南部的五大湖——五个互相连接的世界级大湖，是世界最大的淡水湖群，除密歇根湖属于美国之外，苏必利尔湖、休伦湖、伊利湖和安大略湖均为美国和加拿大共有，加拿大拥有五大湖的 28% 及相应的流域面积，淡水资源极为丰富。此外，加拿大境内的大熊湖（3.12 万平方公里）、大奴湖（2.86 万平方公里）和温尼伯湖（2.45 万平方公里）也位列世界大湖前 20 位。如此宽大辽阔的平原湖泊，不仅成为北美大陆的气候调节器，也成为珍贵动植物的栖息地。地盾的湖泊之外是薄层土壤和起伏山丘，水、矿物和针叶林等自然资源丰富。加拿大北部北极群岛地区多丘陵山地，受极地气候影响常年冰雪覆盖。

三、气候特征

加拿大疆域辽阔，经、纬度跨度极大，复杂多变的自然本底孕育了地域差异显著的气候特征。加拿大北部 2/3 地区的气候与斯堪的纳维亚北部相似，冬季漫长而寒冷，夏季短暂而凉爽，除西海岸外，全国所有地区的冬季平均温度低于0℃且有持续积雪。内陆平原的中南部地区是典型的大陆性气候，冬季寒冷，夏季炎热，降水稀少。北部大部分地区位于高纬度地区，因此冬季漫长而寒冷，日平均气温－15℃，而北极圈以内的区域，每年有7个多月温度保持0℃以下，即使加拿大相对南部的圣劳伦斯河河口，每年也有4个月的封冻期。南部地区大部分气候相对温和，夏季温暖，白天均温超过20℃，有时甚至会达到30℃。越靠近大西洋沿岸，降水越多，而越向西部内陆，则降水越少，但西部落基山脉西侧的沿海地区受太平洋暖湿气流影响，夏季凉爽干燥，冬季温和湿润，降水多。

来自太平洋的西风为不列颠哥伦比亚省沿海带来大量降水，地区气候整体上相对温润、温差小。而内陆五大湖水域对气候的调节作用，也使得安大略省南部和魁北克省的气候相对湿润，夏季潮湿、冬季多雪。洋流对气候的影响作用巨大，特别是来自大西洋的墨西哥湾暖流和来自太平洋的阿拉斯加暖流。在加拿大东部，拉布拉多寒流与墨西哥湾暖流在纽芬兰-拉布拉多省的海岸交汇，使得该地区冬季温和、夏季凉爽，且大雾频发。

（一）气温

加拿大内陆平原和北部地区的冬天极冷，据记载，育空地区冬季最低温曾达－63℃，内陆地区的气温年较差和气温日较差均大于沿海地区，例如，温哥华西海岸1月平均温度为3℃，7月平均温度为18℃，气温年较差15℃；而在萨斯喀彻温省里贾纳的内陆平原，1月平均温度为－18℃，7月平均温度为19℃，气温年较差达37℃。

（二）降水

来自太平洋的湿润气团为西海岸和西部山区带来了频繁的地形性降水，不列颠哥伦比亚省沿岸部分地区年降水量超过2 500毫米，但在内陆平原和北部极地地区年降水量很少大于400毫米。安大略省和魁北克省的降水多于内陆平原，其中多伦多的年均降水量约为800毫米，蒙特利尔约为1 000毫米。大西洋沿岸省份较中部地区湿度更大，降水量主要来自气旋，部分地区年降水量超过1 250毫米，且在全年分布相对均匀。

四、综合自然地理分区

按照地形地貌、气候、植被等自然本底条件，加拿大可分为 6 大地理区，分别为：

（一）北极地区

主要包括位于北极圈附近的群岛。北极地区北部各岛地势较高，南部各岛则以高原和平原为主，表现为苔原冻土地带。该地区只有冬夏两季，冬季漫长，终日不见阳光，夏季短暂，昼夜阳光普照。

（二）西部山区

太平洋沿岸的高山地带，包括东侧马更些山脉、落基山脉，西侧海岸山脉，以及两列山脉之间的高原地带，是加拿大最高的地区。该地区地形地貌和生态环境复杂，甚至同一座山的东西坡也完全不同，往往西面植被茂密，东面干枯贫瘠。

（三）中部平原区

位于落基山脉以东至大熊湖、大奴湖、阿萨巴斯卡湖和温尼伯湖一线，地势西高东低，南部地势平坦，土壤肥沃，曾是一片大草原，如今是加拿大主要产粮区。北部林木茂盛，河川纵横，气候寒冷，直至北极地区。大平原属大陆性气候，冬季漫长而寒冷，夏季短暂而炎热。

（四）地盾区

位于大平原以东，北极地区以南，是一个马蹄形的岩石地区，中部为哈得孙湾和哈得孙湾沿岸平原，东部延伸至拉布拉多高原，西部至大平原的东缘，是湖泊成群的高平原，南部与美国交界于五大湖区。这里是加拿大最大的自然地理带，约占加拿大陆地面积的 36%。

（五）东南部山区（阿巴拉契亚高地）

位于圣劳伦斯河的东南侧，东北至纽芬兰岛，西南与美国阿巴拉契亚地区连为一体，主要为山地和丘陵，以渔业和林业为传统产业。

（六）圣劳伦斯河流域低地及大湖区

位于加拿大地盾区南端，包括圣劳伦斯河沿岸的平原地区，以及五大湖区。地势平坦，土壤肥沃，降水量充沛，农业发达，是加拿大的政治和经济中心，这里居住着全国50％的人口，生产全国70％的制成品。

第二节 经济发展

一、总体情况

根据国际货币基金组织的数据，2019年加拿大国内生产总值（GDP）超过1.73万亿美元，是当今世界第十大经济体。2009年以来，加拿大的经济总量排名稳定在全球第10～12位，总体经济形势较为平稳，而人均GDP*排名波动较大，2012年以来呈现下降趋势（图1-1）。为了去除价格水平变动对GDP的影响，下文采用加拿大统计局网站的实际GDP数据进行国内生产总值的进一步分析。2009—2019年，加拿大GDP呈稳定上升趋势，十年共增长26％，年均增速2.3％。2015年经济增幅最小，为0.82％，2016年经济增幅也仅有1.07％，这与2015—2016年全球经济增速整体下滑的形势相符。

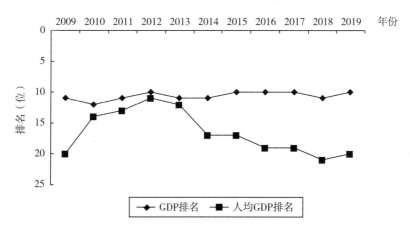

图1-1 2009—2019年加拿大GDP和人均GDP全球排名

---

* 这里的GDP指名义GDP，是以当年价格为基准计算的全部最终产品市场价值，适用于全球国家间的横向比较。

加拿大是典型的贸易型国家，进出口贸易在国民经济中占有极为重要的地位。2019 年加拿大外贸总额 11 945 亿加元，比 2018 年增长 11.2%，出口总额 5 930 亿加元，比前一年增长 1.5%，进口总额为 6 015 亿加元，比前一年增长 0.9%，贸易逆差 85 亿加元，较前一年下降 36.5%。加拿大的主要进口国为美国、中国、墨西哥等，主要出口国为美国、中国、英国等，对美进出口贸易额最大。中国为加拿大第二大出口国，2019 年的出口额为 233 亿加元，占加拿大出口总额的 3.9%。同时，中国也是加拿大的第二大进口国，2019 年的进口额为 750 亿加元，占加拿大进口总额的 12%。可以看出，中国是加拿大的主要贸易逆差国之一，双边贸易潜力巨大。

多年来，加拿大通过对进口制成品实行保护性关税来支持本土制造业。为此，美国许多公司在加拿大建立了分工厂以供应加拿大市场。加拿大经济政策的另一基石是政府为刺激经济增速缓慢地区发展而提供的赠款和补贴。20 世纪 80 年代，加拿大逐渐放弃这两项基本经济政策，开始转而遵守国际贸易规则，并与美国、墨西哥建立自由贸易区，逐步减少了对本国制造业工厂的保护，与此同时，也减少了用于区域经济发展计划的资金支持。

加拿大的经济主要由私营部门主导，但一些企业（例如邮政，部分电力公司和运输服务公司）仍然是公有。1990 年，一些国有化工业开始被私有化。加拿大的农业是绝对私有的，尽管如此，农业发展仍需依靠政府补贴，才具备与欧盟和美国的高补贴农业部门竞争的能力。

二、产业分布

加拿大产业类型齐全，依据北美产业分类体系（NAICS），加拿大统计局将国内产业分为广义制造业和服务业 2 个大类，其中广义制造业包括农林渔和狩猎业、采矿业、公用事业、建筑业、制造业等，服务业则包括批发贸易、零售贸易、运输与仓储、教育服务、金融与保险、不动产和租赁业、科技服务、公司和企业管理、住宿、餐饮、卫生保健和社会救助、艺术与娱乐、政府管理等。

加拿大早期的经济发展得益于其对自然资源的开发和出口，20 世纪初，制造业、采矿业和服务业的稳步增长将加拿大的经济由资源依赖型转变为混合型，该国也由一个农业国家逐步转变为工业化国家。到 20 世纪末，农业和采矿业占加拿大劳动力市场的 5%，制造业占 20%，而服务业则占据了近 75%，这一点即使在发达国家中，也位居前列。从全国经济总量来看，服务业十分发达，对 GDP 贡献率超过 70%，其中以不动产和租赁业、卫生保健和社会救助以及政府管理规模最大；广义制造业约占 30%，在加拿大的经济中占据重要基础地位。从制造业的产业分布来看，加拿大农林渔业与采矿业的产值约占 9%，充分体现其传统农业和资源大国的特点。总体上，近十年制造业平均增速（2.38%）略高于服务业（2.26%），而制造业中尤以能源行业、农业的增速最为显著，同时服务业中运输与仓储、金融与保险业的年均增速超过 3%，是加拿大主要和优势服务领域，此外，批发贸易、科技服务的年均增长也处于高位。

三、地区分布

受自身的经济发展历史、工业区位、城市化、土地利用和移民影响，加拿大四个主要地理区域——安大略省、魁北克省、西部各省（马尼托巴省、萨斯喀彻温省、艾伯塔省和不列颠哥伦比亚省）和大西洋地区（纽芬兰-拉布拉多省、新不伦瑞克省、爱德华王子岛省和新斯科舍省）之间存在巨大的经济差异。

（一）安大略省

根据加拿大统计局对各省和各地区 GDP 的统计数据，安大略省 GDP 约占全国 37%，魁北克省 GDP 约占全国 19%，地处圣劳伦斯河流域低地及大湖区的两大省对加拿大 GDP 的贡献率超过 50%。安大略省是加拿大第一人口大省，也是首都渥太华所在省，该省的制造业和服务业经济总量均处于全国第一位，其工业主要为制造业，是全国工业中心，与美国东北部和中西部有着广泛联系，同时农业和畜牧业在安大略南部和圣劳伦斯河谷地占据重要地位。安大略省首府多伦多是加拿大金融业的"心脏"，也是北美第三大金融中心，同时该省也是北美最大的生物医药研究中心之一。

（二）魁北克省

魁北克省是加拿大最大的联邦省份，其面积仅次于努纳武特地区，魁北克市为该省首府，最大城市为蒙特利尔。魁北克省不仅是富饶的农业区，也是制造业和金融、生物技术、航空航天业等服务业高度聚集的地区。

（三）其他地区

近年来，4个大西洋省GDP约占全国的5.5%，而西部4个省则贡献了全国GDP的36%。西北、育空和努纳武特三大地区的经济总量最低，三大地区经济总量仅占加拿大GDP的0.5%。因地处极地附近，地广人稀，三个地区的经济发展以自然资源开发为主，采矿业是当地经济的一大支柱。

从人均GDP的角度来看，加拿大各省和地区之间的差异也较大，艾伯塔、萨斯喀彻温、纽芬兰-拉布拉多省的人均GDP高于全国平均水平，这三省经济高度依赖自然资源。其中，艾伯塔是草原三省之一，支柱产业是采矿业、加工业和旅游业；而萨斯喀彻温省则以牧场和麦田而闻名，其省会里贾纳市是加拿大两大重要工业城市之一；纽芬兰-拉布拉多省以森林、沼泽、湖泊和丘陵为主，该省依海为生，渔业发达。

第三节　人口状况

一、总体情况

根据加拿大人口普查数据，2016年人口总数为3 515万人，较2011年增长5%（约170万人），性别比为96∶100，总体而言，加拿大人口性别均衡且增速较快，自加拿大联邦成立以来，人口已增长近10倍。人口统计学数据显示，移民是该国人口增长的主要因素，2011—2016年，新增人口约2/3来自境外移民，仅有1/3来自自然增长。加拿大人口密度每平方公里3.9人，是世界上人口密度最小的国家之一。分析加拿大人口金字塔结构图（图1-2）可知，加拿大老龄人口少，多数为60岁以下人口，且在幼年、少年、青年、成年等各年龄阶段分布基本均衡，全国人口平均年龄41岁，人口老龄化特征并不十分显著，人口增长态势较为稳定，并未显示出明显的放缓迹象：据加拿大统计局的人口估计数据，2019年第四季度本国人口为3 780万人，2020年第二季度人口将达到3 797万人。

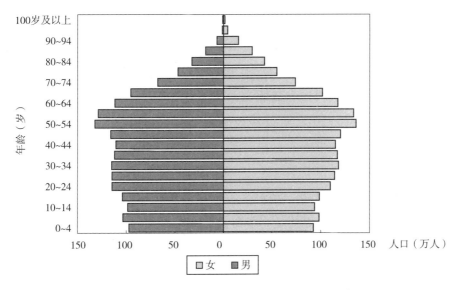

图 1-2　2016 年加拿大分性别的人口金字塔结构

二、空间分布

　　尽管加拿大人口总量较少、密度极低，但受本国自然资源和地理环境空间异质性的影响，人口空间分布极不均衡，约 80% 的人口聚集在加拿大南部，仅安大略和魁北克两省便汇聚了全国超过 60% 的人口，安大略省人口密度达到每平方公里 12.49 人，是全国人口密度的 3 倍。北部的育空地区、西北地区和努纳武特地区占全国总面积的 39%，人口却只占全国总人口的 0.3%，平均每 10 平方公里才有 1 人。2016 年人口普查数据显示，人口最多的城市为安大略省首府多伦多市（273.2 万人），较上一次人口普查 2011 年增长了 4.46%；其次是蒙特利尔市，该市是魁北克省第一大城市、加拿大第二大城市，2016 年人口（170.5 万人）较 2011 年（165.0 万人）增长了 3.34%；人口第三大城市为艾伯塔省的第一大城市卡尔加里，2016 年人口 123.9 万人，较 2011 年增长了 13.0%。加拿大联邦首都渥太华是全国人口第四大城市，2016 年人口数为 93.4 万人。

三、民族构成

　　加拿大是典型的移民国家，且其移民政策相对开放，由 200 多个族裔构成，其中有 12 个族裔的人口超过 100 万人，分别是英格兰人、法国人、苏格兰人、爱尔兰人、德国人、意大利人、中国人、土著人、乌克兰人、南亚人、荷兰人和波兰人。加拿大土著民族为印第安人、因纽特人和梅蒂人，多数族裔包括英裔和法裔，其余则为少数族裔。2016 年人口普查数据显示，来自全球超过 200 个国家的 750 万人通过移民来到加拿大，占当年全国人口总数的 20%，且 50% 的加拿大儿童有移民背景。移民人口 40% 以上是 2001 年以后的新移民，主要来自亚洲和中东地区，2011—2016 年加拿大全国共新增移民 121 万人，其中约 62% 来自亚洲。超过半数的境外移民定居多伦多、温哥华和蒙特利尔三大城市。值得一提的是，华裔是加拿大最大的少数族裔群体，也是加拿大最大的非欧洲裔族群。除了为加拿大的社会和经济发展做出贡献外，移民及其后代在塑造和丰富加拿大人口的种族、文化和语言构成方面也发挥着重要作用。

第二章 CHAPTER 2
加拿大农业资源概况 ▶▶▶

第一节　自然资源条件

一、总体情况

加拿大国土辽阔、地貌类型丰富，平均年降水总量 72 545 亿立方米，平均年降水 730 毫米，河川径流充沛且土地资源占有量大，水热条件组合多样，农业自然资源条件具备明显优势。整体而言，加拿大森林资源、水资源总量大，生物种属繁多、群落类型多样，同时矿产资源和能源储量极为丰富，总自然资源储量仅次于俄罗斯和美国，自然资源条件极为优越，是典型的自然资源大国。而极少的人口，使加拿大自然资源人均占有量领跑全球，是排名第二的美国的 4 倍。自然资源是经济发展的"食粮"，经济的发展依赖于自然物质和能量的不断供应，极佳的自然资源禀赋为加拿大经济和产业发展奠定了坚实的基础，在其国民经济发展中占据重要地位。2019 年，自然资源直接和间接地对加拿大 GDP 贡献了 16.9%，提供了 190 万个就业岗位，出口总额 2 640 亿加元，占全国商品出口总额的 48%。

加拿大 10 个省相对独立于联邦政府，各自拥有对管辖区内的自然资源管理权。每个省都设有各类资源的管理部门，多数省对土地、森林、水进行集中管理，而将矿产和能源与上述资源分开管理，如安大略省设北方发展和矿山部主管矿产资源，自然资源部主管土地、森林和水资源，能源部主管各类能源。也有的省如魁北克省，只单设自然资源部，负责全省自然资源的统一管理。

二、森林资源

加拿大森林和其他树木覆盖土地总面积超过 4 亿公顷，其中森林面积为 3.47 亿公顷，全国森林覆盖率为 43％，是全球第三大森林拥有国，约占全球森林总面积的 10％。加拿大森林资源以针叶林为主，约占森林总面积的 67％，阔叶林占 15％，混交林占 18％。全国木材蓄积量 450 亿立方米，其中，森林木材总蓄积量为 247 亿立方米，针叶林蓄积量占 78％，阔叶林蓄积量占 22％。全国每年砍伐量约 1.5 亿立方米，占总蓄积量的 0.3％。

加拿大的森林是其土地最伟大的遗产之一，是该国的经济支柱。即使在经济高度发展的今天，森林仍然是加拿大经济充满活力的主引擎，为全国 GDP 贡献近 280 亿加元，并为 21 万多加拿大人提供了就业机会。加拿大全国共分为 7 个林区，按森林面积大小分别为北方林区、大湖-圣劳伦斯林区、西部山地林区、西部太平洋沿海林区、阿克迪阿林区、哥伦比亚林区、安大略省南部林区。北方森林面积最大，超过 300 种鸟类栖息于该林区。按森林资源的所有制划分，省和地区所有林超过 89％，联邦所有林约 1.6％，公有林合计超过 90％，私有林约 6％。联邦政府只管理各地的印第安保护区、军事区和国家公园的森林，无生产性森林，因而生产林 96％为省有林，其余 4％为私有林。

加拿大森林资源的经济价值、社会价值和环境价值的实现都必须以林业产业为基础和保障。林业产业的发展不仅可以促进森林资源为加拿大国民经济和社会福利做出贡献，还可以更好地发挥森林减缓气候变化的作用，在发展经济的同时改善环境。如今，林业产业已发生了重要转型，重要林产品除了木材、纸制品等传统产品以外，还可以提取木材纤维的一种成分——木质素，用于生产出比玻璃更坚固、更绝缘的透明木材，或者用于制造碳泡沫，用于吸收声音和辐射。此外，森林也为新兴的生物经济提供了许多原料，生产的生物燃料可用于取代柴油等高排放燃料进行发热和发电。

加拿大极度重视森林的养护和保护，通过可持续的森林管理实践和严格的国家法律，确保加拿大森林生态系统健康。加拿大全国范围内的可持续森林管理水平全球领先，据统计，全国 47％的森林通过了国际承认的第三方可持续森林管理标准认证，超过世界上任何一个国家。这种认证是由第三方审核机构

（加拿大标准协会、森林管理委员会或可持续林业协议）进行仔细评估，确认长期采伐可以持续、没有未经授权或非法的伐木行为、野生动植物栖息地受到保护、土壤质量得到保持等，才发放证书。基于此，据预测，即使面临严峻的全球气候变化形势，按照现有的森林管理方式，未来 10～20 年，加拿大的森林面积总量也将基本保持稳定。

三、水资源

加拿大外接太平洋、大西洋、北冰洋，内拥五大湖，海岸线占世界海岸线的 25%。加拿大内陆河湖星罗棋布，领土面积中有 89 万平方公里为淡水覆盖，可持续性淡水资源占世界的 7%，拥有丰沛的淡水资源。各类水域占国土面积的比例分别为：湖泊为 7.6%，湿地占 14%，永久性冰雪覆盖地占 2%。地下水资源占加拿大淡水资源总量的一半以上，全国约 1/5 的人口依靠地下水生活。

加拿大境内河流分属四大流域系统，分别为：①大西洋流域。大西洋流域面积约 180 万平方公里，其最重要的水系是大湖-圣劳伦斯河系。大湖是世界上最大的淡水湖群，圣劳伦斯河从安大略湖到大西洋的圣劳伦斯湾，全长 150公里，是流入大西洋的最大河流，其主要支流上的大坝为魁北克省提供了丰富的水电。②哈得孙湾和哈得孙海峡流域。该流域面积为加拿大陆地面积的 1/3，主要河流是纳尔逊河。③北极流域。该流域约一半的面积属于马更些河水系流域，马更些河是加拿大最长河流，发源于落基山脉，其流域覆盖了不列颠哥伦比亚省、育空地区和西北地区的大部分。④太平洋流域。该流域最长河流是弗雷泽河，发源于落基山，流经温哥华入海。另一重要河流是哥伦比亚河，发源于魁北克省东南部山脉，向南流入美国。

江河湖泊纵横交错所带来的丰富淡水资源，与坐拥超过 20 万公里的绵长海岸线所带来的优越近海养殖条件，都为加拿大奠定了坚实的水产资源基础，同时为加拿大渔业的蓬勃发展提供了无与伦比的先天条件。加拿大河流的利用主要受到两个因素的限制：一是多数河流的流域位于北部人烟稀少的地区，且大部分河流冬季结冰，增加了利用难度；二是在人口稠密的地区，水污染的加剧进一步降低了河水的利用率。

四、矿产资源

加拿大矿产资源丰富、采矿业发达，是世界第三矿业大国，碳酸钾、钴、铀、镍、铜、锌、铝、石棉、钻石、镉、钛精矿、盐、铂族金属、钼、石膏等金属和矿物产量均居世界前列。采矿业是加拿大国民经济的支柱产业之一，为各地区的就业和经济活动提供重要支持。加拿大自然资源部数据显示，2018年，加拿大生产了60多种矿产品和金属，价值近470亿加元，多种矿产品产值居世界前五位，钾居世界第一，铀居世界第二，铂族金属居世界第三，钴、钻石、黄金、镍居世界前五。矿产业包括采矿、初级加工和金属产品制造，2018年直接提供40.9万个工作岗位，其矿物和金属产品的国内出口额达1 050亿加元，占商品出口总额的19%。

五、能源

加拿大是世界主要能源生产国和出口国，各种能源主要分布于西部艾伯塔省、萨斯喀彻温省、马尼托巴省以及育空地区等地，近年来东部各省也陆续发现石油。加拿大地域辽阔且地貌多样，拥有大量可再生资源可用于生产能源。这些资源包括水能、风能、生物质能、太阳能、地热能和海洋能等。加拿大在可再生能源利用方面处于世界领先地位。目前，可再生能源约占加拿大一次能源供应总量的18.9%。水能是加拿大最重要的可再生能源，水能发电占加拿大发电量的59.3%，事实上，加拿大是世界第二大水电生产国。风能和太阳能光伏能源是加拿大增长最快的电力来源。近年来，加拿大政府积极与外国政府合作，确保全球能源供给安全。

第二节　土地资源

一、土地覆盖类型

加拿大土地资源十分丰富，土地覆盖类型多样，地表主要地类包括：耕地、城镇建设用地、水域、湿地、贫瘠地、冰川及永久积雪、林地（温带-亚极地针叶林、亚极地泰加林、温带-亚极地落叶阔叶林、混交林、温带-亚极地灌木林)、草地(温带-亚极地草地、亚极地-极地灌木丛地衣苔藓、亚极地-极地草原地衣苔藓、亚极地-极地荒地地衣苔藓)等。如前所述,加拿大森林广袤,连绵分布于西部山区、东南部山地、大平原区等,同时,加拿大水域面积广阔,包含了成百上千条河流,大大小小的湖泊,以及面积广阔的海湾,总面积约 89 万平方公里。城镇建设用地点缀分布于南部安大略、魁北克及大平原地区各省。

加拿大的土地覆盖和土地利用呈现出较为明显的纬向地带性,自北向南大致分布着冰雪、草地、湿地和森林、农用地、草原以及城镇用地。生长着各类耐寒小灌丛、地衣和苔藓的一种特别的寒带生态系统称作苔原,在加拿大北部广泛分布。苔原主要分布在北极圈以内,是一种土地类型,土壤较薄,只有近地表 1 米左右的土壤解冻,1 米之下是季节性或永久性冻土,因此树木的根部无法伸展,加上近地面常年有强风,使得树木无法成长,主要植被为耐寒的苔藓和地衣。同时,苔原也是一种特殊的气候类型,冬季漫长而寒冷,夏季短暂而凉爽,降水少。在北极苔原南缘,分布着亚北极苔原,这一地区的植被除苔藓和地衣外,也会伴生低矮树木、小灌丛、草本植物等矮生植物,但从景观表现上也显得较为荒芜。整体而言,北极、亚北极苔原生态系统动植物种类稀少,营养结构相对简单,因而恢复力稳定性和抵抗力稳定性都较弱,对这一生态系统中任何要素的破坏都可能在整个系统中引起链反应。

从亚北极苔原南界的林带开始,向南 1 000 多公里宽,分布着亚寒带针叶林带,又称泰加林带。泰加林带中树木纤直,高 15~20 米,但多长成密林,在高地上成片分布,其间低洼处,则交织着沼泽。植被结构简单,欧洲云杉、西伯利亚云杉、西伯利亚冷杉以及欧洲冷杉组成的树林下只有一层灌木层、一层草木层,以及地表的苔原层。

二、农用地

根据加拿大农业普查数据,将农用地归纳为农田、夏季休耕地、牧草地、林地和湿地,以及其他农用地 5 类,其中一半以上的面积为农田和夏季休耕地(约 3 800 万公顷),牧草地约占 30%。2011—2016 年,加拿大农用地面积由

6 971 万公顷减少至 6 886 万公顷，共减少了 85 万公顷，然而用于作物种植的农田总面积却增加至 3 780 万公顷，共增加了 125 万公顷（3%），而夏季休耕地则显著减少了 57.1%。夏季休耕是北美地区使土地闲置以节省土壤水分、涵养土壤养分的一种做法，随着植物遗传、肥料、种业技术的革新，以及作物混合种植的变化，实际生产中对夏季休耕的需求减少了。免耕播种技术的普及是夏季休耕面积减少的主要因素。免耕播种可以保留前茬的残茬，以捕获冬季积雪，改善土壤结构并减少播种期间的水分流失。2011—2016 年，使用免耕技术播种的土地总面积增加了 16.8%，达到 790 万公顷。此外，农用地中牧草地、林地和湿地则分别减少了 5% 左右（图 2-1）。

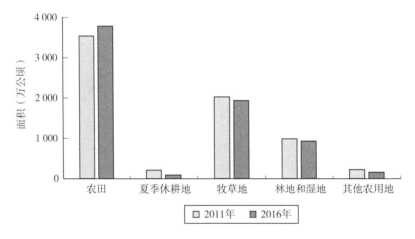

图 2-1　加拿大农用地规模

　　加拿大中部大平原面积广大，土壤条件优越，水源丰富，极适于发展农牧业。五大湖沿岸、圣劳伦斯流域河谷及其沿岸多冲积土，灌溉条件好，气候温润，也有利于农牧业的发展。从空间分布来看，全国农业用地集中分布在大平原区南部，约 4/5 的农田位于艾伯塔、萨斯喀彻温、马尼托巴三省（即草原三省），该区域土壤以肥沃的棕壤和黑土为主，保肥性状良好，是国家的粮仓，不利条件是雨水不够充足。位于圣劳伦斯河流域低地及大湖区的安大略省的东南角和魁北克南部，地势平坦，土壤肥沃，也分布有大面积的耕地。"大西洋沿岸"各省的农业用地集中在沿岸地区，它的西部地区多山，农耕作业大部分局限于高地及盆地。"太平洋地区"只有一个省，即不列颠哥伦比亚省，大部分是高山和森林，木材蓄积量占全国的 2/5，但耕地只占全省面积的 2%，农场集中在温哥华岛上。

第三节　劳动力资源

一、总体情况

　　人口和劳动力是最基本的生产要素之一，加拿大政府劳动力调查报告指出，2019 年劳动力超过 1 900 万人，15 岁以上劳动力参与率超过 65%，其中男性劳动参与率（70%）高于女性（61%），说明加拿大劳动力中男性人数超过女性，且男性适龄人口中愿意加入就业市场并持续寻找工作的劳动力也多于女性。尽管如此，加拿大劳动参与率的性别差异仍小于全球平均水平。人口就业率 61%，高于世界平均水平（57.4%），2010 年以来，加拿大就业率基本稳定在 61%，高出全球平均水平 3%，在发达国家中也名列前茅，男性就业率（64%）高于女性（57%）。2019 年加拿大失业率为 5.56%，虽然略高于世界总失业率的平均水平（5.39%），但值得一提的是，加拿大失业率十年来保持稳定的下降趋势，总体而言，加拿大劳动力市场表现积极。

　　尽管如此，挑战依然存在。与其他发达经济体一样，移民带来大规模人口构成的变化，全球化趋势加剧以及技术进步导致的对劳动技能要求的提高，都将重构劳动力市场。加拿大统计局的研究报告显示，尽管失业率较低，但是有一些失业者可能难以找到与其技能水平相匹配的工作，这一点可以从失业与职位空缺的比值反映出来，表明了失业者的特征与雇主所寻求的特征之间的匹配程度。以 2017 年最后三个季度和 2018 年第一季度的平均数为基础计算可知，面向本科或更高学位从业者的空缺职位数与符合这一职位需求的失业人数的比值为 1∶4.7，而对于学历需求稍低的职位而言，这一比值仅为 1∶1.6，可见，拥有学士学位或更高学历的失业者在寻找与自身技能水平相当的工作方面更为困难。

二、行业分布

　　加拿大 20% 劳动力就业分布在农林牧渔、矿产业、建筑业等广义制造业，而 80% 的就业集中在服务业，其中卫生保健和社会救助以及零售贸易的就业人数最多。总体而言，十年来制造业的就业人数占比呈下降趋势，而服务业就业人数占比呈上升趋势，就业人数的增长主要是由于服务业部门推动，其中卫生保健和社会救助行业是增加就业的主要贡献者，住宿和餐饮、科技服务以及教育行业对劳动人口就业的贡献度也不容忽视，值得一提的是，所有行业中，仅有科技服务和教育行业的就业人数呈逐年增长的趋势，其中科技服务行业2019年较2018年的增长率达到十年来最高（6.06%），高科技产业对就业的吸引强劲。相反，加拿大农业就业人员数量及其在所有就业人口中的占比却在波动中呈下降趋势，由2010年的1.81%下降至2019年的1.51%，但农业经济产值却并未随之下降，农业的规模化和智能化程度的持续提升导致农业对于人工的需求下降。

三、区域特征

人口中心和农村地区的就业趋势有所不同，2017—2018年，国家就业率增长的98%来自人口中心，与十年前相比，农村就业人口数有所下降，而人口中心的就业人口数却增长了12.6%，新斯科舍和新不伦瑞克两省农村地区就业人数的减少表现得尤为强劲，大大抵消了人口中心就业人数的增长。

与人口空间分布类似，安大略和魁北克两省的劳动力资源和就业人口数最多，两省就业人口占就业人口总数的61%以上，不仅如此，两省也是全国就业人口增加的主要贡献省份，此外，艾伯塔、不列颠哥伦比亚两省的就业人口数也显著高于其他省份和地区，两省就业人口占全国就业人口总数的25%，以上4个省份的就业人口数呈稳定的逐年上升趋势。北部三大地区的就业人口数仅占0.3%。

加拿大全国就业率超过61%，2016年以来，就业率呈上升趋势，劳动力市场表现出积极的形势，其中马尼托巴省、萨斯喀彻温省、艾伯塔省三省的人口就业率均高于全国平均水平，说明这三省劳动力市场供求关系较为均衡，但各省就业率随时间的变化却不容乐观，近十年来3省就业率在波动中均下降了1%~2%。就业率最低的省份为纽芬兰-拉布拉多省，低出全国平均就业率近10%。

四、民族特征

移民对加拿大经济和社会的发展贡献率越来越高，2016—2017年，全国就业增长的最大份额（66%）由核心工作年龄段（25~54岁）的移民和加拿大本土55岁以上人口构成，其中前者占了52%，且多数分布在不列颠哥伦比亚和安大略两省，主要移民国为菲律宾，移民就业的增长大部分来自专业、科学和技术服务（包括法律服务、会计、建筑、工程和相关服务、计算机系统设计、管理、科学技术咨询，以及科学研究与开发等子领域），这些都是收入较高的行业，需要大学或大专以上学历。据统计，2017年，核心工作年龄段的就业移民中，49.7%拥有大学学历，在以上领域工作的移民就业率呈上升趋势，且增长速度快于总的就业率。此外，核心工作年龄段的移民的主要就业领域还包括金融、保险、房地产和租赁服务、制造业，以及医疗保健和社会援助等行业。

　　2017年核心年龄段移民的失业率小幅下降至6.4%，这是2006年以来的最低水平。与此同时，他们的就业率升至78.9%，是12年来的最高纪录。事实上，各年龄阶段的移民群体的失业率都有所下降，特别是刚移民加拿大不足5年的新移民，他们的失业率自2006年以来首次低于10%。相比之下，2017年加拿大出生的劳动力就业率是84.0%，比上年增长0.8%，失业率是5.0%，下降0.5%。2014年以来，移民与本土劳动力就业率差距连续三年缩小。

第三章 CHAPTER 3
加拿大农业生产 ▶▶▶

第一节 农业生产概述

一、总体情况

加拿大是全球最大的农产品生产和出口国之一，可谓全球农业生产领导者。加拿大农业生产种类齐全，联合国粮农组织和加拿大农业及农业食品部的统计数据显示，加拿大油菜籽、豌豆等产量居全球第一，蓝莓产量全球第二，生产世界 4.5％的小麦、7.2％的大麦、1.2％的玉米。20 世纪以来，尽管农业产业占人口和 GDP 的比重显著降低，但农业仍然是加拿大经济的重要组成部分。1871—2016 年，加拿大全国小麦产量增长了 13 倍，生猪产量增加 9 倍，牛产量增加 4 倍，当前，农林牧渔业对全国经济的贡献率约为 4.6％。

加拿大农业出口值居全球第五位，1996—2016 年，加拿大农产品出口额由 115 亿加元增长至 281 亿加元，34％的芥花籽、37.8％的大豆、55.7％的亚麻籽出口至中国，78.7％的牛肉、76.7％的猪肉、61.9％的枫木、55.8％的蓝莓出口至美国，9.7％的小麦出口至日本，41.5％的干豌豆、24.6％的扁豆出口至印度。

加拿大农业生产区域分布与农业用地空间分布相一致，主要集中在西部的草原三省，即萨斯喀彻温、马尼托巴和艾伯塔省。其中，萨斯喀彻温是加拿大第一农业大省，农业对全省 GDP 的贡献度全国最高（13.5％），集中了全国绝大部分的大规模农场。艾伯塔和马尼托巴两省的优势则在于养殖业，艾伯塔省有全国最大的养牛场，马尼托巴省有全国第三大养猪场，并拥有全国第二大家禽和蛋品生产商。

二、农场农业

加拿大以农场作为农业生产的基本单元。2016年，共有农场19.3万个，平均面积332公顷。各类农场中，油菜籽和谷物型农场占比最高（32.9%），其次是育肥场（18.6%）。2011—2016年，绵羊和山羊类农场下降了约1/5，部分原因是这类农场的盈利能力相对较低。自联邦成立150余年以来，加拿大的农业发展发生了一系列的变化（图3-1）：过去加拿大农场以家庭小型经营为主，仅生产一种或几种农产品。2011—2016年，加拿大农民的平均年龄从54岁增加到55岁，其中55~59岁的农民在农场经营者中所占比例最大，农场经营者的数量由29万人减少至27万人，主要是因为40~54岁的农场经营者大幅下降，而35岁以下的农场经营者数量增长了3.0%，55岁以上的农场经营者也增加了4%。

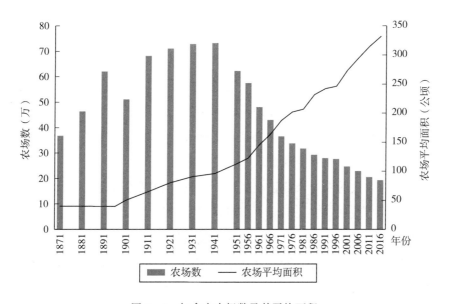

图3-1 加拿大农场数及其平均面积

注：数据来自加拿大农业普查。1951年以前，农业普查每10年一次；1951年之后，农业普查每5年一次。

近年来，随着技术的进步以及市场竞争的加剧，加拿大的农场和农场主的数量正在减少，但现存的农场较之从前在规模上却普遍更大。扩大农场规模的途径主要包括租用他人土地、共享作物合作经营以及向政府租赁土地三种。2016 年，租用他人土地（包括从其他农场经营者或非经营性地主租用的土地）总面积为 1 623 万公顷，占农场土地总面积的 31.6%，有 35.1% 的农场经营者选择向他人租用土地，这一比例在 35 岁以下的农场经营者中高达 50.6%。仅通过租用他人土地从事农业生产的农业经营者平均年龄为 46 岁，比农场经营者的平均年龄低 9 岁。相应的，与年轻的农场经营者相比，70 岁以上的农场主更倾向于租出部分土地由他人经营。

与此同时，农场经营的复杂性不断增强，独资或合资的家庭小农场趋向合并，农场的经营方式向企业转型，农场资本密集度、机械化程度更高。如今的加拿大农场不仅高度市场化，并且与国际市场完全接轨，因为农场土地归农场主永久所有，因此农场的经营更加着眼于长远。1990 年，全国农场总产值为 3.65 亿加元，平均产值为每单位农场 714 加元；2015 年，全国农场总产值 694 亿加元，平均产值 35.85 万加元。不仅如此，单位农场农机装备的价值也从 213 加元增加至 27.84 万加元。

三、现代农业

加拿大农产品在国际上具有较强的竞争力，其农业的稳健发展得益于国家从政策法规层面对农业产业的保护，联邦和省两级政府职责分工明确，前者负责政策制定、农业科学研究、农产品质量标准制定等；省级政府主要负责有关政策的实施、农业应用研究和推广、咨询服务等。

当前，加拿大的农业产业正在经历行业整合和提质增效，技术的进步显著提高了农业生产效率，农民拥有更多可用于决策和生产的工具，基于全球定位系统和地理信息系统的数据驱动技术使农场能够在播种、收获和投入使用方面实现更高的精度和准确性。同全球其他国家和其他产业一样，科技创新将进一步塑造加拿大的现代农业发展，诸如无人机、自动化和机器人、数据和分析、技术不断优化的农机装备等，都将为加拿大现代农业发展提供新的机遇与挑战。

与此同时，随着农业的不断发展，农场的商业模式也经历着转型，以更好地利用市场中不断涌现的新机遇，并通过营销策略、流程和产品供给的革新，来降低成本、提高利润。2016 年的农业普查显示，12.7% 的农场使用了直销这种营销策略，这种方式在小型农场更受欢迎，有 25.2％ 的销售额低于 1 万加元的农场产品进入市场的方式是直销。直销是将农场产品直接出售给消费者的一种做法，即所谓"从农场到餐桌"。可以出售水果、蔬菜、肉、蛋、枫糖浆和蜂蜜等未经加工的农产品，也可出售果冻、香肠、葡萄酒和奶酪等增值产品。以农场门口直接销售、摆摊、农民市场和社区支持农业等形式进行销售，通过减少中间流通环节，来最大限度增加利润。

四、有机农业

（一）种植与分布

加拿大国土面积位居世界第二，耕地面积 4 600 万公顷，占国土面积的 5％。目前，加拿大有机耕种面积为 90 万公顷。加拿大是全球认可度较高的有机食品生产国，技术娴熟，经验丰富。加拿大有机耕种面积主要在大草原地区和太平洋地区。

在大草原地区种有机小麦、燕麦、大麦、油菜和麻籽，还有供应全国 70％ 以上的牛肉市场。在中部地区有奶牛、肉牛、鸡、猪等畜禽养殖和蔬菜、水果、马铃薯等精细农业以及烟草、枫树产业等特种作物，还有全国 3/4 的大豆生产。

在太平洋地区主要是畜牧业、果园、葡萄园，这里有加拿大最大的苹果生产基地。大西洋地区种植水果、蔬菜和饲草等经济作物，同时发展奶牛、肉牛和马铃薯等产业。

（二）市场概况

2015 年加拿大有机食品销售额约为 31 亿欧元，占全球有机食品销售额的 4％，排名第 5 位；加拿大年人均消费有机食品 77 欧元，在全球有机食品年均消费排名中居第 10 位。加拿大有机产品主要用于出口，国内人均消费水平相对较低，有机市场开发潜力巨大。一部分原因是加拿大环境污染程度小，农作物病虫害危害较低，普通产品也有较为严格的检验检疫系统，基本可以放心购买和食用，有机产品和普通产品相对而言在质量上没有显著的区别。

第二节 种 植 业

一、种植结构

2016 年，加拿大作物种植面积超过 3 751 万公顷，主要农作物包括：小麦，如春小麦、硬质小麦、冬小麦等；粗粮，如大麦、燕麦、玉米、裸麦等；油料作物，如油菜、亚麻、大豆等。总体而言，随着作物科学的发展，以及生产实践和市场营销的创新，加拿大农场大田作物的种类不断增多，种植面积也不断扩大。从大田作物种植面积来看（表 3 - 1），油料作物中油菜种植面积最大（833.93 万公顷），是加拿大第一大作物，全国每 6 个农场中就有 1 个农场种植油菜。2017 年，油菜籽产量达 2 130 万吨；过去 20 年中，油菜籽产量增加了两倍多，近一半用于出口。20 世纪 70 年代以来，油菜种植面积不断扩大，2011 年种植面积首次超过春小麦，成为第一大作物。2016 年，两者之间的差距持续增大，油菜面积增长 6.4% 至 833.93 万公顷，而春小麦则减少7.0% 为 635.36 万公顷。种植面积处于前 5 位的还有大麦（270.98 万公顷）、硬质小麦（246.86 万公顷）和大豆（227.27 万公顷）。从历史数据来看，主要粮食作物种植面积呈逐年下降趋势，而油菜、大豆等作物种植面积呈逐年上升趋势。

表 3 - 1 加拿大主要作物类型

主要作物种类	统计项	1996 年	2001 年	2006 年	2011 年	2016 年
小麦	农场数（万个）	9.35	7.28	6.07	5.20	5.25
	面积（万公顷）	1 241.93	1 086.02	982.01	925.78	948.44
油菜	农场数（万个）	—	—	—	3.51	3.24
	面积（万公顷）	—	—	—	783.84	833.93
玉米	农场数（万个）	—	—	—	3.01	3.22
	面积（万公顷）	—	—	—	160.73	184.67
燕麦	农场数（万个）	5.72	4.58	4.16	2.90	2.41
	面积（万公顷）	204.47	189.01	206.36	152.22	127.87
大麦	农场数（万个）	7.69	6.05	4.34	2.99	2.50
	面积（万公顷）	524.12	469.68	369.00	278.78	270.98

（续）

主要作物种类	统计项	1996 年	2001 年	2006 年	2011 年	2016 年
大豆	农场数（万个）	—	—	—	2.72	3.15
	面积（万公顷）	—	—	—	160.17	227.27
杂粮	农场数（万个）	1.44	1.32	1.04	0.71	0.65
	面积（万公顷）	29.36	36.29	33.64	19.44	20.63
果树	农场数（万个）	0.83	0.60	0.56	0.54	0.52
	面积（万公顷）	4.17	3.53	3.24	2.75	2.65
浆果和葡萄	农场数（万个）	0.80	0.79	0.85	0.93	0.93
	面积（万公顷）	5.75	6.92	7.77	9.88	10.82
蔬菜（不含大棚蔬菜）	农场数（万个）	1.14	0.98	0.95	0.91	1.00
	面积（万公顷）	12.77	13.39	12.52	10.83	10.94

注："—"表示未查到相关数据。

大田蔬菜中种植面积居前三位的分别为甜玉米（1.9万公顷）、青豆（1.3万公顷）和胡萝卜（0.9万公顷），而大田水果和坚果中种植面积前三位分别为蓝莓（7.9万公顷）、苹果（1.8万公顷）和葡萄（1.3万公顷）。近年来，大田蔬菜的种植面积有所减少，主要转为大棚蔬菜，而浆果和葡萄则由于其相对可观的经济效益，种植面积有所增加。

加拿大大多数农作物在春季播种、秋季收获。部分地区的小麦也可以在秋季种植，在夏季收获。在大多数年份里，一旦霜冻的威胁降到最低，春季播种就会在4月下旬或5月初开始。

2016年种植业农场年度收支状况为：总收入351.8亿加元，其中小麦占18%、油菜籽占24%、大豆占8%、玉米占7%、蔬菜（不含大棚蔬菜）占5%、大麦和水果各占4%、马铃薯占3%；总支出119.8亿加元，种植业净收入232亿加元。

二、主要作物产量

根据2016年农业普查数据，加拿大主要农作物产量及其相对于2011年的变化情况为：小麦（3 214万吨，产量增加27.1%），其次是油菜籽（1 960万吨，产量增加34.2%），谷物玉米（1 389万吨，产量增加22.3%），大麦（884万吨，产量增加12.0%），大豆（660万吨，产量增加47.7%），燕麦

（323 万吨，产量增加 2.3%），扁豆（319 万吨，产量增加 103.0%）。据估算，2019 年，全国小麦、油菜、谷物玉米、大麦、燕麦的产量将呈现小幅增加，而大豆和扁豆产量将有所下降。

三、区域分布

以种植面积来看，种植业在地方农业中占据主导地位的省主要包括马尼托巴、萨斯喀彻温和艾伯塔省，安大略和魁北克省南端的河流盆地，不列颠哥伦比亚省也分布有一定规模的种植业。各省种植的作物种类有所不同：艾伯塔、萨斯喀彻温、马尼托巴三省以种植油料作物油菜为主，同时，这三个省份也被称为"加拿大的面包篮子"和"世界粮仓"，三省小麦产量占全国的 95%，大麦占全国的 90%，用于出口的小麦和大麦几乎全部产自这几个草原省。仅萨斯喀彻温一省就生产全国一半以上的小麦，燕麦、大麦等产量也名列前茅，该省聚集了全国大部分的大规模农场，农场平均面积 722 公顷，是全国农场平均面积的两倍多。安大略省主要种植大豆和玉米，此外，安大略省还是全国第一大温室蔬菜生产基地，魁北克和新斯科舍省主要种植谷物玉米，魁北克是全国最大的大田蔬菜产地。不列颠哥伦比亚主要作物为春小麦，是全国最大的苹果生产基地，花卉、园艺也占据重要地位。纽芬兰-拉布拉多省主要种植青贮玉米，而新不伦瑞克和爱德华王子岛以种植马铃薯为主，爱德华王子岛马铃薯产量占全国总产量的 1/4。

第三节　畜　牧　业

一、生产概况

加拿大是畜牧业大国，拥有发达的肉牛、奶牛和生猪养殖及畜禽产品加工产业（图 3-2）。加拿大肉牛在生长速度、繁育特征和肉质条件方面表现极佳，得到国际市场广泛认可。肉牛的产值约占畜牧业总产值的一半，奶牛和乳品加工业的产值仅次于肉牛，大体上肉牛养殖规模约为奶牛的 4 倍。2016 年，加拿大牛和牛犊总存栏量为 1 250 万头，较 2011 年减少 2.0%，存栏量低于 1986 年以来的最低水平，其中肉牛 370 万头，比 2011 年减少 3.0%；奶牛 94

万头，比 2011 年减少 2.4%，但由于动物营养和生产方法的改善，单头奶牛的奶产量增加，因此牛奶总产量却呈增长趋势。分析 2011—2016 年养牛业的变化可知，价格和市场需求的波动，持续影响着加拿大肉牛业发展：2011—2016 年，以美国为主的国际牛肉行业对加拿大牛肉育种存量的国际需求强劲，导致加拿大牛，特别是肉牛的库存减少。肉牛和奶牛存栏量减少的另一个原因是养牛业的利润相对而言低于作物种植，以养殖为主营的农场数减少，养牛农场数由 2011 年的 8.6 万个减少至 2016 年的 7.5 万个。奶牛场总数减少，其中小型奶牛场数量减少但大型（存栏量 200 头以上）奶牛场数量增加，且机械化、自动化生产能力显著提升，表明该行业正在经历整合升级，这是其生产效率提高的主要原因。

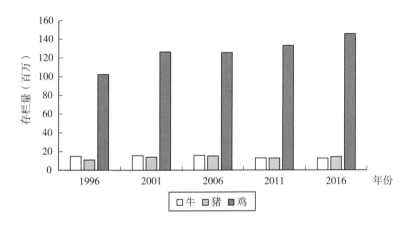

图 3-2　传统畜禽养殖动物存栏量

生猪养殖也是加拿大畜牧业的重要组成部分，2016 年猪的存栏量为 1 410 万头，较 2011 年增加 11.1%，加拿大养猪业的一个重要特点是聚集度较高，据统计，99.7% 的猪由约一半的养猪场养殖，剩余一半养猪场的养殖规模则仅占 0.3%。在家禽养殖和鸡蛋生产方面，为响应消费者的需求，2015 年生产了 15 亿千克肉鸡，74 亿个鸡蛋，均比 2011 年增加 10%。

然而，加拿大畜牧业的发展绝不仅限于牛、猪和鸡的养殖，在传统动物养殖方面，绵羊、羔羊、火鸡的养殖都具有相当规模，此外，据调查，23.7% 的农场也同时养殖山羊、马、毛皮动物、兔等其他动物中的一种或几种。绵羊的存栏量 105.4 万只，山羊 23.0 万只，兔子 17.2 万只，貂 55.0 万只。

2016 年，畜禽养殖农场年度收支状况为：总收入 109.0 亿加元，总支出 76.3 亿加元，畜禽养殖农场净收入 32.7 亿加元。

二、区域分布

从养牛业来看，艾伯塔省是肉牛养殖第一大省，肉牛存栏量占全国的40%以上，与其他9省肉牛养殖量总和相当。2016年，尽管全国肉牛饲养量较2011年下降了2.4%，该省肉牛数量却增加了1.3%，从根本上来说，这得益于当地在饲料生产和加工能力上所具有的绝对优势。2016年，艾伯塔省肉牛产值高达74亿加元，据统计，出口美国的牛肉74.7%产自艾伯塔省。安大略省和萨斯喀彻温省的肉牛养殖规模分别处于第二位和第三位。奶牛养殖规模前三的省份为魁北克省、安大略省和爱德华王子岛省。奶业是魁北克最大的农业生产部门，尽管2016年全国奶牛农场和奶牛存栏量均较2011年有所下降，但该省奶牛数和奶牛场数均在全国处于领先地位。魁北克省也是最大的生猪生产省，2016年生产生猪450万头，占全国生猪总数的32.0%，魁北克、安大略和马尼托巴三省合计拥有生猪总数的81.0%，生猪养殖场的63.9%，安大略省则占有全国约1/3的养猪场，而马尼托巴省的生猪数量增长最快，比2011年增长了18.7%，达到340万头，且该省养猪场的平均规模最大。安大略省鸡蛋的产量位于全国第一，该省食用蛋产量占全国的38.7%，孵化蛋产量占全国33.3%。

从畜牧农场的产值来看，不列颠哥伦比亚省、新不伦瑞克省、新斯科舍省、纽芬兰-拉布拉多省产值最高的是生产猪肉和鸡蛋的农场，艾伯塔省、萨斯喀彻温省产值最高的是生产肉牛的农场，安大略省、魁北克省、爱德华王子岛省产值最高的是生产牛奶和奶制品的农场，马尼托巴省产值最高的是生产生猪的农场。

第四节 渔 业

一、生产概况

加拿大拥有广阔的海水和淡水栖息地，水质优良，有利于开展高质量水产养殖。大西洋和太平洋清冷的水域为多种鱼和贝类提供了极佳的生长条件。此外，由于有大量纯净的淡水资源，加拿大所有内陆省份都可以养殖高质量的水产品。水产养殖业始于 20 世纪 50 年代，属较为新兴的渔业产业。近年来，加拿大水产养殖产业稳步发展，2010—2018 年，全国水产养殖产量由 16.3 万吨增长至 19.1 万吨，产量年均增长率为 2.0%，产值由 9.3 亿加元增长至 14.3亿加元，8 年来增加了 53.8%，产值年均增长率为 5.5%。从养殖环境来看，加拿大水产养殖以海水养殖为主（图 3－3），2018 年，海水养殖产量 18.1 万吨，占水产养殖总产量的 94.8%；从养殖的物种来看，鱼类养殖产量占78.1%，产值占 92.6%，产量和产值均高于贝类，鱼类养殖又以大西洋鲑（生活在北大西洋海域以及周边河流的三文鱼）为主要品种，贝类养殖则主要为贻贝。大西洋鲑主要采用网箱养殖，而贻贝的养殖则采用水下悬浮延绳方式。2018 年，大西洋鲑和贻贝产量占养殖业总产量的 77.4%，占产值的 80.7%。

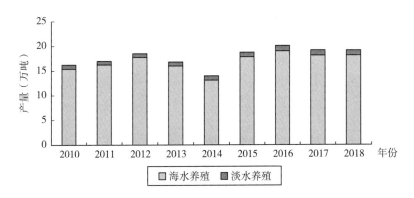

图 3－3　加拿大水产养殖分类及产量

数据来源：联合国粮农组织。

加拿大是世界主要渔业国家之一，拥有全球最长海岸线，且境内淡水资源丰富，发达的渔业极具商业价值。加拿大渔业主要包括商业海洋和淡水捕捞、鱼类和海鲜产品加工、水产养殖 3 大类，2018 年渔业总产值 118.5 亿加元，捕捞产值占 31.6%，其中海水捕捞产值约是淡水捕捞的 47 倍。捕捞以贝类为主，其次是底层鱼类，2018 年的商业渔获量约 90 万吨，其中海水捕捞渔获量8 万吨，贝类 37.7 万吨，底层鱼类 22.8 万吨，中上层鱼类 17.9 万吨；淡水捕捞渔获量近 4 万吨。贝类的捕捞量是底层鱼类的 1.65 倍，但贝类产值却是底层鱼类的 7.31 倍。加拿大鱼类和海鲜产品加工产值占渔业总产值的 56.3%，并且出口量占据相当大的比例。水产养殖的产值为 14.3 亿加元，占渔业总产值的 12.1%。在就业人口方面，从事捕捞、水产养殖，以及鱼类和海鲜产品加工的人口分别为 4.6 万人、0.35 万人和 2.6 万人，捕捞业呈现出较为明显的劳动密集型特点，而鱼类和海鲜产品加工业的就业人口产出最高。在鱼类和海鲜产品国际贸易方面，加拿大是全球最大的鱼类和海鲜产品出口国，加拿大捕捞和养殖的鱼类和海鲜产品的安全性和高质量得到了全球认可，75％以上的鱼类和海鲜产品用于出口，远销 130 多个国家。2018 年鱼类和海鲜产品出口总额达到 69.3 亿加元，以龙虾、大西洋鲑、雪蟹的出口额为最多，相比之下进口额为 39.8 亿加元，鱼类和海鲜产品贸易顺差达到近 30 亿加元。

加拿大渔业及海洋部负责规范和管理本国渔业发展，通过实施以持续发展和有序捕鱼为目标的稳健管理措施来保护加拿大渔业的未来。加拿大政府通过生息场所以及渔业管理和水生动物健康计划的实施维持和发展国家海洋资源的努力得到了世界各国的认可。质量管理计划——由加拿大食品检疫局监督实施的一项以危害分析和关键控制点为基础的制度——确保了加拿大鱼和海产品在从渔船或渔场到超市，包括加工、存储和运输的整个过程中都合乎卫生标准。

二、区域分布

加拿大渔业的捕捞业主要分布在加拿大东部大西洋沿岸省份（新不伦瑞克、新斯科舍、纽芬兰-拉布拉多、爱德华王子岛）以及西部太平洋沿岸的不列颠哥伦比亚省。其中大西洋捕捞量占 72.7％，产值最高的依次是龙虾、蟹、虾、扇贝、蓝口贝，太平洋捕捞量占 22.8％，主要是象拔蚌、鲑鱼（三文鱼）、蟹、鲱鱼（鲱鱼卵）。

位于大西洋沿岸的纽芬兰渔场，由拉布拉多寒流和墨西哥暖流在纽芬兰岛附近海域交汇而成，曾是世界四大渔场之一，历史上其产量异常丰富，尤以盛产鳕鱼著称。1534 年，意大利航海家约翰·卡波特在寻找西北航道时意外发现。异常丰富的渔业产量有"踩着鳕鱼群的脊背就可上岸"的美名。然而，长期掠夺性的、无节制的滥捕对鳕鱼等海洋生物造成了毁灭性伤害，从 20 世纪 80—90 年代开始，鱼群消失，纽芬兰捕鱼业彻底破产。1992 年，加拿大政府发布禁渔令，即永久性禁止拖网渔船在纽芬兰渔场作业，但至今有规模的鱼汛仍不见踪影。

在水产养殖方面，大西洋鲑的海水网箱养殖集中在不列颠哥伦比亚省、新斯科舍省和新不伦瑞克省的近岸水域。2018 年，三省的鲑鱼产量为 12.3 万吨，其中不列颠哥伦比亚省占 70％ 以上。爱德华王子岛则是贻贝养殖的中心，2018 年加拿大生产了 2.5 万吨贻贝，其中约 80％ 来自爱德华王子岛周围的海域。

第五节　林　　业

一、产业结构

森林资源是加拿大的绝对优势资源，其国内森林面积与整个亚洲的森林面积相当。茂密而广阔的森林，不仅为加拿大提供了优美自然本底环境，也为其带来了巨大的社会经济价值。数据显示，加拿大约 2.4 亿公顷可作为木材林，其中 67％ 为针叶林（软木）、16％ 为混合林、11％ 为阔叶林，林业发展经久不衰，而且一度是国民经济的首要支柱。林业可分为 3 个领域，森林和伐木业、木材产品制造业、制浆和造纸业。从经济产出来看，木材产品制造业对林业 GDP 的贡献度最高（46％），第二是制浆和造纸业（36％），第三是森林和伐木业（18％）。根据加拿大国土资源部的数据，2018 年，加拿大林业提供了超过 21 万个就业岗位，其中 48％ 从事木材产品制造业，28％ 从事制浆和造纸业，17％ 从事森林和伐木业，林业经济产出超过 258 亿美元，占当年 GDP 的 1.2％。

统计各类林业产品的产量可知，2009 年以来，制浆和造纸业的产量呈下降趋势，尤其是新闻纸和打印纸的产量，下降趋势十分显著（超过 10％），但是软木木材、结构木板等木材产品的产量却呈现一个较大的涨幅（约 40％）。加拿大林业产品主要面向海外市场，极具国际竞争力，是全球第四大林产品出口国，林产品出口占其出口总量的 7％。加拿大向超过 180 个国家出口软木料、结构木板、木浆、新闻纸、打印和书写纸等，是世界最大的新闻纸生产国，产量占新闻纸总产量的 2/5。然而近年来，数字媒体的兴起带来全球传统造纸业市场需求的结构性下降，国际上大量造纸厂关闭，相比其他国家，加拿大的造纸产业虽未受到最为严重的冲击，但仅 2016—2017 年，其打印纸和新闻纸的产量下降仍高达 8.6％。

如前所述，加拿大 90％ 的森林为公有林。加拿大对广袤的公有林实行雇佣经营（特许经营）的管理模式，将森林经营纳入市场经济的轨道。这种模式的核心是：联邦和各省政府向社会公布拟用于商业的造林、采伐和木材加工的条件。各公司通过竞标，取得公有林中的某些林木类型、某些区域或某个特定数量林木的造林、采伐或木材加工的权利。中标公司与政府签订协议后，定期汇报执行情况，并接受政府的检查和监督。这种协议通常分为短期（5年以内）和长期（5年以上）两种，多数公有商业采伐林属于长期协议，这种协议的一种常见方式是，政府部门与公司签订20年的林地特许协议，同时规定可以滚动续约。每5年政府管理部门对公司进行评估，若评估合格，则将特许协议有效期再延长5年。例如，不列颠哥伦比亚省将全省可采伐利用的森林划分为35个木材供应区和36个林场，委托给公司管理经营，向林业企业颁发经营许可证。经营许可证对采伐量、采伐方式、采伐地点都有明确的规定和严格限制。森林经营许可证每5年审核1次，根据森林经营管理的水平决定是否允许继续经营。

加拿大各林业大省森林法都对采伐方法和采伐量做出严格规定，涵盖森林早期规划、林木采伐，以至再造、新林养护等各个环节。如不列颠哥伦比亚省森林法就有一套确定森林年允许采伐量的基本程序和方法，并要求经营企业，砍伐后的每一公顷公有土地均应在规定时间内重新造林并达到相关指定标准。部分省森林作业法还对树木砍伐方法列出规范，包括皆伐作业法、伞伐作业法、择伐作业法三种作业法或混合使用。

二、区域分布

加拿大的森林绝大部分为原始林，人工林在加拿大极少。从纽芬兰-拉布拉多海岸向西至落基山、向西北到阿拉斯加，是世界仅次于欧亚大陆泰加林带的第二大针叶林带，但其树木种类的丰富程度远超欧亚大陆泰加林，主要有白云杉、黑云杉、冷杉、铁杉、雪松、花旗松及美洲落叶松等。针叶林带南侧为针阔混交林和阔叶林带，面积约占森林总面积的35%。加拿大20世纪60年代前森林主要靠天然更新，20世纪60年代才开始重视人工造林。目前每年造林40万公顷左右，造林面积最大的是不列颠哥伦比亚省和安大略省。

如前所述，加拿大全国共分为7个林区，树种的分布也有所不同。

（1）北方林区。是全国最大的林区，跨越7个省和地区，其面积相当于全国森林总面积的82%，大于其他6个林区面积的总和。森林以针叶林为主，主要树种有白云杉、黑云杉及落叶松，东部和中部有香脂冷杉和短叶松（加班克松），西部和西北部有高山冷杉和扭叶松。阔叶林很少，主要树种是白桦和香脂白杨。

（2）大湖-圣劳伦斯林区。位于大湖和圣劳伦斯河流域盆地，是加拿大第二大林区，约占全国森林面积的 6.5％。该林区以混交林为主，主要树种有东方白松、红松、东方铁杉、黄桦、糖槭、红槭和红橡等。加拿大木质人造板工业的发源地魁北克、蒙特利尔、渥太华就位于该林区。

（3）西部山地林区。位于西部高山地区，属针叶林区，占全国森林面积 3.7％。主要树种有恩氏云杉、高山冷杉和扭叶松。

（4）沿海林区。分布在加拿大西部太平洋沿海地区，占全国森林面积的 2.2％。主要树种有西部侧柏、西部铁杉、美国西部云杉和北美黄杉等。该林区是加拿大主要木材产地之一，年采伐量占全国 25％左右。

（5）阿克迪阿林区。分布在新斯科舍、爱德华王子岛及新不伦瑞克沿海三省，占全国森林面积的 2.2％。主要树种是白云杉、冷杉、黄桦和糖槭等。

（6）哥伦比亚林区。分布在库特奈谷地、汤普森河、弗雷泽河上游和奎斯内尔湖地区，占全国森林面积的 1.8％。西部侧柏和西部铁杉为主要树种，其他树种还有北美黄杉、西部白松和西部桦树等。

（7）落叶树林区。位于安大略省南部，是加拿大最小的林区，仅占全国森林面积的 0.4％。主要树种为糖槭、山毛榉、白榆、美国椴树、白橡和白胡桃等阔叶树种。

加拿大西部地区（如不列颠哥伦比亚省）木材径级大，单位面积蓄积量多；东部平原地区（如魁北克省）则以小径木为主，形成了西部以木材加工业为主、东部制浆造纸业发达的工业格局。不列颠哥伦比亚省和魁北克省是两个主要木材产区，其森林面积分别占全国的 15％和 20％，森林蓄积量分别占全国的 38％和 18％，年允许采伐量分别占全国的 31％和 25％。其中，不列颠哥伦比亚省是加拿大最重要的木材产区，年均木材产值占全国木材总产值的近 2/3。

第四章 CHAPTER 4
加拿大农产品加工业 ▶▶▶

▒▒▒▒▒▒ **第一节　乳制品产业** ▒▒▒▒▒▒

　　加拿大政府在乳品原料生产和加工方面制定并实施了严格的质量安全标准，使得加拿大乳制品品质闻名世界。加拿大食品检验局（CFIA）对产品质量安全执行强制、严格标准，相当数量的牛奶加工厂经过 HACCP 和 ISO 认证，保证了产品质量生产全过程的高效。

　　加拿大牲畜种群品种品质优良、遗传性能好。奶牛产量高，平均产奶可达9 422 千克/头（305 天哺乳期），牛奶中蛋白质和脂肪平均含量可达 3.2％和3.76％。常见的乳用奶牛品种有荷斯坦 Holstein 牛（占奶牛群的 93％）、苏格兰乳牛（Ayrshire）、Canadienne、格恩西奶牛（Guernsey）、Jersey、Milking Shorthorn 和 Brown Swiss 等。加拿大奶牛主要出口到美国、中国、日本、墨西哥、韩国、巴西、欧盟等国家和地区。

　　加拿大液体牛奶（饮用牛奶和鲜奶油）平均每年销售量为 2 830 万升，占牛奶产量的 38％，黄油、奶酪、酸奶、冰激凌等产品的销售量为 4 650 万升，占牛奶产量的 62％。

　　加拿大乳制品加工企业拥有很高的行业集中度。加拿大最大的 3 家加工企业 Saputo、Agropur、Parmalat 拥有国内 15％的加工厂，约占 70％的乳制品市场份额。全国各地区生产包括山羊奶酪、母羊奶酪、原料乳奶酪以及功能性乳制品，如益生菌酸奶和含 Omega－3 脂肪酸在内的 450 种以上奶酪产品。

第二节　食品制造业

一、食品原料生产

加拿大幅员辽阔，自然条件得天独厚，食品和农产品的种类丰富多样。经过精心育种和栽培、严格检验和认证的加拿大出口谷物、油料种子和豆类植物具备了一流的品质。

加拿大的高标准家畜保健、科学的家畜养护和饲养系统以及先进的加工技术，保证了出口畜产品的优质高效。

加拿大渔业资源丰富，渔业生产注重质量管理、创新和渔业资源的可持续性利用，是世界上知名鱼类和海鲜原料供应国。

丰富多样的地理条件使得加拿大园艺业得到充分发展。加拿大生产出口的园艺产品包括新鲜水果和蔬菜、调味酱、果酱、水果派和调味料、马铃薯、苹果、番茄、野生蓝莓、唐棣、越橘、蜂蜜和枫糖浆等。

加拿大盛产葡萄酒、白酒和啤酒。独有的气候、高品质酒类制造原料及创新的加工工艺、发酵技术和酿造技术，使加拿大成为世界上最大的酒生产国。加拿大生产的各种白酒，如威士忌、朗姆酒、伏特加、杜松子酒、白酒、白兰地和含蔬果汁汽酒、黑麦口味的加拿大威士忌等均获得了国际酒商质量联盟（VQA）认证。

二、食品加工业

食品加工业是加拿大第二大制造业。2019 年食品加工业产品销售额为 1 178 亿美元，占制造业总销售额的 17%，占国内生产总值的 2%。在为加拿大提供大约 70% 的加工食品和饮料产品的同时，为 29 万加拿大人提供了就业机会。2019 年加工食品和饮料产品的出口额达到创纪录的 389 亿美元，比 2018 年增长 7%，占产值的 33%。

加拿大加工食品出口到 190 多个国家。2019 年 86% 的出口主要集中在美国（72%）、中国（8%）、日本（6%）三个主要市场。2014—2019 年，加工食品的出口平均年增长率为 6.9%。在 1999—2019 年中，食品制造业保持了良好的贸易平衡，从 2014 年的 10 亿美元贸易逆差转变为 2019 年的 39 亿美元贸易顺差。与此同时，进口同比增长 3.9%，至 2019 年达到 35 亿美元，大幅改善贸易平衡。

肉制品制造业是加拿大食品加工业中的第一大行业，2019 年达 300 亿美元，占所有制造业销售额的 25%。乳制品制造业是加拿大食品加工业中的第二大行业，2019 年销售额为 148 亿美元。其他行业包括：面包店和玉米饼制造业（121 亿美元）、饮料制造业（119 亿美元）、谷物和油菜籽加工（106 亿美元）、动物食品制造业（81 亿美元）、水果蔬菜保鲜和特种食品制造（81 亿美元）、海产品制作及包装（56 亿元）、糖及糖果产品制造（40 亿美元）。食品加工业是加拿大多数省份的主要制造业，以安大略省和魁北克省为主，两省销售额约占总额的 62%；不列颠哥伦比亚省和艾伯塔省占 22%，其余省份占 16%。

从产业分布来看，肉品制造业主要集中在魁北克省、安大略省、马尼托巴省、艾伯塔省，饮料制造业以不列颠哥伦比亚省为主，谷物和油菜籽加工是萨斯喀彻温省最大的食品工业，而海鲜产品的制作和包装在新不伦瑞克、新斯科舍省和纽芬兰-拉布拉多省最为重要。

加拿大食品加工业注重创新。2016—2018 年，食品加工行业中近 3/4 的公司（72%）引入了至少 4 种产品、流程、组织或营销创新中的一种。近一半（48%）的加工操作采用了新方法，39% 的产品则在市场上推出了新的或改良的产品。其中不列颠哥伦比亚省、安大略省、魁北克省、艾伯塔省、纽芬兰-拉布拉多省、爱德华王子岛省、新斯科舍省和新不伦瑞克省、马尼托巴省和萨斯喀彻温省的食品加工企业最具创新性。

第三节　饮料制造业

一、瓶装水行业

加拿大内陆河湖星罗棋布，水资源非常丰富。加拿大河流每年向海洋排放的淡水占世界淡水总量的 9%，淡水资源占全世界淡水总量的 20%。加拿大湖泊面积占国土面积的 7.6%，湿地占 14%，冰雪覆盖地占 2%。丰富的水资源使得加拿大瓶装水行业拥有得天独厚的天然条件。同时，由于加拿大限制散装水的出口，更是大大推动了加拿大瓶装水行业的发展。据预测，到 2025 年，全球缺乏安全饮用水的人数将达到 50 亿，将为加拿大瓶装水行业发展带来巨大利好。

消费份额的变化往往体现消费偏好的转变。加拿大咖啡协会数据显示，加拿大瓶装水行业的市场消费份额从 2011 年的 33％小幅下降到 2012 年的 29％，之后呈现递增趋势，2018 年达到峰值 53％，后稍有回落至 2019 年的 50％，在整体上呈现出波动上升的趋势。

加拿大瓶装水消费份额的波动上升是消费偏好变化的外在表现，对卫生、便携地注重增加了对瓶装水的消费选择。2018 年瓶装水的消费份额首次过半，2019 年虽有小幅回落，但随着偏好的改变，瓶装水具有较大的增长空间。

二、饮料行业

（一）碳酸饮料

碳酸饮料是软饮料的重要组成部分。数据显示，加拿大碳酸饮料行业市场容量从 2014 年的 33.80 亿升逐年稳步扩大到 2019 年的 35.82 亿升。碳酸饮料行业市场容量的扩大源于饮料消费整体市场的扩大，也源于碳酸饮料自身的发展与消费者偏好提升。

碳酸饮料行业市场容量的扩大、需求供给相应提升。供给的满足主要来自国内生产与国外进口，碳酸饮料需求处于上升趋势，这对全球碳酸饮料供给商而言都是一个发展机遇，一些非碳酸饮料生产商或可迎来业务拓展的契机。

（二）非酒精饮料

艾媒咨询数据显示，加拿大非酒精饮料的消费呈现出季度特征，表现为一年四季销售额的先上升后下降。数据显示，2019 年加拿大非酒精饮料第一季度销售额达 18.1 亿加元，高于往年同期水平。根据其周期性特征，加拿大非酒精饮料销售额将会有更大的提升。

三、乳制品行业

（一）乳制品行业地位

乳制品行业是加拿大农业和食品部门的重要组成部分，其奶牛的产奶量、鲜奶和乳制品的产量以及奶牛遗传基因物质的出口量位居全球前列。加拿大的奶牛群是经过长期的品种改良、采用严格的后裔测定制度培育出来的。长期以来对产量和动物健康所做的研究，配以均衡育种，为加拿大的牛群赢得了无病、高产、产奶期长和异地适应性强的公认品质。因此，加拿大的奶牛、牛奶和乳制品以其卓越的质量在国际上享有盛誉，无论是在农场还是在食品加工线上，其严格的质量标准为加拿大的乳品质量建立了稳固的声誉。

（二）生产经营主体

生产和加工单位、省和联邦各级政府以及食品检验部门、各类生产企业协会（如加拿大奶牛农场协会，DF）、乳品加工企业组织（如加拿大乳品加工企业协会，DPA）、乳品合作社、奶牛遗传基因集团（如 Semex 联合体、加拿大荷斯坦奶牛协会以及加拿大牲畜品种培育协会）等生产经营主体的密切合作，使得加拿大的乳品工业拥有很强的生产、加工、研发能力。政府、大学、私营企业所设立的研究机构实力雄厚，所开发、推广的先进技术为培养行业的长远竞争能力、确保乳品的食用安全和质量起到了积极的推动作用。

（三）市场规模

从市场规模来看，2014 年以来加拿大乳制品行业市场规模呈现出逐年增长的趋势，2016 年突破 110 亿加元达到 110.4 亿加元，2018 年增长到 114.5 亿加元，2019 年更是达到了 116.5 亿加元。

（四）产业发展趋势

随着社会和人口结构的变化，消费者的需求、口味消费习惯也在发生变化，消费者越来越注重营养健康。同时随着移民的增多，加拿大的食品消费结构也在发生变化，消费者所要求的食品品种日益增多。加拿大生产的牛奶包括含 3.25% 乳脂的均质牛奶、2% 的半脱脂奶以及 1% 的低脂奶、全脱脂奶、超微过滤奶、特种奶和奶饮品、巧克力奶、黄油奶以及各种奶油等多种种类，其中 39% 直接进入消费市场，61% 供工业加工使用。

在过去数十年中，加拿大乳品结构逐渐由传统的黄油、脱脂奶粉、全脂奶粉和炼乳转向附加值更高的特种奶酪、切达奶酪、各色酸奶、冰激凌精品和新品种以及其他冷冻甜品。目前，加拿大人均年乳品消费量已达到 275 千克。

第四节 木材加工业

加拿大林业在国民经济中占有重要地位。加拿大森林资源丰富，森林面积达4亿多公顷，占加拿大陆地面积的一半左右。2015年林业共创造221亿加元经济产值，提供了20万个就业岗位。林业经济还拉动了旅游、可再生能源等相关产业的发展。

一、林业发展概况

（一）资源总量

加拿大森林和其他树木覆盖土地总面积为4.14亿公顷，居世界第三。森林面积3.47亿公顷，其中生产林约2.45亿公顷。森林资源以针叶林为主，约占森林总面积的67%，阔叶林占15%，混交林占18%。全国木材总蓄积量470亿立方米中森林木材蓄积量为247亿立方米，超过50%，针叶林蓄积量为193亿立方米，占森林木材蓄积量的78%，阔叶林蓄积量为54亿立方米，占森林木材蓄积量的22%。全国每年砍伐量约1.5亿立方米，占总蓄积量的0.3%。

（二）森林所有权划分

森林资源按所有制划分，省所有林占71%，联邦所有林占23%，私有林仅占6%并分属于42.5万个林主所有。由于联邦政府只管理直辖的2个区及各地的印第安保护区、军事区和国家公园的森林，无生产性森林，所以生产林96%为省所有林，其余4%为私有林。省所有林年允许采伐量占全国的80.85%，私有林占全国的19%。

（三）产品种类

加拿大主要林业产品分类：软木料和硬木料，包括经过处理的木材产品、木基板材，如建筑结构用材定向刨花板（OSB）和胶合板；非结构用材如刨花板、纤维板和中密度纤维板、工程木产品；结构复合材料、工字木楣栅、胶合层积材、屋架和其他制造产品、细木工建材和木工制品，包括门、窗和装饰材；其他增值木产品（不包括工程木产品），如硬木地板、厨房橱柜、加工木制品、家具组件等。

(四) 产业区域分布

加拿大西部地区（如不列颠哥伦比亚省）木材径级大，单位面积蓄积量多；东部平原地区（如魁北克省）则以小径木为主，形成了西部以木材加工业为主、东部制浆造纸业发达的工业格局。不列颠哥伦比亚省和魁北克省是两个主要木材产区，其森林面积分别占全国 15% 和 20%，森林蓄积量分别占全国 38% 和 18%，年允许采伐量分别占全国 31% 和 25%。其中，不列颠哥伦比亚省是加拿大最重要的木材产区，年均木材产值占全国木材总产值的近 2/3。

二、林业产品出口概况

加拿大是全球最重要的林业产品贸易大国，林业产品主要面向海外市场。

(一) 主要出口产品

加拿大是世界最大的林业产品出口国，约占世界林业贸易的 16%，主要出口产品有软木材、新闻纸、纸浆、木板等。其中，软木材产量居世界第二位，占全球总产量的 18.7%，出口占世界出口总量的 36.6%；新闻纸、纸浆产量和出口量位居全球第一，出口占世界出口量的 45% 和 29%。

表4-1 加拿大主要木材产品出口额统计

单位：百万加元

年份	软木材	新闻纸	印刷纸	木板	纸浆	其他	全部农产品
2005	9 923	5 264	5 200	5 212	6 323	10 015	41 937
2006	8 777	4 903	4 497	3 966	6 501	9 514	38 159
2007	7 082	3 991	4 147	2 690	7 113	8 521	33 544
2008	5 096	4 264	4 174	1 828	6 986	7 711	30 059
2009	3 761	2 672	3 556	1 443	5 074	6 878	23 384
2010	4 841	2 652	2 798	1 516	7 007	6 971	25 785
2011	5 167	2 779	2 593	1 370	7 203	7 119	26 230
2012	5 723	2 321	2 424	1 695	6 427	6 490	25 080
2013	7 413	2 384	2 501	2 224	6 741	7 088	28 352
2014	8 346	2 594	2 544	2 270	7 209	7 816	30 780
2015	8 599	2 332	2 561	2 686	7 668	8 868	32 714

（二）主要出口市场分布

加拿大向全球 180 个国家出口木材产品，2014 年出口额达 327 亿加元，占加拿大货物出口总额的 7%。

美国是加拿大木材产品的最大出口市场，2015 年对美出口额为 86 亿加元，主要产品是建筑用软木材、木板。中国是加拿大木材产品第二大出口国，2015 年出口额为 50 亿加元。日本是第三大出口国，2015 年出口额为 14 亿加元。

（三）出口保持稳定增长

2012—2015 年，加拿大木材出口连续 4 年保持增长。由于加元兑美元贬值，因此 2015 年加拿大木材出口额仍保持了 3% 的增幅。

三、林业管理和投资

加拿大对森林采伐管控极为严格，森林蓄积量占世界森林总蓄积量 9%，但每年采伐量不到加拿大森林蓄积量的 1%，占全球总采伐量的 0.3%。时至今日，加拿大仍保有欧洲移民到来以前总林地面积的 90%。

（一）完善的森林认证系统

全球森林面积只有 10% 经过第三方认证机构，如加拿大标准协会（CSA）、森林管理委员会（FSC）、可持续林业倡议（SFI）的认证，加拿大经过认证的森林总面积为 1.457 亿公顷，占世界认证森林面积的 40%。认证机构对生产林进行评估，确认长期采伐可以持续、没有未经授权或非法伐木行为、野生动植物栖息地受到保护、土壤质量得到维持等，然后才发放证书，通过运用市场机制来促进森林可持续经营，实现生态、社会和经济目标协调发展。

（二）市场化经营管理制度

加拿大森林经营以市场为导向，采取"所有权公有、经营权招投标"的管理模式。联邦和各省林务局筹集资金，向社会发布造林、采伐和木材加工的条件。企业通过竞标，取得造林、采伐或木材加工的权利。中标企业与政府签订合同，预付工程款，政府发给营业执照。企业需定期汇报执行情况，并接受联邦政府和省政府检查和监督。省级林业管理部门会制订年度及长期采伐额度计划，公司年采伐量可适当浮动，但长期采伐量要符合计划。

（三）科学的采伐方法

加拿大各林业大省森林法都对采伐方法和采伐量做出了严格规定，涵盖森林早期规划、林木采伐，以至再造、新林养护等各个环节。如不列颠哥伦比亚省的森林法就制定了一套确定森林年允许采伐量的基本程序和方法，要求经营企业砍伐每一公顷公有土地，均应在规定时间内重新造林并达到相关指定标准。部分省森林作业法还对树木砍伐方法列出规范，包括皆伐作业法、伞伐作业法、择伐作业法三种作业法或混合使用。

第五章 CHAPTER 5
加拿大农村服务业 ▶▶▶

第一节　农产品流通业

加拿大作为一个进出口大国，流通业具有很重要的地位。根据加拿大运输经济账户（CTEA）的定义，2016 年运输活动总产值估计为 3 562 亿美元，对国民生产总值的贡献总额为 1 681 亿美元，占加拿大国民生产总值的 8%；2016 年家庭运输服务收入估计达 1 434 亿美元；出租运输行业的产出估计为 1 702 亿美元。2016 年加拿大运输业创造的工作岗位达 378 000 个。

第二节　农村金融业

一、金融环境

（一）货币及银行

1. 货币

加拿大的货币单位是加元。加元是可自由兑换货币。在加拿大的任何金融机构和兑换点，加元与美元、欧元等国际主要货币可随时相互兑换。加拿大中央银行有唯一的钞票发行权，联邦政府则有唯一的硬币发行权。

加拿大没有专门的外汇管理机构，也没有外汇管制。在加拿大注册的外国企业可以在当地银行开设外汇账户，用于进出口结算。外汇的进出一般无须申报，也无须缴纳特别税金。加拿大海关规定，携带现金出入境需要申报，每人最多可携带相当于 1 万加元的外币入境。在加拿大工作的外国人，其合法税后收入可全部汇出国外。

2. 银行

加拿大的中央银行根据 1934 年加拿大中央银行法案而成立，旨在促进经济和维护加拿大的财政稳定，是加拿大唯一的发钞银行。

加拿大的商业银行主要有加拿大皇家银行、加拿大帝国商业银行、蒙特利尔银行、丰业银行、道明银行、加拿大国民银行等。

（二）金融制度

加拿大金融监管机构分为联邦级监管机构和省级监管机构，两级监管机构是平行机构并没有从属关系，两级监管工作虽然工作范围有重叠，但是侧重点不同。联邦监管机构更侧重于监管金融机构的偿付能力，对消费者负责；而省级机构更侧重于对金融机构的市场行为实施监管，分权而治，互不干涉，彼此通过签署协议协调相互合作关系。

加拿大银行制度属于英国式，拥有高度集中的庞大分行系统。联邦政府亦提供一系列融资选择及税务奖励措施，以鼓励外国直接投资。加拿大的融资制度分为负债融资、发行股票集资以及政府融资。在商业贷款方面，主要是根据拟贷款企业的行业类别、风险程度，以及该公司的财务报表情形等条件来决定贷款利率，外资企业与当地企业基本享受同等待遇。以加拿大帝国商业银行为例，对企业的借贷及信用透支分类较细，包括小型商业透支服务、商业捷达信贷、商业借贷/信用透支、循环信用透支、分期贷款（固定或浮动）、农务贷款以及设备贷款等多项服务。

截至 2018 年 5 月 16 日，加拿大中央银行发布的商业基准利率为 3.45%。整体来看，目前加拿大的利率水平略低于中国，但银行针对不同行业、不同企业、不同融资产品、项目条件和担保条件，会有不同的定价。

二、农村金融业贷款

加拿大联邦政府一向以支持农业发展著称。政府担保的农业贷款计划是其支持农业发展的重要体现和主要构成。根据该计划，凡是加拿大永久居民或公民，只要有决心投身到加拿大农场经营中，不论之前有没有相关农业经验，都有可能申请到最高 50 万加元的贷款。

该计划的优势和特点：银行一般不会过问贷款申请人的收入情况，因为加拿大联邦政府会为贷款人提供贷款额 95％的担保，银行不承担风险。贷款利率仅为央行最惠利率 P＋1，即：如果 P＝2％，则银行最多按 3％计息（与市价的息差由政府补贴），还款周期可自选按月、季或年，最长贷款年限为 15年。申请人如果贷款成功，需要支付贷款额的 0.85％作为登记费＋最多 0.25％的管理费。

三、农村金融业保险

加拿大农业保险非常发达，不管是按参保农户数量统计还是按照承保面积统计，加拿大农业保险的覆盖率都很高。农业保险的农场主参保率全国平均为68％，以加拿大最为主要的两种作物——谷物和油菜籽为例，农业保险面积覆盖率全国平均为 77％，部分省份如马尼托巴省覆盖率达到了 95％。加拿大农业保险产品目前主要分三种：第一种为主流的是作物产量多灾害险，约占农业保险总保费收入的 80％；第二种保险产品是冰雹保险，该产品完全是商业性的，约占农业保险保费收入的 20％；第三种保险产品是近年推出的西部畜牧价格指数保险，该产品作为一种农业保险创新，主要是为了解决加拿大本土没有期货市场、降低汇率和基差风险，为生猪和肉牛养殖农场提供类似于看跌期权的价格风险保障而设立的，但目前市场规模比较有限。

从区域看，虽然加拿大农业保险已覆盖全部 10 个省份，但主要集中在萨斯喀彻温省、艾伯塔省、安大略省和马尼托巴省，这 4 个省份是加拿大最主要的农业保险市场，占全国农业保险总保额的 86.6％。另外，加拿大农业保险的一个显著特点是经营成本费很低，平均经营管理费用占总保费的比例，全国平均为 7％，主要粮食产区马尼托巴省、萨斯喀彻温省和艾伯塔省农业保险的费用率都在 5％～6％。而美国农业保险的经营管理费用率高达 35％，中国农业保险的经营管理费用率也从最初的 15％上涨至 2018 年的 24％。

第六章 CHAPTER 6

加拿大农产品市场与价格 ▶▶▶

第一节　农产品消费情况

一、总体结构视角

收入是消费的基础和前提。21世纪以来，加拿大国民总收入波动上升。从表6-1和图6-1可见，国民总收入由6 555.85亿美元增长至17 185.54亿美元，年均增长4.7%，增幅为162.14%；2004年，加拿大国民总收入首次突破10 000亿美元，直到2008年增加至15 301.73亿美元。2009年国民总收入有所下降，减少至13 509.56亿美元。2010—2013年国民总收入持续增加，2013年突破18 000亿美元达到最高值。2014—2016年国民总收入下降幅度较大，由17 743.91亿美元减少至15 095.73亿美元，之后3年国民总收入持续上涨。

居民最终消费支出总体呈现上升的趋势。自1999—2019年，居民最终消费支出由3 815.93亿美元增加至10 034.38亿美元，年均递增4.71%，增幅为162.96%。1999—2008年居民最终消费支出持续增加，达到8 457.79亿美元后有所减少。从图6-1可见，2010年之后，曲线波动较为平缓，增速较慢，年均递增0.40%。

但是居民最终消费支出年增长率处于波动递减的状态。1999—2019年，居民最终消费支出年增长率由3.94%减少至1.64%。年增长率在2009年时达到最低，仅有0.08%。从表6-1可见，2009年以后加拿大居民最终消费支出年增长率总体低于1999—2008年的年增长率。

表6－1　加拿大居民收入与消费支出情况

单位：亿美元、%

年份	国民总收入	居民最终消费支出	居民最终消费支出年增长率
1999	6 555.85	3 815.93	3.94
2000	7 252.37	4 061.59	4.06
2001	7 181.79	4 071.36	2.40
2002	7 414.07	4 260.52	4.00
2003	8 735.16	4 985.98	2.74
2004	10 045.66	5 617.88	3.06
2005	11 491.36	6 370.69	3.93
2006	12 982.97	7 179.31	4.20
2007	14 472.00	8 038.58	4.41
2008	15 301.73	8 457.79	2.99
2009	13 509.56	7 914.12	0.08
2010	15 853.03	9 218.15	3.59
2011	17 589.69	10 022.43	2.28
2012	17 962.37	10 244.38	1.90
2013	18 190.73	10 337.14	2.63
2014	17 743.91	10 063.05	2.58
2015	15 322.90	8 995.82	2.32
2016	15 095.73	8 937.82	2.10
2017	16 307.12	9 558.29	3.56
2018	16 941.06	9 944.27	2.14
2019	17 185.54	10 034.38	1.64

数据来源：世界银行。

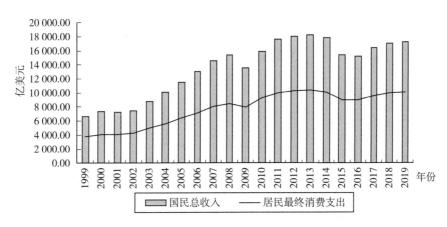

图6－1　加拿大居民收入与消费支出情况

二、人均消费趋势

近年来，加拿大人均国民总收入持续上升。从表 6-2 和图 6-2 可见，1999—2019 年，加拿大人均国民总收入由 3.66 万美元增加至 5.12 万美元，年均递增 1.61%，增幅为 39.93%。21 年来，加拿大人均国民总收入仅增加 1.46 万美元，增长速度较为缓慢。

加拿大人均居民最终消费支出同样呈现逐年增加的趋势，由 2.14 万美元增长至 3.02 万美元，年均递增 1.66%，增幅为 41.21%。人均居民消费水平逐年递增，但是人均居民最终消费支出年增长率却有较大幅度的波动，且呈现出递减的趋势。1999—2019 年，由 3.09% 减少至 0.20%。2009 年加拿大人均居民最终消费支出年增长率降到最低值，为 -1.05%。

表 6-2　加拿大居民人均收入与消费支出情况

单位：万美元、%

年份	人均国民总收入	人均居民最终消费支出	人均居民最终消费支出年增长率
1999	3.66	2.14	3.09
2000	3.83	2.21	3.10
2001	3.84	2.24	1.30
2002	3.94	2.30	2.87
2003	4.06	2.34	1.82
2004	4.19	2.39	2.10
2005	4.36	2.46	2.95
2006	4.52	2.54	3.15
2007	4.79	2.62	3.40
2008	4.79	2.67	1.88
2009	4.59	2.65	-1.05
2010	4.66	2.71	2.44
2011	4.77	2.75	1.28
2012	4.80	2.77	0.80
2013	4.88	2.81	1.55
2014	4.96	2.85	1.55
2015	4.96	2.90	1.56
2016	4.97	2.93	0.95

（续）

年份	人均国民总收入	人均居民最终消费支出	人均居民最终消费支出年增长率
2017	5.07	2.99	2.33
2018	5.09	3.02	0.72
2019	5.12	3.02	0.20

数据来源：世界银行。

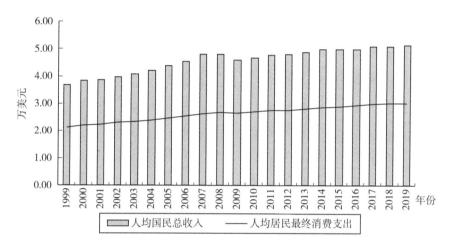

图 6-2　加拿大居民人均收入与消费支出情况

资料来源：世界银行。

第二节　农产品市场价格

一、农产品总体情况

由于地广人稀，加拿大的大量农产品如果不通过出口的方式消费，很难依靠内需消费而拉动经济。因此，对加拿大农民来讲，全球市场显得尤为重要。加拿大在农产品出口方面有着强烈诉求，预计到 2025 年加拿大对全球出口农产品的总值将达到 750 亿美元。

2017 年，加拿大通胀率约 1.6%。2018 年 2 月，加拿大平均周工资为 996.92 加元，环比增长 0.4%。2018 年 3 月消费者价格指数为 132.9，环比增长 0.3%，生产者价格指数为 116.7，环比增长 0.8%。表明加拿大国内自身消费能力比较低，仅能消费该国农产品的 1/2，其余全部用于出口。主要出口为小麦、油菜籽、牛肉、猪肉等。进口为葡萄酒、啤酒、饼干、食品配料、猫狗食品等。

表 6-3 显示了加拿大部分食品价格,每日建议的每人食物最低消费金额约为 9.88 美元,每月建议的每人食品最低消费金额(假设每月 31 天)为 306.4 美元。

　　加拿大是个移民国家,多元文化并存和发展。不同的民族团体保留了各自的文化传统习俗,同时尊重其他民族的习俗和传统,民族的包容性是加拿大人生活的一大特点。因此在加拿大居民消费趋势的变化中,特别关注外来居民的引导作用。可以这样说,外来移民的生活模式改变了加拿大城市的面貌。加拿大城市中只有 75% 的加拿大居民。20 世纪 90 年代以来,新进入移民中占支配地位的是来自亚洲的移民。亚洲流入人口和其他种族来源的移民流入带来了不同的饮食习惯,再加上消费者健康饮食倾向的趋势都改变了加拿大的食品供给。目前,加拿大人消费更少的糖类、动物脂肪(包括黄油和猪油)、红肉、鸡蛋、罐头蔬菜、脱脂奶粉、酒精饮料,而代之以更多的大米、谷类早餐、坚果、植物脂肪、鸡肉、鱼肉、新鲜蔬菜、奶酪和酸菜、咖啡和软饮料。

表 6-3　加拿大部分食品价格

单位:美元

序号	产品	价格
1	牛奶(常规)(0.25 升)	0.48
2	一块新鲜白面包(125.00 克)	0.55
3	大米(白色)(0.10 千克)	0.29
4	鸡蛋(普通)(0.5 千克)	0.52
5	本地奶酪(0.10 千克)	0.97
6	鸡柳(0.15 千克)	1.5
7	牛肉圆(0.15 千克)(或相等的后腿红肉)	1.72
8	苹果(0.30 千克)	0.95
9	香蕉(0.25 千克)	0.33
10	橘子(0.30 千克)	0.93
11	番茄(0.20 千克)	0.63
12	马铃薯(0.20 千克)	0.44
13	洋葱(0.10 千克)	0.2
14	生菜(0.20 头)	0.38
15	每日建议的每人食物最低消费金额	9.88
16	每月建议的每人食品最低消费金额(假设每月 31 天)	306.4

数据来源:NUMBEO 网站。

表 6-4　加拿大除食品和能源外的所有项目的消费者价格指数

单位：%

项　　目	2014 年	2015 年	2016 年	2017 年	2018 年
所有项目	125.2	126.6	128.4	130.4	133.4
所有项目，不包括食品和能源	119	121.2	123.5	125.5	127.9
不含能源的所有项目	122	124.6	126.9	128.5	131
住房	132.2	133.7	135.8	138.1	140.9
家庭经营，家具和设备	116.6	119.7	121.7	121.9	123.2
服装和鞋类	93.2	94.6	94.4	93.7	94.5
运输	130.4	126.5	127.9	132.9	139.1
汽油	183.8	153.4	144.2	161.2	181.5
健康和个人护理	119	120.5	122.2	124.3	125.9
娱乐，教育和阅读	107.4	109.4	111.3	114	115.3
含酒精的饮料，烟草制品和休闲大麻	146.6	152	156.8	161.1	167.9
商品	116.5	116.8	117.9	118.9	121.1
服务	133.7	136.4	138.9	142	145.8

数据来源：加拿大统计局。

表 6-5　加拿大除食品和能源外的所有项目的消费者价格指数

单位：%

年份	所有项目价格指数 （不包括食品和能源）	消费者价格指数年增长率 （所有项目）	消费者价格指数年增长率 （除食品和能源外的所有项目）
2014	119	1.91	1.56
2015	121.2	1.13	2.55
2016	123.5	1.43	2.02
2017	125.5	1.6	1.78
2018	127.9	2.27	2.02

数据来源：加拿大统计局及经济来源与发展组织。

二、植物类农产品价格指数

价格指数是研究价格动态变化的一种工具，是反映不同时期一组商品（包括服务项目）价格水平相对变动的经济指标，既可反映多种商品价格综合变动方向和变动程度，同时也可反映价格变动对总体指标的影响程度。

表 6-6 为加拿大农产品价格指数，其中以 2007 年为指标（Index，2007

年＝100）。其中农产品价格指数总指数在逐年递增。1999—2019 年农产品价格指数总指数由 84.9 增加至 130.6。

表 6 - 6　加拿大农产品价格指数

年份	总指数	作物	谷物	油籽	特种作物	鲜食水果	新鲜的蔬菜（马铃薯和豆类作物除外）
1999	84.9	75.4	63.8	77	73.1	78.5	89.7
2000	87.7	72.5	62.3	66.7	66.8	78.7	91.8
2001	94.1	80	71.3	76.5	82.4	77.8	92.8
2002	97.9	93.8	83.2	96.5	99.4	83.3	101.2
2003	93.6	90.2	79.4	95.2	90.7	83.5	101.5
2004	91.6	86.2	70.6	97.8	83.1	87.6	102.2
2005	89.4	75.8	57.4	76.4	71.8	94.1	98.5
2006	89.9	79.5	63.2	74	68.4	100.2	103.6
2007	100	100	100	100	100	100	100
2008	112.4	123.2	126.3	137	149.8	101.6	104.9
2009	104.9	108.2	97.5	119.6	127.3	90.4	109.8
2010	104.7	102.4	86.4	115.7	109.9	98.3	112.1
2011	121.1	121.6	113.5	144.5	127.8	101.4	114
2012	126.4	128.7	123.7	154.8	133.3	110.8	110.3
2013	128.6	129.1	121.4	155	131.2	107.7	118.6
2014	130.2	112.9	97.7	127.6	122.2	102	123.8
2015	136.3	120.8	106.8	128.3	162.3	107.7	130.8
2016	130.7	123.2	104.9	132.6	177.2	105.4	136.2
2017	131.7	123.9	105.2	137.8	147.1	111.8	139.9
2018	130.1	123.8	109.9	137.2	109.8	117.9	142.7
2019	130.6	121.8	111	125.4	111.6	116.1	148.4

年份	新鲜马铃薯	牲畜和动物	牛和犊牛	生猪	家禽	蛋壳	未经加工的牛奶
1999	92.3	94.3	110.1	96.1	89.8	90	75.3
2000	89.3	103.2	118.9	127.5	89.3	90.8	78.3
2001	93.3	108.3	126	137.8	93.7	94.2	79.9
2002	124.6	101.4	117.8	110.4	90.1	95.8	81.7
2003	101.1	96.5	99.5	108	93.8	97.1	86.8
2004	89.2	96.4	88	130.3	95.9	100.5	87.4
2005	94	102.3	104	121.1	94.5	94.7	93.3
2006	111	99.6	103.4	105.4	91.3	96.1	94.9

（续）

年份	新鲜马铃薯	牲畜和动物	牛和犊牛	生猪	家禽	蛋壳	未经加工的牛奶
2007	100	100	100	100	100	100	100
2008	111.8	102	99.5	98.3	112.5	112.2	101.9
2009	133.2	102.1	98.2	97.7	114.2	112.3	103.7
2010	127.2	107.8	103.7	117.5	109.4	110.3	105
2011	133.8	121	123	132.9	124.3	120.6	109.1
2012	136.2	124.4	133	128.8	129.6	128.5	107.8
2013	135.6	128.8	137.5	138.6	131.8	135.2	110
2014	141.6	152.6	188.8	176.3	126.5	133.3	113.3
2015	142.3	156.2	226.8	137.4	123.4	135.4	107.6
2016	144.2	139.2	178.6	133.5	121.8	135.5	106.6
2017	150.7	140.7	176.8	144.3	120.2	136.6	106.7
2018	154.7	137	171.7	132.9	122.2	141.4	105.1
2019	165.4	141.2	170.8	145.5	125	144.7	110.5

数据来源：加拿大统计局。

注：Index，2007 年＝100。

（一）作物总体价格情况

1999—2019 年，作物的价格指数由 75.4 增加至 121.8。从表 6-7 和图 6-3 可见，2014 年以前，作物的价格指数波动较大。2007 年以前，作物的价格指数虽有所波动，但始终未超过 100。2006—2008 年作物价格指数波动较为明显，由 79.5 增加至 123.2，且 2008 年作物的价格指数高于加拿大农产品价格总指数。2014—2019 年作物价格指数的变动趋于平缓。

表 6-7 加拿大作物价格指数

年份	作物	年份	作物
1999	75.4	2006	79.5
2000	72.5	2007	100
2001	80	2008	123.2
2002	93.8	2009	108.2
2003	90.2	2010	102.4
2004	86.2	2011	121.6
2005	75.8	2012	128.7

（续）

年份	作物	年份	作物
2013	129.1	2017	123.9
2014	112.9	2018	123.8
2015	120.8	2019	121.8
2016	123.2		

数据来源：加拿大统计局。

注：Index，2007 年＝100。

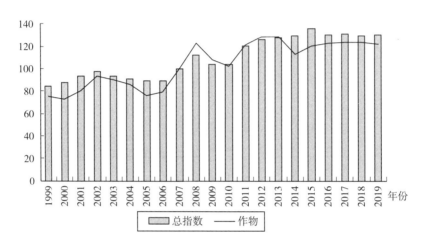

图 6-3　加拿大作物价格指数

（二）谷物

1999—2019 年，谷物的价格指数由 63.8 增加至 111。从表 6-8 和图 6-4 可见，2002—2005 年谷物的价格指数由 83.2 减少至 57.4，2008—2010 年谷物的价格指数由 126.3 减少至 86.4，2013—2014 年谷物的价格指数由 121.4 减少至 97.7，这三个期间谷物的价格指数呈现较为明显的下降趋势。2006—2008 年谷物的价格指数由 63.2 增加至 126.3。2008 年谷物的价格指数高于加拿大农产品价格总指数，2014—2019 年谷物的价格指数波动趋于平缓。

表 6-8　加拿大谷物价格指数

年份	谷物	年份	谷物
1999	63.8	2002	83.2
2000	62.3	2003	79.4
2001	71.3	2004	70.6

(续)

年份	谷物	年份	谷物
2005	57.4	2013	121.4
2006	63.2	2014	97.7
2007	100	2015	106.8
2008	126.3	2016	104.9
2009	97.5	2017	105.2
2010	86.4	2018	109.9
2011	113.5	2019	111
2012	123.7		

数据来源：加拿大统计局。

注：Index，2007 年＝100。

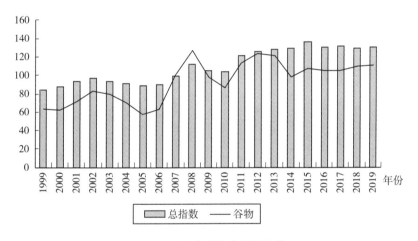

图 6 - 4　加拿大谷物价格指数

（三）油籽

1999—2019 年，油籽的价格指数由 77 增加至 125.4。从表 6 - 9 和图 6 - 5 可见，2006—2014 年油籽的价格指数波动较大，2006—2008 年油籽的价格指数由 74 增加至 137，2010—2013 年油籽的价格指数由 115.7 增加至 155，这两段时间内油籽的价格指数呈现较为明显的增长趋势。2008—2013 年油籽的价格指数始终高于加拿大农产品价格总指数。2014—2019 年油籽的价格指数波动趋于平缓。

表 6 - 9 加拿大油籽价格指数

年份	油籽	年份	油籽
1999	77	2010	115.7
2000	66.7	2011	144.5
2001	76.5	2012	154.8
2002	96.5	2013	155
2003	95.2	2014	127.6
2004	97.8	2015	128.3
2005	76.4	2016	132.6
2006	74	2017	137.8
2007	100	2018	137.2
2008	137	2019	125.4
2009	119.6		

数据来源：加拿大统计局。

注：Index，2007 年＝100。

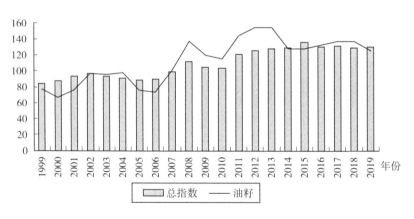

图 6 - 5 加拿大油籽价格指数

（四）特种作物

1999—2019 年，特种作物的价格指数由 73.1 增加至 111.6。从表 6 - 10 和图 6 - 6 可见，2006—2008 年特种作物的价格指数由 68.4 增加至 149.8，2014—2016 年特种作物的价格指数由 122.2 增加至 177.2，这两段时间内特种作物的价格指数呈现较为明显的增长趋势。2008—2012 年与 2015—2017 年，特种作物的价格指数始终高于加拿大农产品价格总指数。2016—2018 年，特种作物的价格指数由 177.2 下降至 109.8，降幅较大。

表 6-10　加拿大特种作物价格指数

年份	特种作物	年份	特种作物
1999	73.1	2010	109.9
2000	66.8	2011	127.8
2001	82.4	2012	133.3
2002	99.4	2013	131.2
2003	90.7	2014	122.2
2004	83.1	2015	162.3
2005	71.8	2016	177.2
2006	68.4	2017	147.1
2007	100	2018	109.8
2008	149.8	2019	111.6
2009	127.3		

数据来源：加拿大统计局。

注：Index，2007 年＝100。

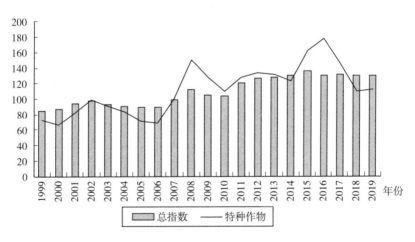

图 6-6　加拿大特种作物价格指数

（五）水果

1999—2019 年，水果价格指数由 78.5 增加至 116.1。从表 6-11 和图 6-7 可见，21 年间水果的价格指数波动较为平缓且总体呈现上升趋势。2005—2006 年水果的价格指数高于加拿大农产品价格总指数。2009—2019 年水果的价格指数呈现波动上涨的趋势。

表 6 - 11 加拿大水果价格指数

年份	水果	年份	水果
1999	78.5	2010	98.3
2000	78.7	2011	101.4
2001	77.8	2012	110.8
2002	83.3	2013	107.7
2003	83.5	2014	102
2004	87.6	2015	107.7
2005	94.1	2016	105.4
2006	100.2	2017	111.8
2007	100	2018	117.9
2008	101.6	2019	116.1
2009	90.4		

数据来源：加拿大统计局。

注：Index，2007 年＝100。

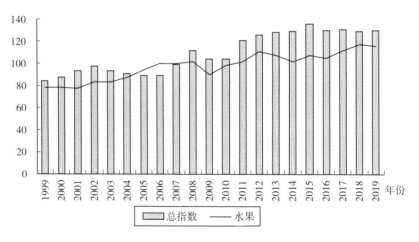

图 6 - 7 加拿大水果价格指数

（六）蔬菜（马铃薯和豆类作物除外）

1999—2019 年，蔬菜（马铃薯和豆类作物除外）价格指数由 89.7 增加至148.4。从表 6 - 12 和图 6 - 8 可见，21 年间蔬菜的价格指数总体呈现上涨趋势。其中 1999—2000 年、2002—2006 年、2009—2010 年以及 2016—2019 年，这四段时间内蔬菜的价格指数始终高于加拿大农产品价格总指数。2012—2019年蔬菜的价格指数逐年增加，由 110.3 增加至 148.4。

表 6 - 12 加拿大蔬菜（马铃薯和豆类作物除外）价格指数

年份	蔬菜	年份	蔬菜
1999	89.7	2010	112.1
2000	91.8	2011	114
2001	92.8	2012	110.3
2002	101.2	2013	118.6
2003	101.5	2014	123.8
2004	102.2	2015	130.8
2005	98.5	2016	136.2
2006	103.6	2017	139.9
2007	100	2018	142.7
2008	104.9	2019	148.4
2009	109.8		

数据来源：加拿大统计局。

注：Index，2007 年＝100。

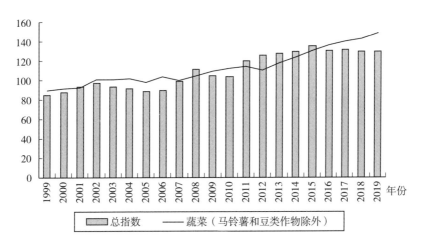

图 6 - 8 加拿大蔬菜（马铃薯和豆类作物除外）价格指数

（七）马铃薯

1999—2019 年，马铃薯价格指数由 92.3 增加至 165.4。从表 6 - 13 和图 6 - 9 可见，21 年间马铃薯的价格指数波动上升。1999—2009 年波动幅度较大，马铃薯的价格指数由 92.3 增加至 133.2。2010 年后，马铃薯的价格指数逐年递增，由 127.2 增加至 165.4。21 年间，马铃薯的价格指数大多高于加拿大农产品价格总指数。

表 6 - 13　加拿大马铃薯价格指数

年份	马铃薯	年份	马铃薯
1999	92.3	2010	127.2
2000	89.3	2011	133.8
2001	93.3	2012	136.2
2002	124.6	2013	135.6
2003	101.1	2014	141.6
2004	89.2	2015	142.3
2005	94.0	2016	144.2
2006	111.0	2017	150.7
2007	100.0	2018	154.7
2008	111.8	2019	165.4
2009	133.2		

数据来源：加拿大统计局。

注：Index，2007 年＝100。

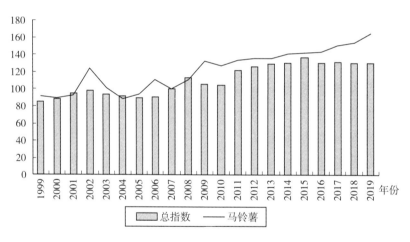

图 6 - 9　加拿大马铃薯价格指数

三、畜产品价格指数

(一) 畜产品价格情况

1999—2019 年，牲畜和动物的价格指数由 94.3 增加至 141.2。从表 6 - 14 和图 6 - 10 可见，牲畜和动物的价格指数波动增加。其中 2003—2010 年，牲畜和动物的价格指数波动趋于平缓。2014—2019 年牲畜和动物的价格指数虽然波动递减，但是其价格指数始终高于加拿大农产品价格总指数。

表 6 - 14　加拿大牲畜和动物价格指数

年份	牲畜和动物	年份	牲畜和动物
1999	94.3	2010	107.8
2000	103.2	2011	121
2001	108.3	2012	124.4
2002	101.4	2013	128.8
2003	96.5	2014	152.6
2004	96.4	2015	156.2
2005	102.3	2016	139.2
2006	99.6	2017	140.7
2007	100	2018	137
2008	102	2019	141.2
2009	102.1		

数据来源：加拿大统计局。

注：Index，2007 年＝100。

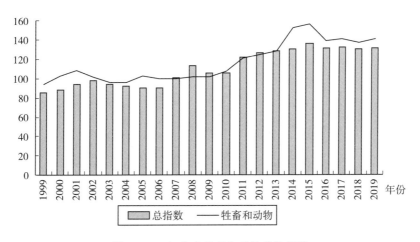

图 6 - 10　加拿大牲畜和动物价格指数

（二）牛和犊牛

1999—2019 年，牛和犊牛的价格指数由 110.1 增加至 170.8。从表 6 - 15 和图 6 - 11 可见，牛和犊牛的价格指数于 2013 年后有较为明显的波动趋势。在 2004—2010 年，牛和犊牛的价格指数较为平缓，由 88 增加至 103.7。2013—2015 年，牛和犊牛的价格指数增幅较高，由 137.5 增加至 226.8。2015

年后，牛和犊牛的价格指数逐年递减，由 226.8 减少至 170.8。

表 6 - 15　加拿大牛和犊牛价格指数

年份	牛和犊牛	年份	牛和犊牛
1999	110.1	2010	103.7
2000	118.9	2011	123
2001	126	2012	133
2002	117.8	2013	137.5
2003	99.5	2014	188.8
2004	88	2015	226.8
2005	104	2016	178.6
2006	103.4	2017	176.8
2007	100	2018	171.7
2008	99.5	2019	170.8
2009	98.2		

数据来源：加拿大统计局。

注：Index，2007 年＝100。

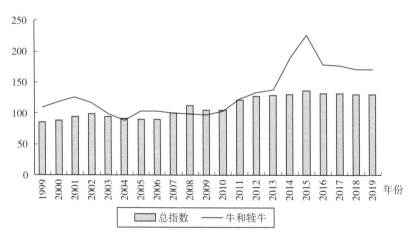

图 6 - 11　加拿大牛和犊牛价格指数

（三）生猪

1999—2019 年，生猪的价格指数由 96.1 增加至 145.5。从表 6 - 16 和图 6 - 12 可见，21 年间生猪的价格指数波动幅度较大。1999—2009 年，生猪的价格指数呈现"先上升，后下降，再上升"的"M"形波动趋势。2009—2014 年生猪的价格指数波动上涨，由 97.7 增加至 176.3。2014—2019 年，生猪的价格指数波动递减，由 176.3 减少至 145.5。

表 6 - 16　加拿大生猪价格指数

年份	生猪	年份	生猪
1999	96.1	2010	117.5
2000	127.5	2011	132.9
2001	137.8	2012	128.8
2002	110.4	2013	138.6
2003	108	2014	176.3
2004	130.3	2015	137.4
2005	121.1	2016	133.5
2006	105.4	2017	144.3
2007	100	2018	132.9
2008	98.3	2019	145.5
2009	97.7		

数据来源：加拿大统计局。

注：Index，2007 年＝100。

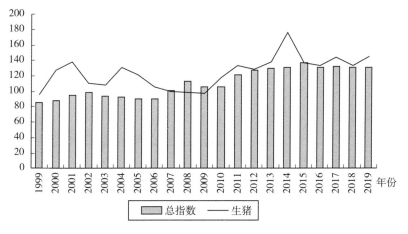

图 6 - 12　加拿大生猪价格指数

（四）家禽

1999—2019 年，家禽的价格指数由 89.8 增加至 125。从表 6 - 17 和图 6 - 13 可见，1999—2006 年家禽的价格指数波动较为平缓。2006—2009 年家禽的价格指数由 91.3 增加至 114.2，2010—2013 年家禽的价格指数由 109.4 增加至 131.8，这两段时间内家禽的价格指数呈现较为明显的上涨趋势。2013—2019

年家禽的价格指数波动递减，由 131.8 减少至 125。

表 6-17 加拿大家禽价格指数

年份	家禽	年份	家禽
1999	89.8	2010	109.4
2000	89.3	2011	124.3
2001	93.7	2012	129.6
2002	90.1	2013	131.8
2003	93.8	2014	126.5
2004	95.9	2015	123.4
2005	94.5	2016	121.8
2006	91.3	2017	120.2
2007	100	2018	122.2
2008	112.5	2019	125
2009	114.2		

数据来源：加拿大统计局。

注：Index，2007 年＝100。

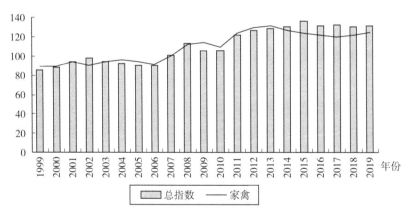

图 6-13 加拿大家禽价格指数

（五）鸡蛋

1999—2019 年，鸡蛋的价格指数由 90 增加至 144.7。从表 6-18 和图 6-14 可见，1999—2009 年鸡蛋的价格指数波动较为平缓，由 90 增加至 112.3。2010—2013 年鸡蛋的价格指数由 110.3 增加至 135.2，2014—2019 年鸡蛋的价格指数由 133.3 增加至 144.7，在这两段时间内，鸡蛋的价格指数逐年递增。

表 6 - 18　加拿大鸡蛋价格指数

年份	鸡蛋	年份	鸡蛋
1999	90	2010	110.3
2000	90.8	2011	120.6
2001	94.2	2012	128.5
2002	95.8	2013	135.2
2003	97.1	2014	133.3
2004	100.5	2015	135.4
2005	94.7	2016	135.5
2006	96.1	2017	136.6
2007	100	2018	141.4
2008	112.2	2019	144.7
2009	112.3		

数据来源：加拿大统计局。

注：Index，2007 年=100。

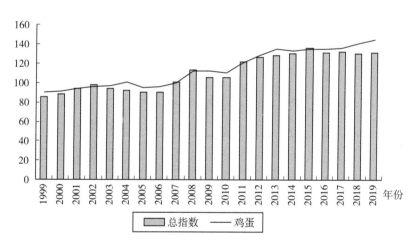

图 6 - 14　加拿大鸡蛋价格指数

（六）未经加工的牛奶

1999—2019 年，未经加工的牛奶价格指数由 75.3 增加至 110.5。从表 6 - 19 和图 6 - 15 可见，1999—2011 年未经加工的牛奶价格指数逐年递增，由 75.3 增加至 109.1。2011 年后未经加工的牛奶价格指数增速较慢，增幅较小，由 109.1 增加至 110.5。

表 6-19　加拿大未经加工的牛奶价格指数

年份	未经加工的牛奶	年份	未经加工的牛奶
1999	75.3	2010	105
2000	78.3	2011	109.1
2001	79.9	2012	107.8
2002	81.7	2013	110
2003	86.8	2014	113.3
2004	87.4	2015	107.6
2005	93.3	2016	106.6
2006	94.9	2017	106.7
2007	100	2018	105.1
2008	101.9	2019	110.5
2009	103.7		

数据来源：加拿大统计局。

注：Index，2007 年＝100。

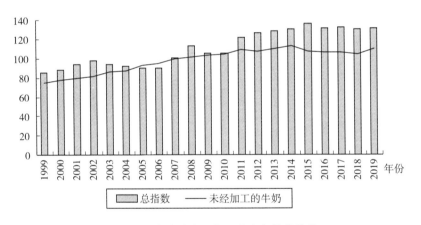

图 6-15　加拿大未经加工的牛奶价格指数

第七章 CHAPTER 7
加拿大农产品贸易 ▶▶▶

::: 第一节　农产品贸易形势 :::

一、农产品对外贸易情况

21世纪以来，加拿大农产品对外贸易总额逐年上升。从图7-1可见，1999—2018年，加拿大对外贸易总额由360.96亿美元增长至1 136.62亿美元，增幅达214.89%，年均递增5.9%。2009年加拿大对外贸易总额有所下跌，从844.91亿美元降至753.04亿美元，之后持续增加。在2012年，加拿大对外农产品贸易总额突破1 000亿美元。2015年、2016年贸易总额有所下降。

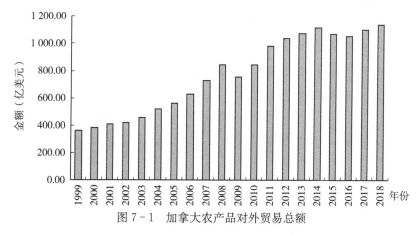

图7-1　加拿大农产品对外贸易总额

二、农产品出口贸易情况

多年来，加拿大农产品对外贸易出口总额不断增加。从图7-2可见，

1999—2018 年，加拿大农产品对外贸易出口总额由 199.97 亿美元增长至 608.37 亿美元，增幅达 204.38%，年均递增 5.72%。加拿大农产品对外贸易出口总额于 2008 年突破 400 亿美元，之后几年虽略有下降，但总体仍处于上升趋势。

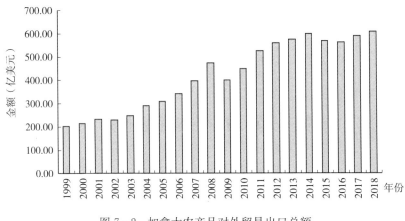

图 7-2　加拿大农产品对外贸易出口总额

三、农产品进口贸易情况

从图 7-3 可见，1999—2018 年，加拿大农产品对外贸易进口总额同样处于上升趋势。进口农产品贸易总额由 161.08 亿美元增长到 528.25 亿美元，增幅达 227.94%，年均递增 6.12%。2011 年突破 400 亿美元，1999—2018 年，加拿大农产品对外贸易始终保持顺差的地位。

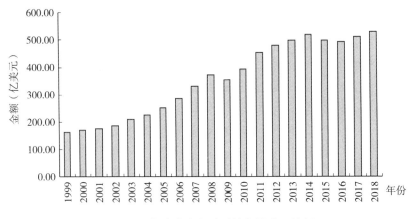

图 7-3　加拿大农产品对外贸易进口总额

表 7-1 加拿大农产品对外贸易统计

单位：亿美元、%

年份	贸易总额	年均增长率	增幅	出口总额	年均增长率	增幅	进口总额	年均增长率	增幅	差额
1999	360.96			199.87			161.08			38.79
2000	383.49			214.28			169.22			45.06
2001	408.47			232.30			176.17			56.13
2002	415.70			229.93			185.77			44.16
2003	456.35			248.36			207.99			40.37
2004	516.54			291.31			225.23			66.08
2005	560.58			308.71			251.88			56.83
2006	626.65			341.71			284.94			56.77
2007	726.36			396.26			330.10			66.16
2008	844.91	5.90	214.89	473.48	5.72	204.38	371.43	6.12	227.94	102.05
2009	753.04			398.81			354.23			44.58
2010	841.58			448.24			393.35			54.89
2011	979.14			526.20			452.94			73.26
2012	1 037.49			559.67			477.82			81.85
2013	1 072.60			574.71			497.89			76.82
2014	1 116.75			598.71			518.04			80.67
2015	1 067.99			569.37			498.62			70.75
2016	1 053.49			560.48			493.01			67.47
2017	1 101.97			590.78			511.19			79.59
2018	1 136.62			608.37			528.25			80.12

数据来源：UNComtrade 网站。

第二节 农产品出口贸易总体状况和结构

一、出口总体状况及变动

21 世纪以来，加拿大对外贸易出口总体水平呈现"先上升，后下降，再上升"的"M"形波动趋势。2000 年加拿大对外贸易出口总额为 2 766 亿美元，10 年间稳步增长，2010 年达到 3 875 亿美元，增幅达 40.09%；2010—2014 年快速增长，4 年间增长 696 亿美元，于 2014 年达到顶峰；之后出口总额逐年减少，2016 年仅出口 3 890.71 亿美元，2016 年后有所回升，但出口总额相比 2014 年仍然较少（表 7 - 2）。

表 7 - 2　加拿大对外贸易出口状况

单位：亿美元、%

年份	出口总额	农产品出口额	农产品出口额占比
2014	4 751.77	598.71	12.60
2015	4 088.04	569.37	13.93
2016	3 890.71	560.48	14.41
2017	4 206.32	590.78	14.04
2018	4 491.41	608.37	13.55

数据来源：UNComtrade 网站。

从加拿大农产品出口的总体状况来看：2014—2018 年，农产品出口总额呈上升趋势，从 598.71 亿美元增长至 608.37 亿美元，5 年间增幅为 1.61%，增长速度较慢。加拿大出口农产品占比总体虽呈现上升趋势，但占比较低，并于 2016 年开始下滑，2018 年仅占对外贸易出口总额的 13.55%。

二、出口的农产品结构

根据乌拉圭回合农业协议，加拿大出口农产品包括谷物、棉麻丝、油籽、植物油、饮品类、蔬菜、水果、畜产品、水产品等 20 大类。从出口总额表示的出口结构看，20 类农产品在 20 年内的排序依次为畜产品、谷物、水产品、油籽、蔬菜、饮品类、粮食制品、植物油、干豆（不含大豆）、水果、糖料及糖类、饼粕、坚果、花卉、棉麻丝、药材、精油、调味香料、粮食（薯类）（表 7 - 3）。

表 7 - 3　加拿大农产品出口结构

单位：万美元

年份	谷物	棉麻丝	油籽	植物油	糖料及糖类	饮品类	蔬菜	水果	坚果	花卉
1999	294 549	10 899	135 033	39 685	42 062	155 493	129 960	48 697	20 224	26 492
2000	319 649	10 666	120 205	28 005	43 499	158 304	142 244	51 398	21 655	30 280
2001	329 955	10 969	126 250	30 128	51 770	165 878	152 848	57 618	22 149	33 282
2002	271 231	9 945	110 737	28 390	51 989	164 991	165 137	58 975	23 468	33 417

（续）

年份	谷物	棉麻丝	油籽	植物油	糖料及糖类	饮品类	蔬菜	水果	坚果	花卉
2003	284 139	9 872	155 025	46 945	66 959	188 470	192 415	71 674	26 774	34 605
2004	366 847	11 052	175 669	76 516	68 709	196 496	218 773	99 476	31 082	35 054
2005	333 475	14 135	182 109	59 976	74 982	190 632	225 255	115 231	37 104	32 245
2006	445 062	15 956	238 021	82 154	82 900	195 508	252 203	132 510	46 214	32 193
2007	612 565	15 247	338 283	113 830	90 367	193 161	278 281	140 108	56 431	32 687
2008	902 140	15 088	541 585	190 625	97 218	195 973	309 957	146 359	65 052	29 611
2009	687 216	13 458	464 063	143 759	82 733	172 391	284 527	128 046	50 457	26 476
2010	623 791	15 531	532 471	221 294	92 211	215 250	296 141	143 235	51 481	29 605
2011	778 745	16 864	671 727	334 051	103 670	247 592	322 834	174 282	68 728	30 079
2012	825 325	18 350	814 488	354 512	108 721	258 452	325 573	194 613	78 764	29 596
2013	884 662	19 229	711 209	296 452	107 289	264 103	360 478	195 989	78 181	30 555
2014	959 159	21 182	740 984	245 342	108 705	266 089	359 422	201 701	79 812	33 345
2015	812 296	19 441	664 965	234 243	109 861	284 797	369 206	216 126	90 241	34 606
2016	634 356	19 495	709 897	259 329	111 434	304 096	395 791	206 215	94 003	36 627
2017	701 350	19 655	780 598	286 481	111 371	312 929	417 756	220 767	90 451	39 236
2018	796 340	17 950	754 984	297 482	113 743	307 677	449 571	246 592	98 513	42 365

年份	饼粕	干豆（不含大豆）	水产品	畜产品	调味香料	精油	粮食制品	粮食（薯类）	药材	其他农产品
1999	16 166	51 796	307 845	412 082	1 187	1 583	80 290	530	3 277	220 876
2000	16 610	61 877	333 710	471 409	1 301	1 817	90 189	439	2 976	236 521
2001	15 270	63 945	330 582	564 359	939	1 814	101 188	383	4 681	258 962
2002	12 582	47 445	364 820	564 312	1 074	1 732	115 479	443	5 210	267 920
2003	18 110	53 344	395 165	495 987	2 623	2 206	131 727	815	5 347	301 393
2004	28 305	64 735	422 866	568 305	2 597	2 249	143 322	627	5 986	394 427
2005	21 534	82 848	440 448	678 046	1 426	2 673	155 545	498	6 990	431 916
2006	20 985	90 055	449 144	698 042	1 536	2 398	171 286	573	8 527	451 818
2007	25 530	130 470	455 347	762 011	2 133	2 794	194 862	1 974	9 050	507 485
2008	42 090	184 750	457 992	816 811	2 806	4 831	224 410	1 257	7 241	499 015
2009	36 994	193 222	400 722	651 757	2 752	2 810	217 123	1 037	9 036	419 553
2010	59 690	206 258	469 222	784 435	2 561	3 948	229 624	1 327	11 748	492 522
2011	85 400	226 989	520 218	835 831	2 049	3 949	250 908	2 440	8 140	577 501
2012	118 850	188 061	527 521	866 718	2 073	4 036	261 621	1 746	16 370	601 280

（续）

年份	饼粕	干豆（不含大豆）	水产品	畜产品	调味香料	精油	粮食制品	粮食（薯类）	药材	其他农产品
2013	125 083	271 501	537 448	924 221	2 812	4 648	266 045	1 115	18 491	647 599
2014	137 183	291 336	558 968	1 031 626	4 712	5 052	278 931	1 375	24 269	637 945
2015	118 459	332 841	582 853	886 339	4 606	5 514	291 548	1 970	22 679	611 098
2016	127 109	314 273	613 827	849 991	5 354	6 811	308 154	2 714	19 287	586 015
2017	128 321	268 843	653 507	870 125	5 599	8 428	327 429	3 056	18 546	643 297
2018	151 774	210 826	661 602	873 783	7 983	8 092	363 224	3 194	13 176	664 809

数据来源：UNComtrade 网站。

（一）畜产品

1999—2018 年，位列第一的畜产品出口总额呈现波动上涨。畜产品出口总额由 412 082.17 万美元增长到 873 783.60 万美元，并于 2014 年突破 1 000 000 万美元。在 2014—2018 年这 5 年间，畜产品出口总额有所下滑，由 1 031 626.35 万美元减少到 873 783.60 万美元，降幅为 15.3%。畜产品出口总额占加拿大农产品对外贸易出口总额的 15.41%（表 7-4 和图 7-4）。

表 7-4 畜产品出口贸易总额

单位：万美元

年份	出口额	年份	出口额
1999	412 082.17	2009	651 757.14
2000	471 409.26	2010	784 435.28
2001	564 359.32	2011	835 831.72
2002	564 312.02	2012	866 718.64
2003	495 987.40	2013	924 221.06
2004	568 305.31	2014	1 031 626.35
2005	678 046.16	2015	886 339.56
2006	698 042.98	2016	849 991.72
2007	762 011.80	2017	870 125.80
2008	816 811.53	2018	873 783.60

数据来源：UNComtrade 网站。

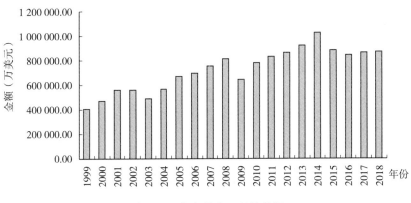

图 7-4　畜产品出口贸易总额

（二）谷物

谷物是加拿大对外贸易出口总额第二的农产品，1999—2008 年，这 20 年间由 294 549.76 万美元增长到 796 340.45 万美元。从表 7-5 和图 7-5 可见，2008 年谷物的出口总额达到 902 140.44 万美元，之后有所下降。2014—2018 年谷物的出口总额呈递减趋势，2014 年达到最高值，之后由 959 159.36 万美元减少到 796 340.45 万美元，降幅为 16.98%。谷物的出口总额占加拿大农产品对外贸易出口总额的 13.33%。

表 7-5　谷物出口贸易总额

单位：万美元

年份	出口额	年份	出口额
1999	294 549.76	2009	687 216.07
2000	319 649.33	2010	623 791.12
2001	329 955.04	2011	778 745.03
2002	271 231.11	2012	825 325.53
2003	284 139.67	2013	884 662.88
2004	366 847.88	2014	959 159.36
2005	333 475.13	2015	812 296.95
2006	445 062.61	2016	634 356.19
2007	612 565.66	2017	701 350.92
2008	902 140.44	2018	796 340.45

数据来源：UNComtrade 网站。

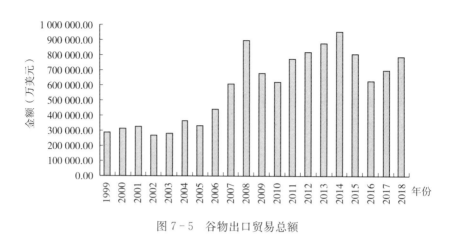

图 7-5 谷物出口贸易总额

（三）水产品

水产品位列加拿大对外贸易出口总额第三，1999—2018 年，这 20 年间由 307 845 万美元增长至 661 602.38 万美元。从表 7-6 和图 7-6 可见，虽然水产品的出口总额于 2009 年有所减少，但是总体呈现稳步增长的趋势。在 2014—2018 年，水产品的出口总额由 558 968.22 万美元增长至 661 602.38 万美元，增幅达 18.36%。水产品的出口总额占加拿大农产品对外贸易出口总额的 10.49%。

表 7-6 水产品出口贸易总额

单位：万美元

年份	出口额	年份	出口额
1999	307 845.00	2009	400 722.39
2000	333 710.29	2010	469 222.16
2001	330 582.54	2011	520 218.10
2002	364 820.68	2012	527 521.05
2003	395 165.86	2013	537 448.33
2004	422 866.85	2014	558 968.22
2005	440 448.39	2015	582 853.03
2006	449 144.71	2016	613 827.86
2007	455 347.53	2017	653 507.44
2008	457 992.02	2018	661 602.38

数据来源：UNComtrade 网站。

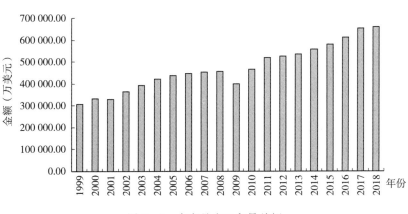

图 7 - 6　水产品出口贸易总额

（四）其他农产品

其他农产品排在加拿大对外贸易出口总额第四位。1999—2018 年，这 20 年间由 220 876.64 万美元增长至 664 809.97 万美元。从表 7 - 7 和图 7 - 7 可见，其他农产品的出口总额于 2007 年突破 500 000 万美元。其他农产品的出口总额在 2014—2018 年逐年提高，由 637 945.12 万美元增加到 664 809.97 万美元，增幅为 4.21%。其他农产品的出口总额占加拿大农产品对外贸易出口总额的 10.74%。

表 7 - 7　其他农产品出口贸易总额

单位：万美元

年份	出口额	年份	出口额
1999	220 876.64	2009	419 553.76
2000	236 521.52	2010	492 522.58
2001	258 962.07	2011	577 501.59
2002	267 920.07	2012	601 280.08
2003	301 393.60	2013	647 599.31
2004	394 427.55	2014	637 945.12
2005	431 916.87	2015	611 098.74
2006	451 818.75	2016	586 015.02
2007	507 485.18	2017	643 297.54
2008	499 015.92	2018	664 809.97

数据来源：UNComtrade 网站。

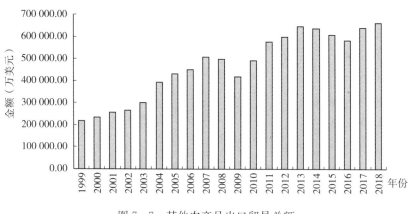

图 7 - 7　其他农产品出口贸易总额

(五)油籽

加拿大对外贸易出口总额排名第五的农产品是油籽，1999—2018 年，这 20 年间由 135 033.17 万美元增长至 754 984.08 万美元。从表 7-8 和图 7-8 可见，油籽的出口贸易总额于 2012 年达到最高点，为 814 488.34 万美元。2014—2018 年，油籽的出口贸易总额呈现波动上升的趋势，由 740 984.32 万美元增加到 754 984.08 万美元，增幅为 1.89%，增长速度较慢。油籽的出口贸易总额占加拿大农产品对外贸易出口总额的 12.47%。

表 7 - 8　油籽出口贸易总额

单位：万美元

年份	出口额	年份	出口额
1999	135 033.17	2009	464 063.90
2000	120 205.10	2010	532 471.94
2001	126 250.81	2011	671 727.88
2002	110 737.49	2012	814 488.34
2003	155 025.92	2013	711 209.06
2004	175 669.89	2014	740 984.32
2005	182 109.71	2015	664 965.58
2006	238 021.84	2016	709 897.66
2007	338 283.71	2017	780 598.95
2008	541 585.80	2018	754 984.08

数据来源：UNComtrade 网站。

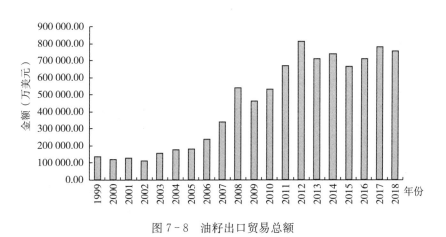

图 7-8 油籽出口贸易总额

（六）蔬菜

加拿大对外贸易出口总额排名第六的农产品是蔬菜，1999—2018 年，这
20 年间由 129 960.94 万美元增长至 449 571.74 万美元。从表 7-9 和图 7-9
可见，蔬菜的出口总额于 2008 年突破 300 000 万美元后略有所下降。2014—
2018 年，蔬菜的出口总额不断提高，由 359 422.53 万美元增加到 449 571.74
万美元，增幅达 25.08%。蔬菜的出口总额占加拿大农产品对外贸易出口总额
的 6.8%。

表 7-9 蔬菜出口贸易总额

单位：万美元

年份	出口额	年份	出口额
1999	129 960.94	2009	284 527.51
2000	142 244.02	2010	296 141.52
2001	152 848.74	2011	322 834.15
2002	165 137.54	2012	325 573.50
2003	192 415.05	2013	360 478.12
2004	218 773.59	2014	359 422.53
2005	225 255.93	2015	369 206.51
2006	252 203.71	2016	395 791.08
2007	278 281.76	2017	417 756.31
2008	309 957.72	2018	449 571.74

数据来源：UNComtrade 网站。

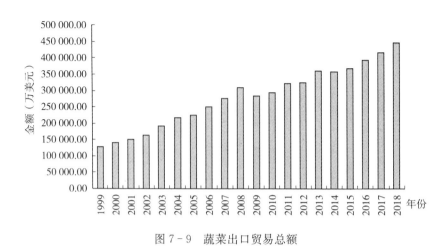

图 7 - 9　蔬菜出口贸易总额

（七）饮品类

加拿大对外贸易出口总额排名第七的农产品是饮品类，1999—2018 年，这 20 年间由 155 493.91 万美元增长至 307 677.47 万美元。从表 7 - 10 和图 7 - 10 可见，在 2014—2018 年，饮品类的出口总额呈现增长趋势，从 266 089.50 万美元增加到 307 677.47 万美元，增幅达 15.63%。饮品类的出口总额占加拿大农产品对外贸易出口总额的 5.04%。

表 7 - 10　饮品类出口贸易总额

单位：万美元

年份	出口额	年份	出口额
1999	155 493.91	2009	172 391.60
2000	158 304.46	2010	215 250.56
2001	165 878.55	2011	247 592.55
2002	164 991.35	2012	258 452.74
2003	188 470.15	2013	264 103.24
2004	196 496.77	2014	266 089.50
2005	190 632.46	2015	284 797.15
2006	195 508.88	2016	304 096.41
2007	193 161.96	2017	312 929.08
2008	195 973.85	2018	307 677.47

数据来源：UNComtrade 网站。

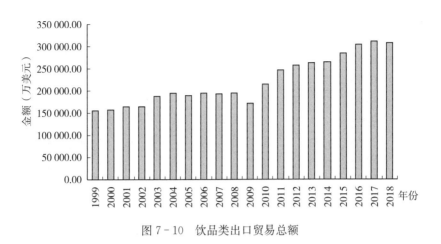

图 7-10 饮品类出口贸易总额

(八) 粮食制品

加拿大对外贸易出口总额排名第八的农产品是粮食制品，1999—2018 年，这 20 年间由 80 290.49 万美元增长至 363 224.46 万美元。从表 7-11 和图 7-11 可见，粮食制品的出口总额于 2008 年突破 200 000 万美元。在 2014—2018 年，粮食制品的出口总额稳步提升，5 年间出口总额由 278 931.26 万美元增加到 363 224.46 万美元，增幅达 30.22%。粮食制品的出口总额占加拿大农产品对外贸易出口总额的 5.36%。

表 7-11 粮食制品出口贸易总额

单位：万美元

年份	出口额	年份	出口额
1999	80 290.49	2009	217 123.57
2000	90 189.00	2010	229 624.41
2001	101 188.76	2011	250 908.20
2002	115 479.92	2012	261 621.23
2003	131 727.09	2013	266 045.72
2004	143 322.16	2014	278 931.26
2005	155 545.30	2015	291 548.37
2006	171 286.57	2016	308 154.25
2007	194 862.43	2017	327 429.84
2008	224 410.74	2018	363 224.46

数据来源：UNComtrade 网站。

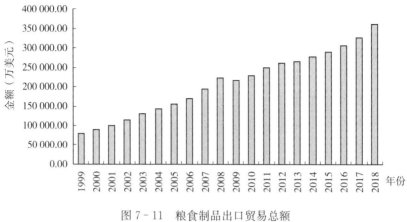

图 7 - 11　粮食制品出口贸易总额

（九）植物油

加拿大对外贸易出口总额排名第九的农产品是植物油，1999—2018 年，这 20 年间由 39 685.87 万美元增长至 297 482.28 万美元。从表 7 - 12 和图 7 - 12 可见，植物油的出口总额于 2012 年达到最高值，为 354 512.57 万美元。2014—2018 年，植物油的出口总额呈现波动上升的趋势，由 245 342.14 万美元增长至 297 482.28 万美元，增幅达 21.25%。植物油的出口总额占加拿大农产品对外贸易出口总额的 4.52%。

表 7 - 12　植物油出口贸易总额

单位：万美元

年份	出口额	年份	出口额
1999	39 685.87	2009	143 759.19
2000	28 005.03	2010	221 294.87
2001	30 128.55	2011	334 051.70
2002	28 390.46	2012	354 512.57
2003	46 945.31	2013	296 452.44
2004	76 516.42	2014	245 342.14
2005	59 976.92	2015	234 243.63
2006	82 154.47	2016	259 329.15
2007	113 830.16	2017	286 481.92
2008	190 625.35	2018	297 482.28

数据来源：UNComtrade 网站。

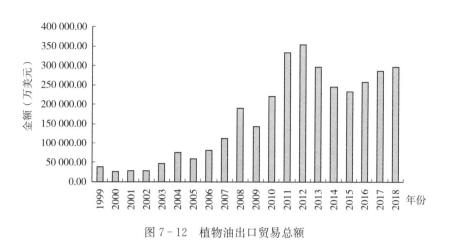

图 7-12　植物油出口贸易总额

（十）干豆（不含大豆）

加拿大对外贸易出口总额排名第十的农产品是干豆（不含大豆），1999—2018 年，这 20 年间由 51 796.78 万美元增长至 210 826.03 万美元。从表 7-13 和图 7-13 可见，干豆（不含大豆）的出口总额于 2015 年达到最高值为 332 841.21 万美元。干豆（不含大豆）的出口总额自 2015 年后开始下滑，由 332 841.21 万美元减少到 2018 年的 210 826.03 万美元，降幅达 27.63%。干豆（不含大豆）的出口总额占加拿大农产品对外贸易出口总额的 4.84%。

表 7-13　干豆（不含大豆）出口贸易总额

单位：万美元

年份	出口额	年份	出口额
1999	51 796.78	2009	193 222.08
2000	61 877.75	2010	206 258.93
2001	63 945.44	2011	226 989.02
2002	47 445.55	2012	188 061.92
2003	53 344.78	2013	271 501.45
2004	64 735.29	2014	291 336.33
2005	82 848.73	2015	332 841.21
2006	90 055.70	2016	314 273.76
2007	130 470.84	2017	268 843.95
2008	184 750.52	2018	210 826.03

数据来源：UNComtrade 网站。

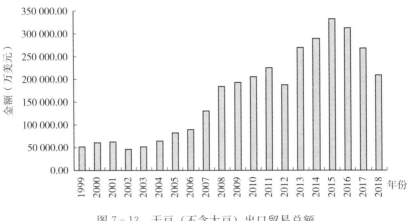

图 7 - 13　干豆（不含大豆）出口贸易总额

（十一）水果

加拿大对外贸易出口总额排名第十一的农产品是水果。从表 7 - 14 和图 7 - 14 可见，水果的出口总额呈现波动上升趋势。1999—2018 年，这 20 年间由 48 697.95 万美元增长至 246 592.20 万美元。2014—2018 年，水果出口总额由 201 701.74 万美元增长至 246 592.2 万美元，增幅达 22.26%。水果的出口总额占加拿大农产品对外贸易出口总额的 3.73%。

表 7 - 14　水果出口贸易总额

单位：万美元

年份	出口额	年份	出口额
1999	48 697.95	2009	128 046.24
2000	51 398.63	2010	143 235.38
2001	57 618.18	2011	174 282.86
2002	58 975.77	2012	194 613.92
2003	71 674.26	2013	195 989.44
2004	99 476.80	2014	201 701.74
2005	115 231.38	2015	216 126.61
2006	132 510.17	2016	206 215.18
2007	140 108.78	2017	220 767.95
2008	146 359.80	2018	246 592.20

数据来源：UNComtrade 网站。

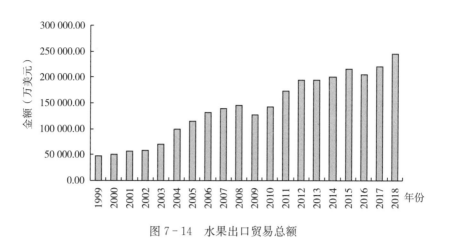

图 7-14 水果出口贸易总额

（十二）糖料及糖类

加拿大对外贸易出口总额排名第十二的农产品是糖料及糖类，1999—2018年，这20年间由42 062.64万美元增长至113 743.56万美元。从表7-15和图7-15可见，糖料及糖类的出口总额在2009年下降较为明显，但总体呈现稳步增加的趋势。2014—2018年，由108 705.70万美元增加到113 743.56万美元，增幅为4.63%。糖料及糖类的出口总额占加拿大农产品对外贸易出口总额的1.90%。

表 7-15　糖料及糖类出口贸易总额

单位：万美元

年份	出口额	年份	出口额
1999	42 062.64	2009	82 733.38
2000	43 499.75	2010	92 211.41
2001	51 770.80	2011	103 670.90
2002	51 989.29	2012	108 721.96
2003	66 959.92	2013	107 289.58
2004	68 709.95	2014	108 705.70
2005	74 982.50	2015	109 861.98
2006	82 900.64	2016	111 434.63
2007	90 367.04	2017	111 371.86
2008	97 218.54	2018	113 743.56

数据来源：UNComtrade网站。

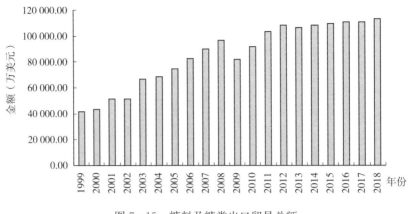

图 7-15　糖料及糖类出口贸易总额

(十三) 饼粕

加拿大对外贸易出口总额排名第十三的农产品是饼粕，1999—2018 年，这 20 年间由 16 166.14 万美元增长至 151 774.45 万美元。从表 7-16 和图 7-16 可见，于 2010 年起饼粕的出口总额开始大幅提高。2014—2018 年，饼粕的出口总额呈现波动上升趋势，由 137 183.08 万美元增长至 151 774.45 万美元，增幅为 10.64%。饼粕的出口总额占加拿大农产品对外贸易出口总额的 2.26%。

表 7-16　饼粕出口贸易总额

单位：万美元

年份	出口额	年份	出口额
1999	16 166.14	2009	36 994.32
2000	16 610.02	2010	59 690.06
2001	15 270.51	2011	85 400.83
2002	12 582.03	2012	118 850.07
2003	18 110.15	2013	125 083.19
2004	28 305.75	2014	137 183.08
2005	21 534.22	2015	118 459.07
2006	20 985.80	2016	127 109.77
2007	25 530.42	2017	128 321.07
2008	42 090.24	2018	151 774.45

数据来源：UNComtrade 网站。

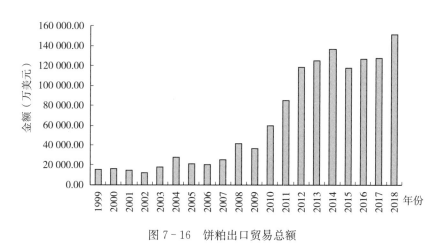

图 7 - 16　饼粕出口贸易总额

（十四）坚果

加拿大对外贸易出口总额排名第十四的农产品是坚果，1999—2018 年，这 20 年间由 20 224.27 万美元增长至 98 513.95 万美元。从表 7 - 17 和图 7 - 17 可见，2014—2018 年，坚果的出口总额波动上升，由 79 812.24 万美元增长至 98 513.95 万美元，增幅达 23.43%。坚果的出口总额占加拿大农产品对外贸易出口总额的 1.55%。

表 7 - 17　坚果出口贸易总额

单位：万美元

年份	出口额	年份	出口额
1999	20 224.27	2009	50 457.04
2000	21 655.63	2010	51 481.17
2001	22 149.29	2011	68 728.43
2002	23 468.35	2012	78 764.59
2003	26 774.52	2013	78 181.61
2004	31 082.69	2014	79 812.24
2005	37 104.65	2015	90 241.28
2006	46 214.95	2016	94 003.13
2007	56 431.99	2017	90 451.83
2008	65 052.15	2018	98 513.95

数据来源：UNComtrade 网站。

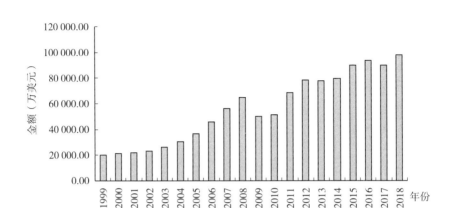

图 7 - 17　坚果出口贸易总额

（十五）花卉

加拿大对外贸易出口总额排名第十五的农产品是花卉，1999—2018 年，这 20 年间由 26 492.57 万美元增长至 42 365.94 万美元。从表 7 - 18 和图 7 - 18 可见，花卉的进口总额近几年虽有增长，但总体波动较大。2014—2018 年，花卉的出口总额由 33 345.47 万美元增加到 42 365.94 万美元，增幅达 27.05%。花卉的出口总额占加拿大农产品对外贸易出口总额的 0.64%。

表 7 - 18　花卉出口贸易总额

单位：万美元

年份	出口额	年份	出口额
1999	26 492.57	2009	26 476.65
2000	30 280.09	2010	29 605.77
2001	33 282.48	2011	30 079.63
2002	33 417.23	2012	29 596.22
2003	34 605.22	2013	30 555.26
2004	35 054.21	2014	33 345.47
2005	32 245.74	2015	34 606.20
2006	32 193.62	2016	36 627.19
2007	32 687.71	2017	39 236.64
2008	29 611.26	2018	42 365.94

数据来源：UNComtrade 网站。

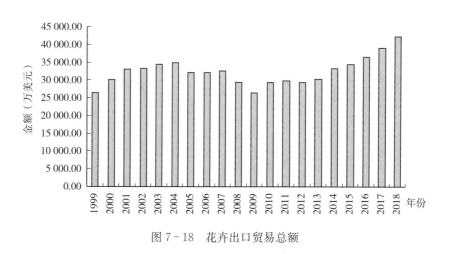

图 7 - 18　花卉出口贸易总额

（十六）棉麻丝

　　加拿大对外贸易出口总额排名第十六的农产品是棉麻丝，1999—2018 年，这 20 年间由 10 899.74 万美元增长至 17 950.74 万美元。从表 7 - 19 和图 7 - 19 可见，2014—2018 年棉麻丝的出口总额波动下降，由 21 182.91 万美元减少到 17 950.74 万美元，降幅为 15.26%。棉麻丝的出口总额占加拿大农产品对外贸易出口总额的 0.33%。

表 7 - 19　棉麻丝出口贸易总额

单位：万美元

年份	出口额	年份	出口额
1999	10 899.74	2009	13 458.22
2000	10 666.34	2010	15 531.22
2001	10 969.32	2011	16 864.07
2002	9 945.22	2012	18 350.74
2003	9 872.32	2013	19 229.68
2004	11 052.02	2014	21 182.91
2005	14 135.00	2015	19 441.12
2006	15 956.41	2016	19 495.10
2007	15 247.47	2017	19 655.45
2008	15 088.54	2018	17 950.74

数据来源：UNComtrade 网站。

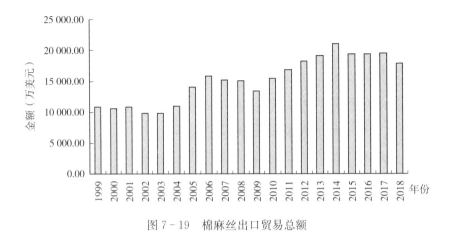

图 7 - 19　棉麻丝出口贸易总额

（十七）药材

加拿大对外贸易出口总额排名第十七的农产品是药材，1999—2018 年，这 20 年间由 3 277.66 万美元增长至 13 176.07 万美元。从表 7 - 20 和图 7 - 20 可见，2011 年后药材的出口总额大幅增加。但是在 2014—2018 年，药材的出口总额处于逐年递减的趋势，由 24 269.4 万美元减少到 13 176.07 万美元，降幅达 45.71%。药材的出口总额占加拿大农产品对外贸易出口总额的 0.24%。

表 7 - 20　药材出口贸易总额

单位：万美元

年份	出口额	年份	出口额
1999	3 277.66	2009	9 036.47
2000	2 976.05	2010	11 748.64
2001	4 681.82	2011	8 140.82
2002	5 210.11	2012	16 370.74
2003	5 347.17	2013	18 491.12
2004	5 986.76	2014	24 269.40
2005	6 990.18	2015	22 679.85
2006	8 527.99	2016	19 287.16
2007	9 050.21	2017	18 546.44
2008	7 241.37	2018	13 176.07

数据来源：UNComtrade 网站。

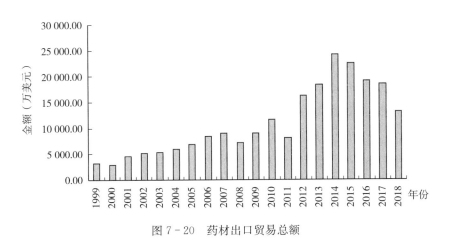

图 7 - 20　药材出口贸易总额

（十八）精油

加拿大对外贸易出口总额排名第十八的农产品是精油，1999—2018 年，这 20 年间由 1 583.02 万美元增长至 8 092.12 万美元。从表 7 - 21 和图 7 - 21 可见，2014—2018 年精油的出口总额波动上升，由 5 052.62 万美元增长至 8 092.12 万美元，增幅达 60.16%。精油的出口总额占加拿大农产品对外贸易出口总额的 0.12%。

表 7 - 21　精油出口贸易总额

单位：万美元

年份	出口额	年份	出口额
1999	1 583.02	2009	2 810.99
2000	1 817.18	2010	3 948.82
2001	1 814.44	2011	3 949.43
2002	1 732.08	2012	4 036.19
2003	2 206.42	2013	4 648.25
2004	2 249.39	2014	5 052.62
2005	2 673.98	2015	5 514.79
2006	2 398.94	2016	6 811.72
2007	2 794.83	2017	8 428.85
2008	4 831.66	2018	8 092.12

数据来源：UNComtrade 网站。

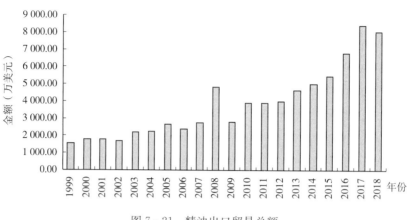

图 7-21　精油出口贸易总额

（十九）调味香料

加拿大对外贸易出口总额排名第十九的农产品是调味香料，1999—2018年，这20年间由1 187.55万美元增长至7 983.49万美元。从表7-22和图7-22可见，2014—2018年调味香料的出口总额波动上升，由4 712.19万美元增加到7 983.49万美元，增幅达69.42%。调味香料的出口总额占加拿大农产品对外贸易出口总额的0.1%。

表 7-22　调味香料出口贸易总额

单位：万美元

年份	出口额	年份	出口额
1999	1 187.55	2009	2 752.13
2000	1 301.23	2010	2 561.41
2001	939.34	2011	2 049.38
2002	1 074.25	2012	2 073.92
2003	2 623.47	2013	2 812.79
2004	2 597.75	2014	4 712.19
2005	1 426.98	2015	4 606.70
2006	1 536.84	2016	5 354.72
2007	2 133.02	2017	5 599.50
2008	2 806.59	2018	7 983.49

数据来源：UNComtrade网站。

图 7 - 22 调味香料出口贸易总额

(二十) 粮食 (薯类)

加拿大对外贸易出口总额中粮食 (薯类) 的出口总额最少，1999—2018 年，这 20 年间由 530.21 万美元增长至 3 194.54 万美元。从表 7 - 23 和图 7 - 23 可见，2014—2018 年粮食 (薯类) 的出口总额逐年增加，由 1 375.55 万美元增加到 3 194.54 万美元，增幅达 132.24%。粮食 (薯类) 的出口总额占加拿大农产品对外贸易出口总额的 0.04%。

表 7 - 23 粮食 (薯类) 出口贸易总额

单位：万美元

年份	出口额	年份	出口额
1999	530.21	2009	1 037.62
2000	439.50	2010	1 327.61
2001	383.43	2011	2 440.99
2002	443.12	2012	1 746.91
2003	815.75	2013	1 115.30
2004	627.22	2014	1 375.55
2005	498.00	2015	1 970.36
2006	573.46	2016	2 714.04
2007	1 974.97	2017	3 056.22
2008	1 257.73	2018	3 194.54

数据来源：UNComtrade 网站。

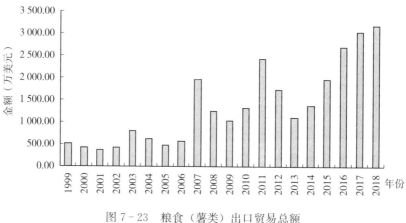

图 7 - 23　粮食（薯类）出口贸易总额

三、出口的市场结构

2017 年，美国、中国、墨西哥、日本、英国、德国、韩国、意大利、法国、印度是加拿大前十大贸易伙伴国。其中美国是加拿大最重要的贸易伙伴国，2018 年加拿大农产品出口美国的比重占出口农产品贸易总额的 56.14％，表现出对美国市场的高度依赖。

农产品出口占加拿大对外贸易出口总额的比重较低，2014 年仅占 12.6％，2018 年增加到 13.55％。加拿大农产品出口主要以美国为主，且近年来又出现新的增长；虽然出口额大幅增加，但所占比重增长缓慢，从 2014 年的 51.49％增长到 2018 年的 56.14％，而且在 2016—2017 年比重有所下降。

加拿大近 5 年农产品主要出口国家分布状况见表 7 - 24。

表 7 - 24　加拿大农产品主要出口国家分布状况

单位：万美元、％

国家	2014 年		2015 年		2016 年		2017 年		2018 年	
	出口额	比重	出口额	比重	出口额	比重	出口额	比重	出口额	比重
对外出口贸易总额	5 987 146.04		5 693 698.71		5 604 785.73		5 907 757.57		6 083 689.52	
美国	3 082 522.22	51.49	3 015 694.58	52.97	3 074 082.13	54.85	3 214 122.26	54.41	3 415 580.33	56.14
中国	545 498.25	9.11	494 220.31	8.68	525 554.39	9.38	630 376.55	10.67	819 369.41	13.47

（续）

国家	2014 年		2015 年		2016 年		2017 年		2018 年	
	出口额	比重	出口额	比重	出口额	比重	出口额	比重	出口额	比重
日本	371 163.61	6.20	302 478.49	5.31	320 812.18	5.72	351 701.79	5.95	355 006.63	5.84
墨西哥	160 063.67	2.67	140 433.78	2.47	134 955.82	2.41	156 620.00	2.65	151 320.53	2.49
四国合计	4 159 247.75	69.47	3 952 827.15	69.42	4 055 404.52	72.36	4 352 820.59	73.68	4 741 276.89	77.93

数据来源：UNComtrade 网站。

从加拿大农产品主要出口国家分布状况来看：美国作为加拿大农产品出口的第一大国，多年来，对美国农产品出口占农产品出口总额的 50% 以上，2018 年达到 55% 以上；中国是加拿大农产品出口的第二大国，近年来农产品出口中国呈上升趋势，2017 年突破 10%；日本和墨西哥所占比重较低，各占比重不足 7%。

第三节 农产品进口总体状况和结构

一、进口总体状况及变动

21 世纪以来，加拿大对外贸易进口总体水平同样呈"先上升，后下降，再上升"的"M"形波动趋势。从表 7-25 可见，2000 年加拿大对外贸易进口总额为 2 448 亿美元，2014 年上升至 4 630.89 亿美元，达到最高点后开始下降，2016 年下降至 4 022.88 亿美元后进口额再次上升，于 2018 年达到 4 599.48 亿美元。

表 7-25 加拿大对外贸易进口状况

单位：亿美元、%

年份	进口总额	农产品进口额	农产品进口占比
2014	4 630.89	518.04	11.19
2015	4 196.93	498.62	11.88
2016	4 022.88	493.01	12.26
2017	4 330.45	511.19	11.80
2018	4 599.48	528.25	11.49

数据来源：UNComtrade 网站。

从加拿大农产品进口总体状况来看，近 5 年农产品进口额总体呈上升趋

势。进口贸易额从 518.04 亿美元增加至 528.25 亿美元，5 年间涨幅达
25.25％。加拿大进口农产品占总额的比重较低，并于 2016 年开始下滑，2018
年仅占对外贸易进口总额的 11.49％。

二、进口农产品结构

加拿大进口的农产品根据乌拉圭回合农业协议包括谷物、棉麻丝、油籽、
植物油、饮品类、蔬菜、水果、畜产品、水产品等 20 大类。近 20 年进口中以
进口总额表示的进口农产品结构排序依次为水果、其他农产品、饮品类、蔬
菜、畜产品、水产品、粮食制品、谷物、坚果、糖料及糖类、油籽、植物油、
花卉、饼粕、棉麻丝、干豆（不含大豆）、调味香料、精油、药材、粮食（薯
类）（表 7 - 26）。

表 7 - 26　加拿大农产品进口结构

单位：万美元

年份	谷物	棉麻丝	油籽	植物油	糖料及糖类	饮品类	蔬菜	水果	坚果	花卉
1999	41 750.44	12 901.57	36 347.57	16 445.96	54 443.37	217 904.27	207 083.72	278 748.95	36 428.28	20 385.04
2000	47 729.54	15 235.76	36 311.34	19 518.93	57 568.66	218 403.19	216 654.35	283 795.75	36 551.11	21 463.74
2001	65 109.02	15 344.11	43 770.27	16 914.07	63 752.70	222 129.37	221 005.97	283 751.75	36 977.92	22 525.27
2002	79 697.98	12 942.21	47 492.95	20 388.67	58 714.28	232 972.88	242 706.56	308 622.06	40 394.03	22 843.24
2003	78 324.30	16 078.21	51 905.07	24 710.83	67 771.46	287 266.52	259 125.39	356 484.52	46 796.00	24 892.55
2004	70 960.30	15 197.12	56 108.18	30 878.16	66 935.56	324 576.07	280 406.70	397 887.22	57 609.09	27 602.24
2005	73 381.22	11 694.62	53 231.22	33 412.38	75 793.36	369 158.43	313 649.65	464 801.15	67 094.68	29 851.90
2006	77 288.23	9 448.79	54 134.37	40 225.60	90 547.11	433 847.45	351 932.84	536 792.77	72 223.19	31 812.39
2007	106 717.86	8 129.40	61 683.45	52 491.82	88 457.63	493 399.81	399 676.52	610 939.60	83 861.86	35 382.65
2008	140 699.14	7 472.23	90 807.77	60 296.83	98 933.05	558 666.42	435 315.74	674 776.96	96 710.65	36 306.99
2009	123 803.76	7 724.61	87 531.53	57 562.44	101 109.60	544 747.21	428 461.61	646 634.49	91 294.04	34 194.84
2010	119 728.75	8 698.71	85 206.22	63 417.49	121 538.88	622 876.83	471 345.54	719 163.49	102 855.85	35 872.62
2011	125 993.29	11 606.86	104 911.77	57 305.18	153 129.38	725 715.99	529 444.43	804 057.08	128 750.29	36 739.44
2012	129 910.11	12 886.15	119 909.92	64 929.28	140 580.67	732 053.91	535 223.71	860 825.88	144 912.18	38 994.25
2013	134 531.76	11 350.93	122 144.75	60 314.88	131 218.28	730 450.19	582 859.76	896 215.01	161 056.73	40 621.57
2014	154 509.19	11 254.14	134 795.68	58 827.91	134 201.62	752 857.00	607 672.05	895 987.59	176 245.91	40 317.68
2015	151 744.08	12 255.24	130 738.53	54 822.71	118 036.90	722 189.29	616 412.65	864 189.31	185 769.39	38 265.78

（续）

年份	谷物	棉麻丝	油籽	植物油	糖料及糖类	饮品类	蔬菜	水果	坚果	花卉
2016	135 821.98	12 069.85	126 123.32	57 321.24	135 396.05	718 329.00	615 647.26	868 332.78	174 108.81	37 665.05
2017	132 971.62	8 202.26	139 400.15	57 406.11	135 824.22	745 376.37	633 627.85	909 159.50	178 389.33	40 925.59
2018	157 553.85	13 632.51	160 939.60	62 643.26	131 879.87	754 981.81	640 851.47	941 312.15	190 132.80	42 204.68

年份	饼粕	干豆（不含大豆）	水产品	畜产品	调味香料	精油	粮食制品	粮食（薯类）	药材	其他农产品
1999	13 272.45	5 382.87	183 400.92	176 560.52	2 699.85	3 291.90	69 384.65	1 807.33	3 155.13	229 428.07
2000	15 753.69	4 103.35	192 621.45	198 487.72	2 711.26	3 657.37	74 234.83	1 939.96	3 267.82	242 158.13
2001	19 660.41	3 683.01	191 664.71	214 407.34	3 067.99	3 421.60	80 129.15	2 084.50	3 383.38	248 907.53
2002	20 658.91	4 799.36	195 755.97	205 846.81	3 111.01	4 081.77	84 508.71	2 199.48	3 605.69	266 351.88
2003	23 603.23	4 286.63	205 034.63	219 639.60	4 603.75	4 065.22	88 204.14	2 475.17	4 264.38	310 346.09
2004	29 862.08	3 807.54	223 831.61	212 197.52	5 220.86	3 570.51	96 883.50	2 811.29	4 652.84	341 315.82
2005	23 260.61	5 426.55	246 147.04	238 785.51	4 037.94	3 662.84	110 254.30	3 127.05	5 233.75	386 760.59
2006	26 875.36	5 970.04	268 795.20	269 093.30	4 290.51	3 462.94	126 650.26	3 610.58	5 676.06	436 692.64
2007	33 456.61	5 953.39	292 116.28	327 935.19	5 233.09	4 087.60	146 320.71	4 270.70	5 088.46	535 810.31
2008	44 864.14	8 359.75	307 514.64	351 133.11	6 281.40	4 987.76	171 061.05	5 007.97	6 344.02	608 771.99
2009	41 026.43	8 292.06	301 838.00	333 182.28	6 096.32	4 248.10	174 567.25	5 599.53	6 733.26	537 650.06
2010	35 371.04	10 499.13	340 586.68	374 267.80	7 278.96	5 393.14	186 951.83	6 699.65	7 111.70	608 606.19
2011	37 641.76	11 008.57	398 401.70	449 087.09	7 036.99	6 306.73	206 705.87	7 618.50	8 333.44	719 618.03
2012	46 470.51	11 981.41	420 451.94	497 049.05	7 034.21	5 920.76	228 216.63	8 527.09	8 460.72	763 851.46
2013	44 137.28	13 017.91	444 017.84	527 183.91	8 827.73	7 164.67	241 960.36	8 207.81	9 031.92	804 541.94
2014	50 505.81	14 955.24	467 815.35	560 050.22	11 841.64	10 986.33	256 053.33	9 056.32	9 063.85	823 364.05
2015	32 840.49	15 434.21	445 346.90	525 299.93	10 203.71	11 784.87	257 333.04	9 420.04	9 397.49	774 723.63
2016	28 539.11	20 766.04	451 905.33	487 918.07	10 684.80	13 095.50	248 229.26	9 917.87	9 204.17	769 026.33
2017	32 334.75	24 925.75	477 999.26	492 341.97	12 476.94	17 067.15	249 543.65	9 949.15	9 349.83	804 629.17
2018	37 117.38	18 042.68	493 141.69	494 118.13	16 224.25	16 324.87	254 452.57	10 417.64	9 435.59	837 110.93

数据来源：UNComtrade网站。

（一）水果

在 1999—2018 年这 20 年间，位列第一的水果进口总额波动上涨。从表 7 - 27 和图 7 - 24 可见，水果的进口总额由 278 748.95 万美元增长至 941 312.15 万美元。在 2014—2018 年这 5 年间，水果所占比重最高，进口总额波动上升，由 895 987.59 万美元增长至 941 312.15 万美元，增幅为 5.06％。水果的进口总额占加拿大农产品对外贸易进口总额的 17.57%。

表 7 - 27 水果进口贸易总额

单位：万美元

年份	进口额	年份	进口额
1999	278 748.95	2009	646 634.49
2000	283 795.75	2010	719 163.49
2001	283 751.75	2011	804 057.08
2002	308 622.06	2012	860 825.88
2003	356 484.52	2013	896 215.01
2004	397 887.22	2014	895 987.59
2005	464 801.15	2015	864 189.31
2006	536 792.77	2016	868 332.78
2007	610 939.60	2017	909 159.50
2008	674 776.96	2018	941 312.15

数据来源：UNComtrade 网站。

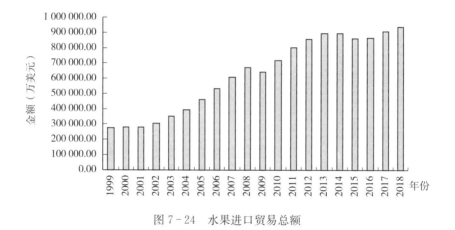

图 7 - 24 水果进口贸易总额

（二）其他农产品

加拿大对外贸易进口总额排名第二的农产品是其他农产品，1999—2018 年，这 20 年间由 229 428.07 万美元增长至 837 110.93 万美元。从表 7 - 28 和图 7 - 25 可见，其他农产品的进口总额呈现三个阶段波动上涨。2014—2018 年，其他农产品的进口贸易总额由 823 364.05 万美元增长至 837 110.93 万美元，增幅为 1.67%。其他农产品的进口总额占加拿大农产品对外贸易进口总额的 15.73%。

表 7 - 28 其他农产品进口贸易总额

单位：万美元

年份	进口额	年份	进口额
1999	229 428.07	2009	537 650.06
2000	242 158.13	2010	608 606.99
2001	248 907.53	2011	719 618.03
2002	266 351.88	2012	763 851.46
2003	310 346.09	2013	804 541.94
2004	341 315.82	2014	823 364.05
2005	386 760.59	2015	774 723.63
2006	436 692.64	2016	769 026.33
2007	535 810.31	2017	804 629.17
2008	608 771.99	2018	837 110.93

数据来源：UNComtrade 网站。

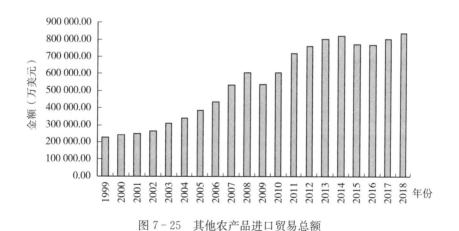

图 7 - 25 其他农产品进口贸易总额

(三) 饮品类

加拿大对外贸易进口总额排名第三的农产品是饮品类，1999—2018 年，这 20 年间由 217 904.27 万美元增长至 754 981.81 万美元。从表 7-29 和图 7-26 可见，2014—2018 年饮品类的进口总额缓慢上涨，由 752 857 万美元增长至 754 981.81 万美元，增幅为 0.28%。饮品类的进口总额占加拿大农产品对外贸易进口总额的 14.49%。

表 7 - 29　饮品类进口贸易总额

单位：万美元

年份	进口额	年份	进口额
1999	217 904.27	2009	544 747.21
2000	218 403.19	2010	622 876.83
2001	222 129.37	2011	725 715.99
2002	232 972.88	2012	732 053.91
2003	287 266.52	2013	730 450.19
2004	324 576.07	2014	752 857.00
2005	369 158.43	2015	722 189.29
2006	433 847.45	2016	718 329.00
2007	493 399.81	2017	745 376.37
2008	558 666.42	2018	754 981.81

数据来源：UNComtrade 网站。

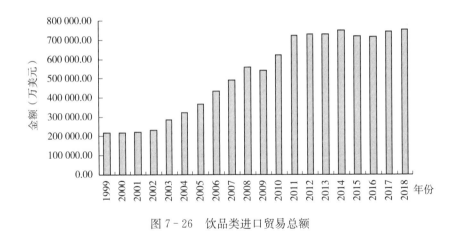

图 7 - 26　饮品类进口贸易总额

（四）蔬菜

加拿大对外贸易进口总额排名第四的农产品是蔬菜，1999—2018 年，这 20 年间由 207 083.72 万美元增长至 640 851.47 万美元。从表 7 - 30 和图 7 - 27 可见，蔬菜的进口总额处于逐年递增的状态。2014—2018 年，蔬菜的进口总额由 607 672.05 万美元增加到 640 851.47 万美元，增幅为 5.46%。蔬菜的进口总额占加拿大农产品对外贸易进口总额的 12.22%。

表 7 - 30 蔬菜进口贸易总额

单位：万美元

年份	进口额	年份	进口额
1999	207 083.72	2009	428 461.61
2000	216 654.35	2010	471 345.54
2001	221 005.97	2011	529 444.43
2002	242 706.56	2012	535 223.71
2003	259 125.39	2013	582 859.76
2004	280 406.70	2014	607 672.05
2005	313 649.65	2015	616 412.65
2006	351 932.84	2016	615 647.26
2007	399 676.52	2017	633 627.85
2008	435 315.74	2018	640 851.47

数据来源：UNComtrade 网站。

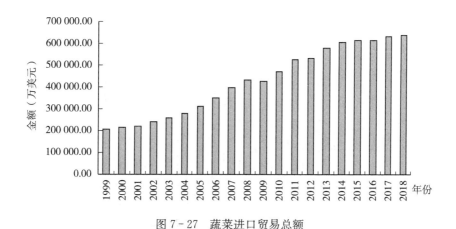

图 7 - 27 蔬菜进口贸易总额

（五）畜产品

　　加拿大对外贸易进口总额排名第五的农产品是畜产品，1999—2018 年，这 20 年间由 176 560.52 万美元增长至 494 118.13 万美元。从表 7 - 31 和图 7 - 28 可见，畜产品进口总额在 2014—2018 年呈现下滑趋势，由 560 050.22 万美元减少到 494 118.13 万美元，降幅为 11.77％。畜产品进口总额占加拿大农产品对外贸易进口总额的 10.04％。

表 7 - 31　畜产品进口贸易总额

单位：万美元

年份	进口额	年份	进口额
1999	176 560.52	2009	333 182.28
2000	198 487.72	2010	374 267.80
2001	214 407.34	2011	449 087.09
2002	205 846.81	2012	497 049.05
2003	219 639.60	2013	527 183.91
2004	212 197.52	2014	560 050.22
2005	238 785.51	2015	525 299.93
2006	269 093.30	2016	487 918.07
2007	327 935.19	2017	492 341.97
2008	351 133.11	2018	494 118.13

数据来源：UNComtrade 网站。

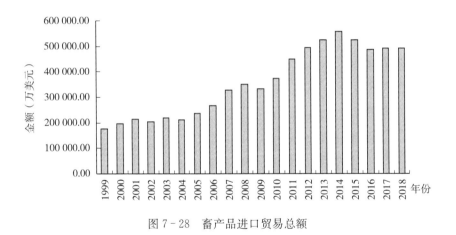

图 7 - 28　畜产品进口贸易总额

（六）水产品

加拿大对外贸易进口总额排名第六的农产品是水产品，1999—2018 年，这 20 年间由 183 400.92 万美元增长至 493 141.69 万美元。从表 7 - 32 和图 7 - 29 可见，2014—2018 年水产品的进口总额波动上涨，由 467 815.35 万美元增长至 493 141.69 万美元，增幅为 5.41%。水产品的进口总额占加拿大农产品对外贸易进口总额的 9.16%。

表 7 - 32　水产品进口贸易总额

单位：万美元

年份	进口额	年份	进口额
1999	183 400.92	2009	301 838.00
2000	192 621.45	2010	340 586.68
2001	191 664.71	2011	398 401.70
2002	195 755.97	2012	420 451.94
2003	205 034.63	2013	444 017.84
2004	223 831.61	2014	467 815.35
2005	246 147.04	2015	445 346.90
2006	268 795.20	2016	451 905.33
2007	292 116.28	2017	477 999.26
2008	307 514.64	2018	493 141.69

数据来源：UNComtrade 网站。

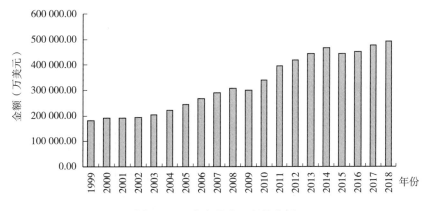

图 7 - 29　水产品进口贸易总额

（七）粮食制品

加拿大对外贸易进口总额排名第七的农产品是粮食制品，1999—2018 年，这 20 年间由 69 384.65 万美元增长至 254 452.57 万美元。从表 7 - 33 和图 7 - 30 可见，2014 年前，粮食制品的进口总额呈现上升趋势。2014—2018 年，粮食制品的进口总额波动下降，由 256 053.33 万美元减少到 254 452.57 万美元，降幅为 0.63%。粮食制品的进口总额占加拿大农产品对外贸易进口总额的 4.96%。

表 7 - 33 粮食制品进口贸易总额

单位：万美元

年份	进口额	年份	进口额
1999	69 384.65	2009	174 567.25
2000	74 234.83	2010	186 951.83
2001	80 129.15	2011	206 705.87
2002	84 508.71	2012	228 216.63
2003	88 204.14	2013	241 960.36
2004	96 883.50	2014	256 053.33
2005	110 254.30	2015	257 333.04
2006	126 650.26	2016	248 229.26
2007	146 320.71	2017	249 543.65
2008	171 061.05	2018	254 452.57

数据来源：UNComtrade 网站。

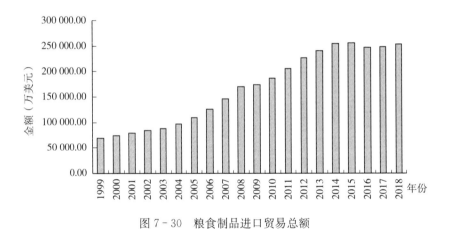

图 7 - 30 粮食制品进口贸易总额

(八) 谷物

加拿大对外贸易进口总额排名第八的农产品是谷物，1999—2018 年，这 20 年间由 41 750.44 万美元增长至 157 553.85 万美元。从表 7 - 34 和图 7 - 31 可见，谷物的进口总额波动幅度较大。2014—2018 年，由 154 509.19 万美元增长至 157 553.85 万美元，增幅为 1.97%。谷物的进口总额占加拿大农产品对外贸易进口总额的 2.87%。

表 7-34 谷物进口贸易总额

单位：万美元

年份	进口额	年份	进口额
1999	41 750.44	2009	123 803.76
2000	47 729.54	2010	119 728.75
2001	65 109.02	2011	125 993.29
2002	79 697.98	2012	129 910.11
2003	78 324.30	2013	134 531.76
2004	70 960.30	2014	154 509.19
2005	73 381.22	2015	151 744.08
2006	77 288.23	2016	135 821.98
2007	106 717.86	2017	132 971.62
2008	140 699.14	2018	157 553.85

数据来源：UNComtrade 网站。

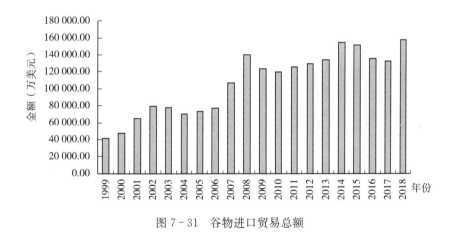

图 7-31 谷物进口贸易总额

（九）坚果

加拿大对外贸易进口总额排名第九的农产品是坚果，1999—2018 年，这20 年间由 36 428.28 万美元增长至 190 132.80 万美元。从表 7-35 和图 7-32 可见，坚果的进口总额波动上涨。2014—2018 年，坚果的进口总额由 176 245.91 万美元增长至 190 132.80 万美元，增幅为 7.88％。坚果的进口总额占加拿大农产品对外贸易进口总额的 3.55％。

表 7 - 35　坚果进口贸易总额

单位：万美元

年份	进口额	年份	进口额
1999	36 428.28	2009	91 294.04
2000	36 551.11	2010	102 855.85
2001	36 977.92	2011	128 750.29
2002	40 394.03	2012	144 912.18
2003	46 796.00	2013	161 056.73
2004	57 609.09	2014	176 245.91
2005	67 094.68	2015	185 769.39
2006	72 223.19	2016	174 108.81
2007	83 861.86	2017	178 389.33
2008	96 710.65	2018	190 132.80

数据来源：UNComtrade 网站。

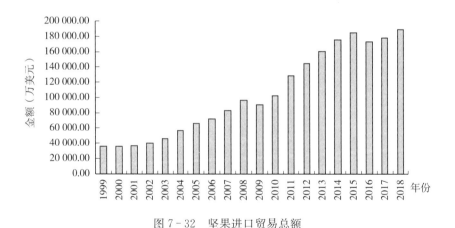

图 7 - 32　坚果进口贸易总额

（十）糖料及糖类

加拿大对外贸易进口总额排名第十的农产品是糖料及糖类，1999—2018
年，这 20 年间由 54 443.37 万美元增长至 131 879.87 万美元。从表 7 - 36 和
图 7 - 33 可见，2014—2018 年糖料及糖类的进口总额波动下降，由 134 201.62
万美元减少到 131 879.87 万美元，降幅为 1.73%。糖料及糖类的进口总额占
加拿大农产品对外贸易进口总额的 2.57%。

表 7 - 36　糖料及糖类进口贸易总额

单位：万美元

年份	进口额	年份	进口额
1999	54 443.37	2009	101 109.60
2000	57 568.66	2010	121 538.88
2001	63 752.70	2011	153 129.38
2002	58 714.28	2012	140 580.67
2003	67 771.46	2013	131 218.28
2004	66 935.56	2014	134 201.62
2005	75 793.36	2015	118 036.90
2006	90 547.11	2016	135 396.05
2007	88 457.63	2017	135 824.22
2008	98 933.05	2018	131 879.87

数据来源：UNComtrade 网站。

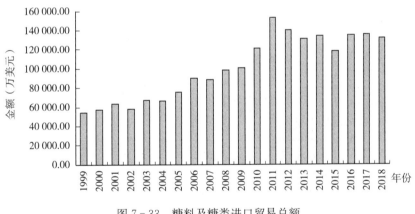

图 7 - 33　糖料及糖类进口贸易总额

（十一）油籽

加拿大对外贸易进口总额排名第十一的农产品是油籽，1999—2018 年，这 20 年间由 36 347.57 万美元增长至 160 939.60 万美元。从表 7 - 37 和图 7 - 34 可见，2014—2018 年油籽的进口总额波动上涨，由 134 795.68 万美元增长至 160 939.6 万美元，增幅达 19.4％。油籽的进口总额占加拿大农产品对外贸易进口总额的 2.71％。

表 7 - 37　油籽进口贸易总额

单位：万美元

年份	进口额	年份	进口额
1999	36 347.57	2009	87 531.53
2000	36 311.34	2010	85 206.22
2001	43 770.27	2011	104 911.77
2002	47 492.95	2012	119 909.92
2003	51 905.07	2013	122 144.75
2004	56 108.18	2014	134 795.68
2005	53 231.22	2015	130 738.53
2006	54 134.37	2016	126 123.32
2007	61 683.45	2017	139 400.15
2008	90 807.77	2018	160 939.60

数据来源：UNComtrade 网站。

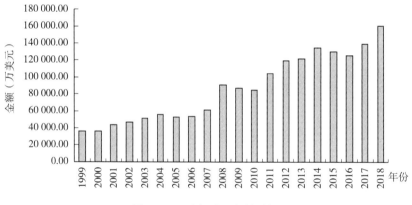

图 7 - 34　油籽进口贸易总额

（十二）植物油

加拿大对外贸易进口总额排名第十二的农产品是植物油，1999—2018 年，这 20 年间由 16 445.96 万美元增长至 62 643.26 万美元。从表 7 - 38 和图 7 - 35 可见，植物油的进口总额于 2012 年达到最高值，为 64 929.28 万美元。2014—2018 年，植物油的进口总额波动上涨，由 58 827.91 万美元增长至 62 643.26 万美元，增幅为 6.49％。植物油的进口总额占加拿大农产品对外贸易进口总额的 1.14％。

表 7-38 植物油进口贸易总额

单位：万美元

年份	进口额	年份	进口额
1999	16 445.96	2009	57 562.44
2000	19 518.93	2010	63 417.49
2001	16 914.07	2011	57 305.18
2002	20 388.67	2012	64 929.28
2003	24 710.83	2013	60 314.88
2004	30 878.16	2014	58 827.91
2005	33 412.38	2015	54 822.71
2006	40 225.60	2016	57 321.24
2007	52 491.82	2017	57 406.11
2008	60 296.83	2018	62 643.26

数据来源：UNComtrade 网站。

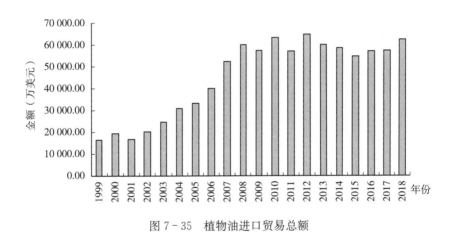

图 7-35 植物油进口贸易总额

（十三）花卉

加拿大对外贸易进口总额排名第十三的农产品是花卉，1999—2018 年，这 20 年间由 20 385.04 万美元增长至 42 204.68 万美元。从表 7-39 和图 7-36 可见，2014—2018 年花卉的进口总额波动上涨，由 40 317.68 万美元增长至 42 204.68 万美元，增幅为 4.68%。花卉的进口总额占加拿大农产品对外贸易进口总额的 0.78%。

表 7 - 39 花卉进口贸易总额

单位: 万美元

年份	进口额	年份	进口额
1999	20 385.04	2009	34 194.84
2000	21 463.74	2010	35 872.62
2001	22 525.27	2011	36 739.44
2002	22 843.24	2012	38 994.25
2003	24 892.55	2013	40 621.57
2004	27 602.24	2014	40 317.68
2005	29 851.90	2015	38 265.78
2006	31 812.39	2016	37 665.05
2007	35 382.65	2017	40 925.59
2008	36 306.99	2018	42 204.68

数据来源: UNComtrade 网站。

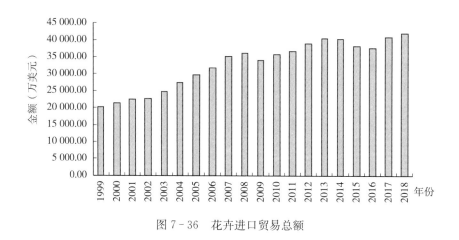

图 7 - 36 花卉进口贸易总额

(十四) 饼粕

加拿大对外贸易进口总额排名第十四的农产品是饼粕, 1999—2018 年, 这 20 年间由 13 272.45 万美元增长至 37 117.38 万美元。从表 7 - 40 和图 7 - 37 可见, 2014 年饼粕的进口总额达到最高值。2014 年后, 饼粕的进口总额波动下降, 由 50 505.81 万美元减少到 37 117.38 万美元, 降幅达 26.51%。饼粕的进口总额占加拿大农产品对外贸易进口总额的 0.71%。

表 7-40 饼粕进口贸易总额

单位：万美元

年份	进口额	年份	进口额
1999	13 272.45	2009	41 026.43
2000	15 753.69	2010	35 371.04
2001	19 660.41	2011	37 641.76
2002	20 658.91	2012	46 470.51
2003	23 603.23	2013	44 137.28
2004	29 862.08	2014	50 505.81
2005	23 260.61	2015	32 840.49
2006	26 875.36	2016	28 539.11
2007	33 456.61	2017	32 334.75
2008	44 864.14	2018	37 117.38

数据来源：UNComtrade 网站。

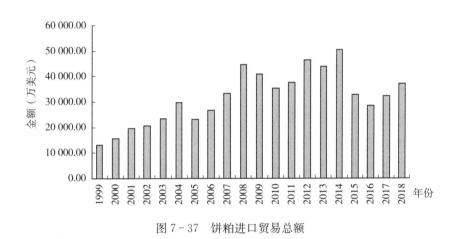

图 7-37 饼粕进口贸易总额

（十五）棉麻丝

加拿大对外贸易进口总额排名第十五的农产品是棉麻丝，1999—2018 年，这 20 年间由 12 901.57 万美元增长至 13 632.51 万美元。从表 7-41 和图 7-38 可见，棉麻丝的进口总额呈现波动下降趋势。2014—2018 年棉麻丝的进口总额略有上涨，由 11 254.14 万美元增长至 13 632.51 万美元，增幅达 21.13%。棉麻丝的进口总额仅占加拿大农产品对外贸易进口总额的 0.23%。

表 7 - 41　棉麻丝进口贸易总额

单位：万美元

年份	进口额	年份	进口额
1999	12 901.57	2009	7 724.61
2000	15 235.76	2010	8 698.71
2001	15 344.11	2011	11 606.86
2002	12 942.21	2012	12 886.15
2003	16 078.21	2013	11 350.93
2004	15 197.12	2014	11 254.14
2005	11 694.62	2015	12 255.24
2006	9 448.79	2016	12 069.85
2007	8 129.40	2017	8 202.26
2008	7 472.23	2018	13 632.51

数据来源：UNComtrade 网站。

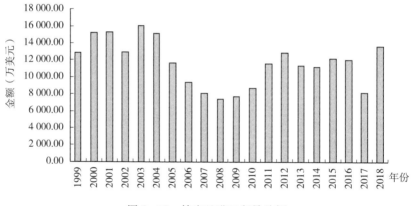

图 7 - 38　棉麻丝进口贸易总额

（十六）干豆（不含大豆）

加拿大对外贸易进口总额排名第十六的农产品是干豆（不含大豆），1999—2018 年，这 20 年间由 5 382.87 万美元增长至 18 042.68 万美元。从表 7 - 42 和图 7 - 39 可见，2014—2018 年干豆（不含大豆）的进口总额波动上涨，由 14 955.24 万美元增加到 18 042.68 万美元，增幅达 20.64%。干豆（不含大豆）的进口总额占加拿大农产品对外贸易进口总额的 0.37%。

表7-42 干豆（不含大豆）进口贸易总额

单位：万美元

年份	进口额	年份	进口额
1999	5 382.87	2009	8 292.06
2000	4 103.35	2010	10 499.13
2001	3 683.01	2011	11 008.57
2002	4 799.36	2012	11 981.41
2003	4 286.63	2013	13 017.91
2004	3 807.54	2014	14 955.24
2005	5 426.55	2015	15 434.21
2006	5 970.04	2016	20 766.04
2007	5 953.39	2017	24 925.75
2008	8 359.75	2018	18 042.68

数据来源：UNComtrade网站。

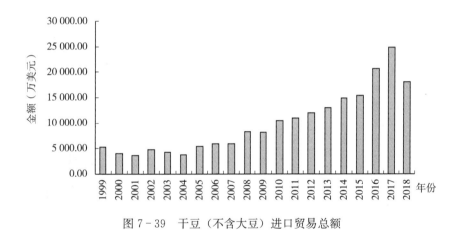

图7-39 干豆（不含大豆）进口贸易总额

（十七）调味香料

加拿大对外贸易进口总额排名第十七的农产品是调味香料，1999—2018年，这20年间由2 699.85万美元增长至16 224.25万美元。从表7-43和图7-40可见，2014—2018年调味香料的进口总额波动上涨，由11 841.64万美元增长至16 224.25万美元，增幅达37.01%。调味香料的进口总额占加拿大农产品对外贸易进口总额的0.24%。

表 7 - 43　调味香料进口贸易总额

单位：万美元

年份	进口额	年份	进口额
1999	2 699.85	2009	6 096.32
2000	2 711.26	2010	7 278.96
2001	3 067.99	2011	7 036.99
2002	3 111.01	2012	7 034.21
2003	4 603.75	2013	8 827.73
2004	5 220.86	2014	11 841.64
2005	4 037.94	2015	10 203.71
2006	4 290.51	2016	10 684.80
2007	5 233.09	2017	12 476.94
2008	6 281.40	2018	16 224.25

数据来源：UNComtrade 网站。

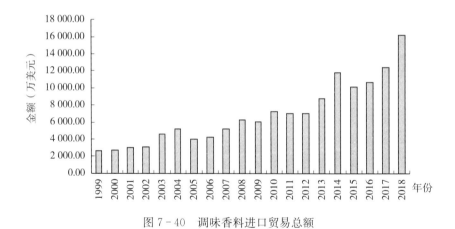

图 7 - 40　调味香料进口贸易总额

（十八）精油

　　加拿大对外贸易进口总额排名第十八的农产品是精油，1999—2018 年，这 20 年间由 3 291.90 万美元增长至 16 324.87 万美元。从表 7 - 44 和图 7 - 41 可见，精油的进口总额于 2013 年后大幅上涨。2014—2018 年，精油的进口总额由 10 986.33 万美元增长至 16 324.87 万美元，增幅达 48.59%。精油的进口总额占加拿大农产品对外贸易进口总额的 0.27%。

表 7 - 44 精油进口贸易总额

单位：万美元

年份	进口额	年份	进口额
1999	3 291.90	2009	4 248.10
2000	3 657.37	2010	5 393.14
2001	3 421.60	2011	6 306.73
2002	4 081.77	2012	5 920.76
2003	4 065.22	2013	7 164.67
2004	3 570.51	2014	10 986.33
2005	3 662.84	2015	11 784.87
2006	3 462.94	2016	13 095.50
2007	4 087.60	2017	17 067.15
2008	4 987.76	2018	16 324.87

数据来源：UNComtrade 网站。

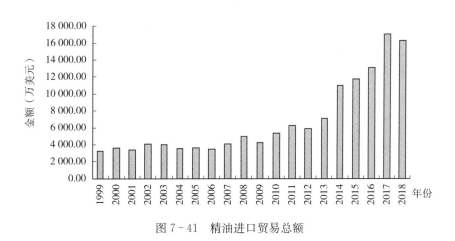

图 7 - 41 精油进口贸易总额

（十九）药材

加拿大对外贸易进口总额排名第十九的农产品是药材，1999—2018 年，这 20 年间由 3 155.13 万美元增长至 9 435.59 万美元。从表 7 - 45 和图 7 - 42 可见，2014—2018 年药材的进口总额波动上升，由 9 063.85 万美元增长至 9 435.59 万美元，增幅为 4.1%。药材的进口总额占加拿大农产品对外贸易进口总额的 0.18%。

表 7 - 45　药材进口贸易总额

单位：万美元

年份	进口额	年份	进口额
1999	3 155.13	2009	6 733.26
2000	3 267.82	2010	7 111.70
2001	3 383.38	2011	8 333.44
2002	3 605.69	2012	8 460.72
2003	4 264.38	2013	9 031.92
2004	4 652.84	2014	9 063.85
2005	5 233.75	2015	9 397.49
2006	5 676.06	2016	9 204.17
2007	5 088.46	2017	9 349.83
2008	6 344.02	2018	9 435.59

数据来源：UNComtrade 网站。

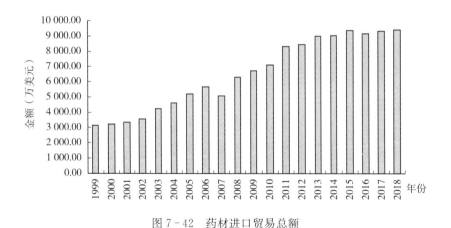

图 7 - 42　药材进口贸易总额

（二十）粮食（薯类）

在加拿大对外贸易进口总额中，粮食（薯类）的进口总额最少，1999—2018 年，这 20 年间由 1 807.33 万美元增长至 10 417.64 万美元。从表 7 - 46 和图 7 - 43 可见，2014—2018 年粮食（薯类）的进口总额逐年上升，由 9 056.32 万美元增长至 10 417.64 万美元，增幅为 15.03%。粮食（薯类）的进口总额占加拿大农产品对外贸易进口总额的 0.19%。

表 7-46　粮食（薯类）进口贸易总额

单位：万美元

年份	进口额	年份	进口额
1999	1 807.33	2009	5 599.53
2000	1 939.96	2010	6 699.65
2001	2 084.50	2011	7 618.50
2002	2 199.48	2012	8 527.09
2003	2 475.17	2013	8 207.81
2004	2 811.29	2014	9 056.32
2005	3 127.05	2015	9 420.04
2006	3 610.58	2016	9 917.87
2007	4 270.70	2017	9 949.15
2008	5 007.97	2018	10 417.64

数据来源：UNComtrade 网站。

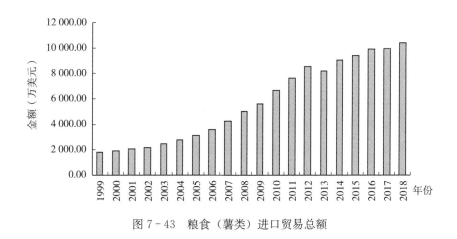

图 7-43　粮食（薯类）进口贸易总额

三、进口的市场结构

加拿大在扩大农产品出口的同时，进口幅度也有所增加，且进口增加幅度略大于出口，但增长速度也较为缓慢。

加拿大农产品进口占加拿大对外贸易进口总额的比重较低，2014 年仅占 11.19％，2018 年增加到 11.49％。同出口农产品情况相似，加拿大进口农产品主要来源于美国，但是近 5 年来占比逐渐减少，从 2014 年的 48.47％降至 2018 年的 46.34％，虽然 2015 年突破 50％，但是总体仍然呈现递减趋势。可以看出，加拿大除了美国市场外，还有世界其他区域的广大市场空间。

加拿大近5年来农产品主要进口国家分布状况见表7-47。从加拿大农产品主要进口国家分布状况来看，美国仍然是加拿大农产品进口的第一大国，多年来占加拿大进口农产品总额的45%以上；墨西哥作为加拿大第二大农产品进口国，虽然进口总额逐年增加，但是占比与美国相差较大；中国作为加拿大第三大农产品进口国，近年来进口总额逐年增加，超过3%；意大利和法国的进口总额较为相近，2018年进口占比分别为2.59%和2.43%；印度、德国和荷兰的进口总额占比较少，仅有印度超过1%。

表7-47　加拿大农产品主要进口国家分布状况

单位：万美元、%

国家	2014年		2015年		2016年		2017年		2018年	
	进口额	比重	进口额	比重	进口额	比重	进口额	比重	进口额	比重
对外进口贸易总额	5 180 360.90		4 986 208.18		4 930 101.81		5 111 900.61		5 282 517.73	
美国	2 901 937	48.47	2 940 149	51.64	2 737 184	48.84	2 872 399	48.62	2 818 882	46.34
墨西哥	189 081	3.16	190 418	3.34	212 321	3.79	239 786	4.06	246 523	4.05
中国	177 939	2.97	168 804	2.96	170 427	3.04	177 253	3.00	189 653	3.12
意大利	134 966	2.25	127 342	2.24	133 209	2.38	145 800	2.47	157 599	2.59
法国	132 596	2.21	120 382	2.11	121 863	2.17	133 481	2.26	147 934	2.43
印度	61 044	1.02	57 965	1.02	49 711	0.89	62 850	1.06	66 426	1.09
德国	54 087	0.90	46 148	0.81	44 754	0.80	48 102	0.81	50 770	0.83
荷兰	38 178	0.64	36 057	0.63	37 701	0.67	41 748	0.71	45 096	0.74
八国合计	3 651 653	61.63	3 651 208	64.76	3 469 471	62.57	3 679 674	62.99	3 677 789	61.19

数据来源：UNComtrade网站。

第四节　农产品贸易竞争力分析

一、农产品国际竞争力的测算方法

国际竞争力实质上是对国际市场份额的争夺，国际上评价农产品竞争力的方法很多，主要有显示性比较优势指数法（RCA）、出口增长率评价法、国内资源成本系数法（DRC）、相对贸易优势评价法（RTA）、国际市场占有率评价法、净出口贸易指数法（NET）等，这些方法从出口规模、净出口状况、

市场份额、价格、生产成本等不同角度对农产品竞争力进行测算，对分析一国
或地区的农产品竞争力都具有较好的应用价值。鉴于数据资料的可获得性，运
用显示性比较优势指数法（RCA）、净出口贸易指数法（NET）、国际市场占
有率评价法对加拿大农产品的国际竞争力水平进行评价分析。

（一）显示性比较优势指数（RCA）

显示性比较优势指数（RCA）是指一国某种商品出口占其出口总值的份
额与世界贸易中该类商品出口占世界出口份额的比率。它剔除了一国总量波动
和世界总量波动的影响，较好地反映了一国某商品出口的相对比较优势。其计
算公式为：

$$RCA_{ij} = \frac{X_{ij}/X_{it}}{X_{wj}/X_{wt}}$$

式中：RCA_{ij} 为 i 国或地区的 j 产品的显示性比较优势指数；

X_{ij} 为 i 国或地区的 j 产品的出口额；

X_{it} 为 i 国或地区的全部产品出口额；

X_{wj} 为 j 产品的世界出口额；

X_{wt} 为世界全部商品的出口额。

一般认为，RCA 值大于 1，表明该产品具有比较优势，RCA 值越大，竞
争力越强；RCA 值小于 1，则该国在 j 种商品上没有竞争优势；RCA 值越小，
劣势越明显。

（二）净出口贸易指数（NET）

净出口贸易指数（NET），也叫贸易竞争力指数，是指一国某商品的净出
口与该商品的进出口总额之比。可用公式表示为：

$$NET_{ij} = \frac{E_{ij} - I_{ij}}{E_{ij} + I_{ij}}$$

式中：NET_{ij} 表示 i 国或地区的 j 商品的贸易竞争力指数；

E_{ij} 为 i 国或地区的 j 商品的出口额；

I_{ij} 表示 i 国或地区的 j 商品的进口额。

该指标的值介于 -1 和 1 之间，如果 NET_{ij} 为 -1，表示该产品只进口不
出口，是完全进口专业化的贸易格局；如果 NET_{ij} 为 $+1$，表示该产品只出口

不进口，是完全出口专业化的贸易格局；如果 NET_{ij} 为 0，则表示该产品在国际市场上完全是产品交换。当该值大于 0 时，说明该产品具有竞争力，越接近 1 竞争力越强；当该值小于 0 时，说明该产品不具有竞争力，越接近 -1 竞争力越弱。

（三）国际市场占有率

国际市场占有率指一国或地区某种商品出口额占世界该商品出口总额的比例。可以用公式表示为：

$$M_{ij} = \frac{X_{ij}}{X_j} \times 100\%$$

式中：M_{ij} 是 i 国或地区 j 种商品的国际市场占有率；

X_{ij} 表示 i 国或地区 j 种商品的出口额；

X_j 表示世界 j 种商品的出口额。

该指标反映了某国或地区某种产品出口在国际市场上所占的比例。M_{ij} 值越大，表明该产品出口规模越大，国际竞争力越强；M_{ij} 值越小，表明该产品出口规模越小，国际竞争力越弱。

二、主要农产品国际竞争力

（一）畜产品

加拿大的肉类产品来自质量最好的家畜，得到了世界各国的青睐。加拿大的高标准家畜保健、科学的家畜养护和饲养系统、先进的加工技术，使加拿大的肉类加工业能够向客户提供安全美味的肉类食品，无论是鲜切、冷冻或用于熬汤以及做菜的肉类食品均是如此。

牛肉是加拿大人的主要食品之一，牛肉生产是加拿大西部的重要产业。加拿大牛肉产业以其现代化的生产和加工科技使其在外销市场上更具竞争力。

大麦是高品质的肉牛饲料，大部分的加拿大牛肉来自世界最大的大麦产地之一的加拿大西部。而加拿大牛肉生产量日渐成长的原因之一，是越来越多的谷物在其出产地即被用来生产肉类，而非出口到海外。进口的玉米亦被用来当作饲料原料，尤其是在加拿大的东部和中部。

从表 7-48 可以看出，畜产品作为加拿大出口最多的农产品，五年来国际市场占有率逐年下降,由 3.69% 减少到 3.21%;从显示性比较优势指数(RCA)看,五年间畜产品的 RCA 均小于 1,且呈现波动下降的趋势,不具有国际竞争力;从净出口贸易指数来看(NET),五年间畜产品的 NET 均大于 0,具有国际竞争力,但是国际竞争力较弱。

表 7 - 48 　加拿大畜产品出口竞争力指数

年份	RCA	NET	国际市场占有率(%)
2014	0.79	0.30	3.69
2015	0.74	0.26	3.66
2016	0.75	0.27	3.58
2017	0.70	0.28	3.28
2018	0.69	0.28	3.21

数据来源:由 UNComtrade 网站相关数据计算整理得出。

(二)谷物

加拿大每年有机食品出口创汇近 0.65 亿加元,其中出口量最大的作物小麦创汇约 0.14 亿加元。加拿大有机产业的目标是到 2010 年占有加拿大零售市场份额的 10%。

从表 7 - 49 可以看出,五年来谷物国际市场占有率有所减少,由 11.15% 减少到 9.63%;从显示性比较优势指数(RCA)看,五年间谷物的 RCA 均大于 1,具有比较优势,但是国际竞争力处于波动下滑的趋势;从净出口贸易指数来看(NET),五年间谷物的 NET 均大于 0,说明该产品具有国际竞争力。

表 7 - 49 　加拿大谷物出口竞争力指数

年份	RCA	NET	国际市场占有率(%)
2014	2.38	0.72	11.15
2015	2.17	0.69	10.66
2016	1.91	0.65	9.08
2017	2.11	0.68	9.81
2018	2.08	0.67	9.63

数据来源:由 UNComtrade 网站相关数据计算整理得出。

(三)油籽

加拿大出口一流品质的谷物、油料种子和豆类。它们都经过精心育种、精心栽培、严格检验和认证。从表 7 - 50 可以看出，五年来油籽国际市场占有率有所增加，由 7.57％增加到 7.69％；从显示性比较优势指数（RCA）看，五年间油籽的 RCA 均大于 1，具有比较优势，国际竞争力波动上涨；从净出口贸易指数来看（NET），五年间油籽的 NET 均大于 0，说明该产品具有国际竞争力。

表 7 - 50　加拿大油籽出口竞争力指数

年份	RCA	NET	国际市场占有率（％）
2014	1.61	0.69	7.57
2015	1.56	0.67	7.67
2016	1.74	0.70	8.26
2017	1.72	0.70	8.00
2018	1.66	0.65	7.69

数据来源：由 UNComtrade 网站相关数据计算整理得出。

（四）水产品

加拿大国土辽阔，人口仅有 3 000 多万人，东临大西洋，西临太平洋，北靠北冰洋，三面环海，而内陆也是江河湖泊纵横交错。加拿大的海岸线伸展开来可以绕赤道 6 圈，占世界海岸线全长的 25％。加拿大广阔的国土上还覆盖着 75.5 万平方公里的净水资源，占全球净水面积的 16％，并拥有世界最大的 4 个湖泊。另外，由于加拿大特别注意环境保护，其优质的水质成为开展高品质水产养殖的理想场所，加拿大的水产品不仅营养丰富，而且安全无污染。近年来，中国和加拿大两国间的水产品贸易正逐年递增。

加拿大优质、纯净的水资源培育了包括野生太平洋鲑鱼、不列颠哥伦比亚的青鱼、马尼托巴和安大略淡水湖的大眼鲥鱼和黄鲈鱼、魁北克和亚特兰大区域的龙虾、雪蟹和虾类在内的 160 种海鱼和淡水鱼类以及贝类。渔业资源的周边地区遍布着众多的基础加工厂和高附加值的深加工厂，构成了加拿大完善的水产行业。先进的技术、理想的地理环境及气候因素、与美国毗邻的距离优势使得加拿大的水产业极具竞争力。

从表 7 - 51 可以看出，五年来水产品国际市场占有率波动上涨，由 4.05％增加到 4.5％；从显示性比较优势指数（RCA）看，五年间水产品的 RCA 均小于 1，不具有比较优势；从净出口贸易指数来看（NET），五年间水产品的 NET 均大于 0，说明该产品具有国际竞争力，但国际竞争力较弱。

表 7 - 51 加拿大水产品出口竞争力指数

年份	RCA	NET	国际市场占有率（%）
2014	0.86	0.09	4.05
2015	0.93	0.13	4.55
2016	0.97	0.15	4.61
2017	0.96	0.16	4.49
2018	0.97	0.15	4.50

数据来源：由 UNComtrade 网站相关数据计算整理得出。

（五）蔬菜

加拿大出产传统的花椰菜、胡萝卜、甜辣椒蔬菜种类，同时包括土著蕨菜、马铃薯、甜玉米和青豆在内的外来品种也得到了广泛种植。

加拿大蔬菜产业的定位是满足全球食品消费者的需求和口味。从表 7 - 52 可以看出，五年来蔬菜国际市场占有率逐年上涨，由 4.81% 增加到 5.26%；从显示性比较优势指数（RCA）看，五年间蔬菜的 RCA 均大于 1，具有比较优势；从净出口贸易指数来看（NET），五年间蔬菜的 NET 均小于 0，说明该产品不具有国际竞争力。

表 7 - 52 加拿大蔬菜出口竞争力指数

年份	RCA	NET	国际市场占有率（%）
2014	1.03	−0.26	4.81
2015	1.00	−0.25	4.90
2016	1.04	−0.22	4.92
2017	1.05	−0.21	4.91
2018	1.13	−0.18	5.26

数据来源：由 UNComtrade 网站相关数据计算整理得出。

第五节　农业对外合作政策及其演变

加拿大以贸易立国，奉行自由贸易政策，贸易和投资体制透明度与市场开放度均较高，是全球自由贸易的积极倡导者，贸易依存度长期保持在 50% 以上。21 世纪以来，加拿大货物贸易保持年均 2% 的增长。为吸引外来投资并给加拿大企业开展国际贸易提供便利和支持，加拿大联邦政府出台了一系列促进措施，对外贸易区相关政策是其中的重要组成部分。

一、经贸合作的法律法规

（一）贸易主管部门

全球事务部是加拿大主管国际贸易、外交事务和国际合作的政府部门，其在国际贸易领域的职责是帮助国内企业进入国际市场，占据商业先机，积极促进国内商业活动，以及负责贸易协定的谈判和监督。其宗旨是为国内外企业服务，提供加拿大经济贸易政策信息。

（二）贸易法规体系

加拿大与贸易有关的法律法规主要包括：《海关法》《关税税则》《出口法》《出口发展法》《进出口许可法》《特别进口措施法》《特别进口措施规则》《进口许可证规定》《国际贸易法庭法》《进口货物标识法》《消费者包装与标记法》《贵重金属标识法》《加拿大农产品法》《纺织品标签法》和《纺织品标签及广告法》等。

二、贸易管理制度

（一）税收管理

1. 税则分类和关税待遇

加拿大对进口商品所征关税的税率取决于关税待遇与税则分类。关税待遇由商品的原产地决定，税则分类则依据其用途、功能及内容按协调分类系统实施。《北美自由贸易协定》允许原产地为美国的产品以及大多数原产地为墨西哥的产品免税进入加拿大。美国和墨西哥的本国产品必须配备《北美自由贸易协定》协定国产地的证明，方能享受免税待遇。最惠国关税税则适用于世界贸易组织（WTO）成员的产品。普遍优惠税则（低于前者）适用于WTO成员中的原产地为某些发展中国家的产品。英联邦优惠制适用于所有英联邦的成员国。加拿大签署的国际贸易协定还规定了其他一些关税优惠的税率。此外，英国的优惠关税税则适用于从某些英联邦成员国进口的货品（但英国因参加了欧共体而被排除在外）。在许多情况下，它比最惠国关税的税则更为优惠。

商品在未进口前可向加拿大边境服务局申请获得预先审定手续，这样可确定其原产地的产品是否可以享受某种关税等级规定的特许关税待遇，或是否有资格按某一加拿大国际贸易协定获得优惠税率。至于对来自不同国家的产品征收何种关税，则主要看加拿大对产品原产地实施何种关税待遇。

2. 关税的计算

加拿大对大多数进口产品的关税征收实行从价税率，即按产品价值的百分比征收。对于有些产品则按重量征税，即从量税，有时也对产品征收混合税。加拿大《海关法》制定有一整套规则来确定进口商品的关税价值，并依照适用的关税税率测算关税额。其方法以 WTO 的估值规则为基准。按照《海关法》，关税估算的首要依据为商品的成交价格（即根据海关法规定调整后的，已支付的或者应支付的，向加拿大出口的商品在出口前与之相关联交易的成交价格）。如果不能采用成交价格，《海关法》另外规定了变通办法计算。

3. 主要进出口产品关税税率

加拿大倡导自由贸易，所有商品均无出口关税，但对特定商品实行出口许可证制度管理；目前平均进口关税为 4.3%，加拿大主要征税进口农产品及税率如表 7 - 53 所示。

表 7 - 53　加拿大主要农产品进口关税税率

产品类别	最惠国进口关税税率
乳制品	7.5%～298%
木材、鲜花	6%
水果、蔬菜	4%～12.5%
烟草	2.5%～12.5%
谷物及其他	21%～49%
盐	2.50%
糖和糖果	3.5%～12.5%
饮料	6.5%～11%
皮革及鞋类制品	11%～20%

（二）进出口管理

1. 进口控制

根据《进出口许可法》，加拿大边境服务署负责按照进口控制清单对进口产品实行监控。进口控制清单通常包括产品清单，其中仅对特定国家和地区一些产品实行控制，进口控制清单中的所有产品都需要获得进口许可。目前实行进口控制的产品主要是各种农产品（肉、谷物、家禽、蛋以及奶制品）、纺织品及服装类、特定的钢铁产品以及武器及军需品、有毒化学物质等。

（1）农产品。加拿大自 1995 年起对部分农产品实行关税配额管理制度。其中，大麦及其制成品、小麦及其制成品、部分人造黄油、部分乳制品按照"先到先得"的原则，由加拿大全球事务部签发一般进口许可证；其他受关税配额限制的农产品，必须事先向全球事务部申请一般进口许可证。

（2）纺织品与服装。自 2005 年 4 月 1 日起，只有来自美国、墨西哥、智利、哥斯达黎加、洪都拉斯的享受优惠关税的服装及纺织品需要特定进口许可证。非优惠关税的进口服装与纺织品不再需要进口许可证。

（3）钢铁产品。加拿大对钢铁产品的进口实施监测计划，碳钢产品和特种钢产品被列入进口控制清单。

（4）禁止进口品。加拿大禁止进口淫秽、叛国、妨碍治安的宣传资料或儿童色情读物；旧车或二手车（自美国进口的除外）；二手航空器；假币；某些品种的鸟；白鹭、白鹭羽毛以及其他某些羽毛；旧床垫或二手床垫；监狱囚犯生产的产品；再版受著作权保护的加拿大书籍；白磷制成的火柴；标注虚假来源地的产品等。

2. 原产地规则

加拿大的原产地证明主要有三大类：第一类为自由贸易协定国的原产地证明；第二类为原产地证明格式 A 或者出口商关于原产地的声明，适用于普遍优惠关税以及最不发达国家关税涉及的除纺织品和服装外的产品；第三类为原产地证明格式 B255，适用于从最不发达国家进口的纺织品及服装的原产地证明。如果海关官员要求，进口商应出示进口产品的原产地证明。

3. 出口管理制度

根据加拿大《进出口许可法》的规定，加拿大政府对部分产品和地区实行出口控制，出口受控的产品或向受控地区出口产品均需获得出口许可证。目前，出口控制清单分为出口产品控制清单、出口地区控制清单和控制武器出口国家清单。

根据加拿大全球事务部公布的出口产品控制清单，有七类物项需要出口许可。第一类：两用物项及技术；第二类：军需品（军火）及技术；第三类：核不扩散类产品及技术；第四类：与核相关的两用品及技术；第五类：多种产品和技术（包括医用产品、林木产品、农产品及食品、服装、车辆、外国原产产品及技术、激光致盲武器、核聚变反应堆、地雷、战略物品及技术、特定用途产品和技术等）；第六类：导弹技术控制产品及技术；第七类：不可扩散的化学和生物武器。

（三）进出口商品检验检疫

加拿大作为一个工业化国家，其市场管理的特征之一就是从产品制造到销售建立了一套完善的质量保障及监督制度。该制度适用于整个市场，无论本地或进口产品。与检验检疫有关的法律法规主要有：《食品与药物法》《危险品法》《肉类检验法》《鱼类检验法》《动物卫生法》和《野生动植物贸易规定》等。以下仅涉及与进口产品有关的商品检验制度。

1. 商业用产品

多属于制造商从国外进口所需设备和零部件，用于生产下游商品，不直接进入消费品市场。此类产品均按有关行业的国际标准生产，并经过认证。加拿大政府不介入此类产品的质量检验。但如进口危险原料产品，则需要政府检验部门批准。

2. 消费类产品

此类产品进口后直接进入加拿大国内市场，加拿大对此类产品制定了严格的检验标准和程序，其中：

（1）家用电器。进口商必须确保此类产品获得北美主要质量标准机构的认证。

（2）农渔产品、食品、动植物等。须符合《食品和药物法》。进口商负责确保此类产品获得加拿大食品检验局的检验标准。加拿大食品检验检疫署在网站上提供一站式进出口检验检疫要求查询服务系统，进出口商可通过输入产品海关协调码等直接查询具体商品的进出口检验检疫要求。

（3）具有潜在危险的产品。指可能有化学、机械和电子危险及易燃易爆的产品，如玩具、儿童家具、含有毒油漆制品、打火机等。进口商在市场销售此类产品之前需向加拿大政府检验部门出具符合产品安全标准的证明文件，由加拿大卫生部产品安全局依据《危险产品法》负责实施。

三、贸易便利化

加拿大贸易便利化办公室是为协助企业开拓发展中国家市场而建立的享受部分政府拨款的非营利机构，定期发布贸易信息和市场开拓建议，为企业提供产品设计和市场开发等方面的业务培训，在全球 40 多个国家和地区有合作伙伴。

加拿大贸易便利化情况。由表 7-54 可见，近 5 年来，进出口加拿大需要的文件数量皆为 3 份，其中出口需要耗费 8 天时间，进口需要耗费 10 天时间；进出口边境合规时间始终为 2 小时，进出口文件合规时间始终为 1 小时；出口边境合规成本为 167 美元，文件合规成本为 156 美元；进口边境合规成本为 172 美元，文件合规成本为 163 美元；进出口交货时间逐渐增多，其中出口时间由 1 天增加至 4 天，进口时间由 2 天增加至 5 天。

从物流绩效来看，各项指数均有所下降。清关手续的效率于 2015—2016 年由 3.61 增长到 3.95，2018 年下降到 3.6；贸易和运输相关基础设施的质量于 2015—2016 年由 4.05 增长到 4.14，2018 年下降到 3.75；安排具有价格竞争力的海运的难易度于 2015—2016 年由 3.46 增长到 3.56，2018 年下降到 3.38；物流服务的能力和质量于 2015—2016 年由 3.64 上升到 3.9；货物在预定或预期的时间内到达收货人的频率于 2015—2016 年由 4.18 下降到 4.01，2018 年减少至 3.96；追踪查询货物的能力于 2015—2016 年由 3.97 增长到 4.1，2018 年下降到 3.81；综合分数于 2015—2016 年由 3.86 增长到 3.93，2018 年下降到 3.73。

表 7-54　加拿大贸易便利化指数

指标		2014 年	2015 年	2016 年	2017 年	2018 年
需要的文件数量（个）	出口	3	3	3	3	3
	进口	3	3	3	3	3
耗费时间（天）	出口	8	8	8	8	8
	进口	10	10	10	10	10
出口时间（小时）	边境合规	2	2	2	2	2
	文件合规	1	1	1	1	1
进口时间（小时）	边境合规	2	2	2	2	2
	文件合规	1	1	1	1	1

（续）

指标		2014 年	2015 年	2016 年	2017 年	2018 年
出口成本 （美元）	边境合规	167	167	167	167	167
	文件合规	156	156	156	156	156
进口成本 （美元）	边境合规	172	172	172	172	172
	文件合规	163	163	163	163	163
交货时间，中 位数（天）	出口	1	1	2	2	4
	进口	2	2	2	2	5
物流绩效指数 （1＝很低 至 5＝很高）	清关手续的效率	3.61	3.61	3.95	3.95	3.6
	贸易和运输相关基础设施的质量	4.05	4.05	4.14	4.14	3.75
	安排具有价格竞争力的 海运的难易度	3.46	3.46	3.56	3.56	3.38
	物流服务的能力和质量	3.64	3.64	3.9	3.9	3.9
	货物在预定或预期的时间内 到达收货人的频率	4.18	4.18	4.01	4.01	3.96
	追踪查询货物的能力	3.97	3.97	4.1	4.1	3.81
	综合分数	3.86	3.86	3.93	3.93	3.73

数据来源：世界银行。

第八章 CHAPTER 8
加拿大农业经济及其管理 ▶▶▶

第一节 农业经济发展史

一、殖民地时期

1867 年 7 月加拿大联邦建立后，加拿大立即开始着手统一北美大陆的事宜，在 1869—1873 年迅速完成了从海洋到海洋的领土扩张。在此之后，加拿大开始西部移民和开发的工作。实际上，加拿大第一届政府就已经采取了一些鼓励移民和开发加拿大西部的措施。

19 世纪 70 年代，联邦政府与印第安部落签订一系列条约，迫使印第安人转让土地所有权，迁入加拿大为之建立的保留地。

1872 年，联邦政府颁布自治领土地法令，规定移民只要缴纳少许登记费，就可以免费申请 65 公顷的土地，移民如能连续三年缴纳移民税，就可以成为这块土地的主人，而且还能够拥有对邻近土地的优先购买权。这是效仿美国实施鼓励移民的措施。此后在第一届政府的任期内继续鼓励向西部移民和开发。19 世纪 70 年代，一大批移民从安大略移民马尼托巴。随着太平洋铁路的修建，马尼托巴和萨斯喀彻温出现了短暂的土地繁荣。1871—1891 年，马尼托巴的人口从原来的 25 208 人猛增至 152 506 人。

但是与美国相比，加拿大西部气候寒冷，农业耕作十分困难，移民生活环境十分艰苦。而与此同时，美国内战后经济繁荣，不论是农业还是工业都飞速发展。这就吸引移民从加拿大又迁居美国，甚至加拿大本国居民也有不少南下。1871—1891 年，加拿大外国移民总计 125.6 万人，而同期离开加拿大到美国的居民却达到 154.6 万人，加拿大人口不但没有增加反而减少了约 30 万人。到 1891 年，马尼托巴和西北地区的居民只有约 25 万人，此时加拿大西部仍然是荒芜之地，不具备开发的条件。

二、西部开发的繁荣时期

（一）西部农业发展的内外部条件

到了 19 世纪末期 1896—1911 年，加拿大西部开发进入了一个繁荣时期。这一时期世界贸易从经济危机中解放出来，同时英国和西欧各国工厂迅速发展，使得许多城镇对北美的农产品需求日益增加。此时美国西部开发已经接近尾声，最肥沃的土地已经开发完毕，剩下的土地在农业上已经无开垦价值，而加拿大则还保留着最好的西部土地，因此移民开始源源不断涌入加拿大西部。这样加拿大西部草原地区逐渐被开垦出来，成为出产小麦的良田，大量谷物通过太平洋铁路源源不断东运。

加拿大西部移民成功的一个因素就是农耕方法的改善和小麦新品种的推广。加拿大草原地区属于干旱半干旱地区，降水量很少，因此首先需要一套适应干旱地区农作物的种植方法。这就要求大面积的农场要依靠规模经营来取胜。对于加拿大草原地区冬季干旱、早寒问题的解决则是通过引进优良的小麦品种实现的。1908 年，一种马奎斯小麦的优良品种引入加拿大西部，使得小麦的生长期缩短到 100 天，避免了早寒对小麦的影响，仅仅这一项技术就使得小麦种植向北部扩张了数千公顷。

此外，政府积极推行第一届政府的政策，积极吸引移民到加拿大，并在英国、美国和欧洲设立了移民机构，负责组织宣传移民活动和负责处理移民事务。同时自治领继续推行过去的土地政策，草原地区的农场土地划分为 259 公顷一块，对零散的土地则以稍微低的价格出售。

（二）西部农业的繁荣

在各种因素的作用下，加拿大出现了移民高潮。1896 年至第一次世界大战期间，加拿大接纳了约 250 万移民，其中来自欧洲约 50 万人，来自美国约 75 万人，来自英国约 100 万人。在移民高峰时期的 1901—1911 年，自治领人口从 500 万人左右增加到 700 万人左右，增加了 1/3 还多。

随着移民的涌入，加拿大西部得到迅速发展。铁路得以修筑，城镇兴盛起来，里贾纳、卡尔加里、埃德蒙顿等成为地区经济中心。加拿大西部成为向世界各地输出粮食的谷仓。据统计，1901 年加拿大全国小麦产量 151.24 万吨，到 1912 年猛增到 628.69 万吨，10 年中加拿大农业产值增加了 8%，小麦成为加拿大主要出口商品，加拿大西部成为世界上最大的产粮区。

1990—2003 年上半年，加拿大农产品贸易持续增长，2003 年出口额达 244 亿加元，占全球农产品出口总额的 3.3%，居世界第四位；进口额 206 亿加元，占全球农产品进口总额的 2.7%，居世界第五位。

三、近现代时期

加拿大联邦和各省政府对农业及农业食品的发展十分重视，制定了一系列政策、措施，并且每年投入大量资金以保证农民的正常收入，促进农业的稳定发展。2004—2005 年，加拿大联邦、省级政府对农业投入资金达 73 亿加元，占加拿大农业国内生产总值的 41%，接近历史最高水平。根据协议，联邦和省政府出资额度分别为 53% 和 39%，其余部分来自非政府组织。上述资金由联邦、各省政府统一调拨，共同管理。联邦政府支持农业的资金主要包括以下方面：支付农业保险项目（57.2%）、科研与检验（20.8%）、农业发展及与贸易有关的项目（7.4%）、运作资金（7.3%）、库存和运输（0.3%）。各省政府对农业的资金支持项目与联邦政府类似，但数量要少得多。

自 2003 年 5 月以来，受疯牛病、干旱、蝗虫灾害、加元升值以及油价上涨等因素的影响，加拿大农业产品出口遭受重挫，出口全球份额连年降至 3% 以下。虽然自 2005 年 5 月起，美国、日本等国相继部分恢复对加拿大牛肉进口，但加拿大出口形势并未从根本上得到好转，出口增长幅度明显放缓。2005 年加拿大农产品出口 262.2 亿加元，比上年减少 1.2%；进口 211.1 亿加元，比上年增长 3.4%，农产品进出口贸易对加拿大 GDP 的贡献率为 2%。

2011 年农、林、渔业总产值 290.56 亿加元，占国内生产总值的 2.29%。主要种植小麦、大麦、亚麻、燕麦、油菜籽、玉米、饲料用草等作物。2011 年，农业人口 30.6 万人，占全国就业人口的 1.64%。各省生产的农产品不尽相同，不列颠哥伦比亚省主产水果、蔬菜和花卉；西部草原省主产红肉类和谷物；安大略省和魁北克省主产红肉类和乳制品；大西洋省（新不伦瑞克、新斯科舍、纽芬兰-拉布拉多和爱德华王子岛）主产马铃薯和乳制品。加拿大农产品国内消费仅占一半，其余全部用于出口。

四、农业发展的成功经验

（一）通过法律、法规来保护农业

加拿大农产品在国际市场上具有较强的竞争力，国家相关机构对农业的保护是一个重要的因素。与其他国家不同的是，加拿大对农业的保护不是靠补贴或关税，而主要通过制定农业的有关法律和法规来体现。例如，早在1912年，国会就通过了《谷物收购和质量检验法》，规定出口小麦的蛋白质含量必须达到13.6%，为保证和提高其小麦品质作出了贡献。1935年，政府制定了《草原农场复兴法》，改良大草原地区的土壤，兴修水利设施，提供技术援助，进一步加强了大草原各省作为国家粮仓的地位。此外，加拿大政府通过制定和完善有关法律法规，来规范农业生产行为。比如为了规范农药的使用和管理，国家卫生部、农业及农业食品部会同渔业海洋部、环境部及自然资源部共同制定了《防虫产品法》，明确规定了农药的注册登记办法，即需要提供的数据、农药用量等，保证农药的使用得到控制。除了贯彻国家相关政策和法规，一些省也制定了规范肥料使用和管理的法规，旨在减少土壤中的残留氮，减轻对水体的污染。

加拿大对农业的干预或扶持政策，都有明确的机构负责实施，联邦和省两级政府也有自己的职责范围：前者负责制定政策（涉及价格稳定、销售、向生产者提供信贷、保险和其他援助等）、农业科学研究、农产品质量标准和地区开发；省级政府主要负责实施有关政策、农业应用研究和推广、咨询等。如加拿大小麦局，它主管小麦的生产、运输、销售各个环节，预测市场情况，执行价格支持政策，向生产者预付谷物的货款，与外国进口商签订出口合同。草原农场复兴管理局是随着《草原农场复兴法》同时设置，为大草原三省的复兴和繁荣也作出了重要的贡献。政府不直接干预农民和企业的生产经营，只是协助农民和企业赢得市场竞争。特别注重扶持中小企业、研究解决生产者提出的共性的困难和问题。总的来说，政府就是通过各种手段和形式服务于生产者和加工企业，使其在市场竞争中占据优势地位。

目前加拿大已经形成以农业法为基础，100多部重要法律为配套的农业法律体系。联邦政府以《加拿大宪法》为基础，制定并实施《农业食品法》，涉及农业的法律还有《农业收入保护法》《农产品营销计划法》《农业改良和营销合作贷款法》《农业债务仲裁法》《农业及农业食品行政处罚法》《饲料法》《肉类检验法》和《种子法》等，从农业生产的各个领域进行规定控制。也就是说对农产品质量安全的规定没有制定专门的法律，而是分散在各个有关法律之中。

（二）执行严格的生产管理制度

加拿大已经建立起较完备的农业生产管理制度。例如，在首都渥太华设有种子生产者协会，各省都有分会，专门管理谷物的良种培育工作。凡是培育良种的农场都必须参加这个协会。同时，该协会又与农业及农业食品部所属的有关科研机构和农业大学保持着密切的联系。这些农场必须按照国家规定的良种繁育程序，只许可繁育一个品种，并且要经过连续 3 年的试种示范，只有各方专家鉴定合格的优良品种才允许到农业及农业食品部登记，由协会发给证书。又如，政府规定，在马铃薯的种薯繁育场周围 30 公里内不许生产普通的食用马铃薯。在种薯生长季节，农业行政部门要对种薯生产地块进行 2～3 次的现场检查。一旦发现某种病害的侵染超过容许的范围，便立即宣布这块种薯地的马铃薯不得留种，只能供食用。在加拿大农业生产中，以各类专业协会为主要形式的中介组织发挥着非常重要的作用，负责生产的技术服务、生产信息的提供、生产的销售、生产者与加工者利益调解、生产过程的衔接等项工作。

（三）重视农业研发投入

加拿大的农业科研有互相密切配合的网络，包括联邦农业及农业食品部、各省（区）农业厅、农业大专院校和工业企业。农业及农业食品部下属的科研局是部里最大和最重要的机构。科研局有 6 个直属研究所，在全国有 52 个研究机构，在各地还有研究站。联邦一级的科研机构侧重于基础理论研究，省级和大专院校、企业的科研则偏重于应用研究。在农业科研的投入方面，加拿大在发达国家中处于较领先的位置，农业科研强度（ARI，即用于农业科研的费用与农业生产总值之比）一直大于 2％。在加拿大联邦一级的自然科学工作者中，从事农业科技的人员最多，约占 28％；在联邦政府对自然科学的总支出中，农业科研的比重约占 12％。

（四）完善的技术体系

加拿大在推广生态保护性农业的过程中也遇到了一些问题，如播种质量差、杂草丛生等。但随着农业技术的推广，轮作制度完善和新型除草剂的不断优化，以及高效施肥播种机、高效喷药机械的研发和推出，特别是新型开沟器、新施肥播种技术的进一步完善，不仅完成了作物留高茬条件下的免耕施肥播种联合作业，且保证了良好的施肥播种质量和出苗率，确保苗齐苗壮，为保护性农业的推广和应用提供了有力的技术与设备支撑。

（五）完备的农技推广和宣传教育体系

加拿大的农业推广体系比较完善，主要在省政府的职责范围内。省政府设置了专门的农业推广机构，有专门的推广人员，与农户面对面进行沟通，了解生产第一线的情况。设置推广中心，由专门的技术人员解决生产问题。除此之外，还会定期或是不定期地出版发行各种农技推广宣传出版物。基层农业技术推广部门每年都通过召开现场观摩会等形式，组织开展保护性技术的宣传和教育。农业科研单位将保护性农业方面的研究成果，如土壤品质情况、技术应用效果等建立数据库，设立查询系统，开展技术宣传。科研和推广机构每年都向农场主寄发宣传资料，开展技术应用调查，并将调查结果通过互联网公布，极大地促进了农业的发展。加拿大的农户知识水平较高，接受新技术能力强，也积极向推广人员反映问题。加拿大有绿色证书培训。绿证培训是"师傅带徒弟"模式，培训者和培训场地固定，注重技能的培训。为了留住进入学校的学生，加拿大把绿证培训引入高中教育，接受培训者可以抵一部分学分并获得资助。这在一定程度上促进了专业技能的推广。

（六）多样化的社会化服务组织

加拿大农业社会化服务组织大体包括：公共服务组织、合作服务组织和经营性服务组织。农民合作社是加拿大农业不可缺少的组成部分，它基本覆盖了与农业相关的生产、食品加工、流通等各个领域，由农户自发共同成立，农户拥有控制权。合作社农户共同商讨并克服农产品生产、销售、经营中的难题，同时交流新技术、新作物或是新的田间管理措施等，还邀请农技推广人员开展问题解答和技术推广工作，提高了农业生产率，促进了农产品品质的提升。此外，加拿大还有很多技术开发和教育科研机构、农民出资开办的专业协会组织、农业服务型的经营性企业等社会化服务组织，也能将各类科研成果及时传送到农民手中。很多协会组织会举办实用技术培训班，通过在岗培训，农户们的实操能力增强，可以熟练掌握各种机器的操作和特定的技能，保证生产流程的正常开展。

第二节 农业经济现状

一、农业经济总体概况

农业和农业食品业是加拿大经济重要组成部分。2017 年农牧业产值 196 亿加元，占 GDP 的 1.1%。可耕地占国土总面积的 16%，已耕地 6 800 万公顷，占国土面积的 7.4%。人均耕地面积 2.14 公顷。农牧业机械化程度高，农牧业从业人数 28 万人，占全国劳动人口的 1.5%。

2018 年农林牧渔业总产值 406 亿加元，占国内生产总值的 2%。主要种植小麦、大麦、亚麻、燕麦、油菜籽、玉米、饲料用草等作物，主要畜产品包括牛肉、猪肉、牛奶和乳制品。加拿大渔业发达，75% 的渔产品出口，是世界最大的渔产品出口国。

（一）农牧业

2017 年底全国牲畜存栏量为牛 1 163 万头，猪 1 433 万头，羊 84 万只；2017 年全国油菜籽产量为 2 131 万吨，小麦 2 998 万吨，大麦 789 万吨，燕麦 372 万吨，大豆 772 万吨，玉米 1 410 万吨。

加拿大是世界第五大农产品出口国，2017 年农牧业产品出口总额约为 627 亿加元，其中小麦 66.1 亿加元，油菜籽 65.5 亿加元，菜籽油 34.3 亿加元，猪肉 32.8 亿加元。

（二）林业

加拿大森林面积居全球第三位。森林及绿化覆盖率约 40%，占世界森林覆盖面积的 10%。约 2.4 亿公顷为木材林，其中 67% 为针叶林（软木），16% 为混合林，11% 为阔叶林。

加拿大拥有的获可持续管理认证的森林占世界的 42%，北部森林占世界的 30%，温带雨林占世界的 25%，湿地占世界的 25%。加拿大 94% 的森林为公有（90% 由省区管辖，4% 为联邦管辖），余下的 6% 森林为私有。加拿大是世界主要软木、新闻纸和木浆出口大国，第五大木板、印刷纸和书写纸出口国。2017 年林产品出口额为 183 亿加元，林业产值为 43.3 亿加元，对加拿大 GDP 贡献率为 0.25%。美国是加拿大林产品的最大进口国，2017 年加拿大对美国出口木材、纸浆等林产品 252 亿加元。木材、纸浆等林业产品也是加拿大对华出口量最大的产品之一，2017 年加拿大对华木材、木浆等出口额约 55 亿加元，占加拿大对华货物贸易出口总额的 23%。

（三）渔业

加拿大外接太平洋、大西洋、北冰洋，内拥五大湖，海岸线长达 24.4 万公里，占世界海岸线的 25%。淡水面积 75 万平方公里，占世界淡水储量的 20%。从不同海域渔业构成来看，大西洋渔业约占渔业总量的 75%，主要产品有龙虾、螃蟹、虾和扇贝；太平洋渔业占 21%，主要产品有鲑鱼、蛤、底层鱼类、鱼和鲱鱼子。淡水渔业占 4%，主要产品有梭鱼、黄鲈、鲑鱼、白斑狗鱼、湖鳟鱼等。

加拿大 85% 的水产品用于出口，2017 年出口的渔产品总值达 68.6 亿加元，是世界第七大渔产品出口国，其中 63% 销往美国。同时，中国超越欧盟成为加拿大海产品第二大出口市场，出口额达 9.6 亿加元，出口最多的品种是龙虾、蟹、虾和三文鱼等。

二、农业区域的分布特征

气候条件的多样性和土壤类型把加拿大分为 4 个主要农业区域：南部地区（即"大草原地区"）、中部地区、太平洋地区和大西洋地区。

南部地区包括艾伯塔、萨斯喀彻温和马尼托巴 3 个省，该地区耕地面积占全部耕地的 80%，土壤类型主要是棕壤和黑土，土壤肥沃，适合发展种植业，但是该地区降水量较少。全国 95% 的小麦和 90% 的大麦来自南部地区，也是加拿大出口粮食的主要产区。

中部地区包括魁北克和安大略 2 个省，该地区降水量适中，主要种植玉米、大豆、燕麦等作物，用于发展畜牧业，是加拿大重要的畜牧业基地。其中位于五大湖地区的安大略省是玉米主产区，此外，这2个省以枫树糖浆闻名于世，是仅次于南部地区的重要农业生产区。

太平洋地区只有1个省，即不列颠哥伦比亚省，大部分是高山和森林，木材蓄积量占全国的2/5，但耕地只占全省面积的2%，农场集中在温哥华岛上。这个省是全国最大的苹果生产基地，此外，花卉、园艺等产品也较重要。东北部的农业和大草原区域的相似，生产粮食、油菜籽和其他一些品种的块根作物和饲草。在广阔的内部中心区，河谷和草场的牧业活动超过了农业活动。南部谷地的干热气候非常适合发展果园和葡萄园。太平洋区域是主要的进出入港口，接近30%的外运载货量是农产品，主要包括草原粮食和农业食品。

大西洋地区各省的农业集中在沿岸地区，它的西部地区多山，主要有养牛业和饲料作物。大西洋区域盛产苹果、越橘等园艺产品，生产的马铃薯是北美上乘的品种。大多数农场主种植经济作物，如水果、蔬菜和饲草，同时养殖猪、肉牛和奶牛。同时，该区域拥有大中型食品加工设施。

三、农业产业结构特征

加拿大国土面积广阔，农业是加拿大经济的重要组成，其农产品在世界贸易中作出了重要贡献。根据加拿大统计局数据，2013年拥有耕地面积6 971.01万公顷，2016年耕地面积减少为6 885.34万公顷，减少了1.22%，由于机械化水平已达到世界前列，耕地面积的减少并未使得农场实际产出值的减少，反而增长了17.89%。根据加拿大统计局的数据，1999年加拿大从事农业的人数占全国总人数的1%左右，加拿大的农业产业结构由种植业、畜牧业、渔业和农产品加工业构成，每种产业均有其发展优势和特点。

（一）种植业

从种植业来看，南部地区是加拿大粮食生产的主要区域，中部地区和大西洋地区是生产饲料作物的主要产区。加拿大以生产小麦、大麦、油菜籽和玉米为主。通过对2014—2017年加拿大粮食作物和经济作物播种面积统计可以看出，2014年加拿大小麦种植面积占总种植面积的36.04%，在随后的3年内逐渐下降，2017年小麦的种植面积占总种植面积的31.77%，降低了11.85%。

油菜籽的种植面积仅次于小麦，2014 年加拿大油菜籽种植面积占比 31.31%，2015 年和 2016 年都有所降低，2017 年油菜籽种植面积占比 32.63%，增长了 4.22%。在粮食作物中，大麦的种植面积仅次于小麦，2014 年大麦种植面积占 8.95%，到 2017 年降低至 8.18%，降低了 8.60%。大豆和大麦种植面积接近，2014 年大豆的种植面积占 8.41%，到 2017 年大豆的种植面积占比增加到 10.33%，相对于 2014 年增长了 22.83%。小扁豆、谷物用玉米和燕麦种植面积相近，在 2014—2017 年内都有所增加，其中小扁豆种植面积占比增长了 33.83%。从整体上看，加拿大主要农作物总种植面积从 2014 年的 2 701 万公顷增加到 2017 年的 2 852 万公顷，其中主要粮食作物种植面积占比都在逐渐减少，大豆、油菜籽等作物的种植面积占比在逐渐增加，预测在未来几年主要粮食作物的占比仍会有所降低，大豆、油菜籽等的占比将会继续增加。除主要农作物以外，饲料作物、蔬菜、花卉和水果也是种植业的重要组成部分，饲料作物为畜牧业发展奠定了物质基础，是畜牧业发展的物质保障；加拿大蔬菜和花卉的品质闻名于世，在农业经济发展中具有重要作用。

（二）畜牧业

从畜牧业来看，加拿大畜牧业主要分布在中部地区以及艾伯塔省和萨斯喀彻温省的部分地区。畜牧业产值在农业总产值中占 45% 左右，其中肉牛的产值约占畜牧业总产值的 50%，奶牛和乳品加工业的产值仅次于肉牛，养猪业也是畜牧业的重要组成。据加拿大统计局统计，加拿大肉牛的生产处于稳定增长状态，年均增长约 1%，以牧场为主、农牧业结合的方式进行养殖，平均饲养量一般大于 500 头。奶牛的生产集中在东部地区，全国奶牛数量约 400 万头，大部分是荷斯坦奶牛。近几年，随着肉、蛋需求量增长，猪禽业发展迅速，丰富的饲料作物为养猪业和禽业的稳定生产提供了物质基础。

第三节　农业产业化经营模式

一、产业特征

（一）重视农业教育，奠定农业产业化基础

加拿大政府非常重视农业职业教育并大力推广农业科研，在全国境内建立农业实验基地，较好地使科学研究与生产应用相结合。加拿大政府还通过一系列的技术推广和教学示范，使农民在短时间内将新的生产技术运用到农业生产中，缩短了农业新技术研发到实际应用的周期，大大提高了生产效率。例如马尼托巴农学院设立农业培训班并配备专业的咨询专家在全省范围内进行新技术推广；麦吉尔大学也将部分毕业生以农业推广员的身份安排在农村驻扎。加拿大政府对农业教育的高度重视很大程度上促进了农业的生产和发展。

（二）注重农技推广，推进农业产业化发展

加拿大非常重视农业发展的科技支撑，对农业的科技和教育投入力度很大，农产品科技含量高。政府重视农业科技的推广和应用，不断推进科技创新，以实现农业的规模化、产业化及区域化。

（三）发挥行业协会在农业产业化发展中的作用

行业协会在涉农行业中主要负责产品销售、质量管理、生产者与加工者利益的调节、生产过程的衔接等各项工作，行业协会通过提供以上服务收费的方式自筹经费维持协会的运转与日常开支，行业协会的出现进一步提高了生产者在交易中的谈判地位，保护了生产者利益，同时还有效减少了政府管理成本，起到了避免政府直接对市场机制干预的作用。在加拿大农业生产中，行业协会负责整个涉农行业的协调工作，政府不直接干预农场的生产和经营活动。

（四）健全保险制度，稳定农民收入

目前加拿大有多重农业保险项目用于保障农民的收入稳定，其中最主要的有农业收入稳定项目和农作物保险项目，前者是目前加拿大农业最主要的收入安全和商业风险管理项目，目的是尽可能在不影响生产和贸易的情况下稳定农民收入而不是单纯地向其提供补贴。后者旨在保护农民免遭自然灾害带来的损失。农民如遭受自然灾害，联邦、省政府联合出资赔偿。

（五）有效管理农业产业发展中的生态环境问题

在农业的发展中，加拿大也出现了越来越多的不可回避的环境问题包括空气污染、水源污染、土壤污染、种质濒危和气候变化等。为了实现农业的可持续发展，加拿大通过加强农业环境管理，制定适宜的农业环境政策，加强农业环境科研和管理指导，对农业生态与环境进行综合治理，不断改进生产技术和方法以实现农业、环境的协调发展。在农业项目上，根据农业环境政策，加拿大对农业项目进行详细的环境影响评价，以便确定项目的可行性和实用性。政府通过落实各级环境保护职责的方式履行其在农业发展过程中环境保护的责任。

二、发展态势

加拿大是传统农业和资源大国，林业、渔业十分发达，第一产业占 GDP 比重保持在 10% 左右，其中农业占比约 1%，油气开采占比约 6%。近年来，受国际大宗商品价格波动影响，加拿大第一产业增速也随之发生变化，但总体保持增长势头。2000—2015 年农业、林业、渔业和狩猎业增速为 1.8%，略低于全产业年均增速，其中种植业平均增速达到 2.7%；同期，矿业年均增速为 1.4%，其中油气开采年均增速为 1.7%。

2015 年，加拿大农业产值为 189 亿加元，占 GDP 比重为 1.1%；2017 年 1 月就业人口 28.5 万人，占全国劳动人口的 1.6%。可耕地面积占国土总面积的 16%，已耕地面积 6 759 万公顷，占国土面积的 7%。主要农产品有小麦、大麦、油菜籽、亚麻籽、燕麦等，主要畜产品包括牛肉、猪肉、牛奶和乳制品等。加拿大 50% 以上农产品用于出口，系全球第五大农产品出口国和第二大小麦出口国。

加拿大农业机械化程度较高，加拿大农业设备制造商可提供种类齐全的整地、排灌、牲畜养殖、奶类生产、旱地耕作、粮食处理、储藏和加工、园艺和特产作物的生产设备。该行业所生产的旱地耕作设备、大型四轮拖拉机、联合收割机和烟草收获机有 60% 供出口。

加拿大生产的优质小麦在国际市场享有盛誉，在总体生产布局集中的情况下，根据各自优势，形成不同优势小麦类型。西部主要生产优质的硬质红粒春小麦，出口 50 多个国家，南部生长期长且气候温暖适宜生产硬粒麦，中部地区生产草原春小麦以满足市场对中等品质小麦的需求。

三、农业产业化经营

加拿大农业产业化模式包括以下三种：合作社模式、专业协会模式以及企业集团模式。

（一）合作社模式

主要合作模式涉及农牧业生产、生产资料供应、产品加工销售、经营管理和技术信息咨询及信贷保险等。合作社模式在加拿大相对较普遍，主要是由中、小农户以自愿的方式联合集体进行产品加工或销售，合作社内的各项事宜实行社内民主化，由全体社员共同商议投票决定。在扣除必要的公共开支后，合作社人员收入按社员投入多少进行合理分配。各地合作社之间在良好发展的基础上又自愿按产业联合，逐步形成了从地方到中央的联社。

（二）专业协会模式

专业协会模式是加拿大的一种由农民为主体自愿组成的社会团体，其主要方式是通过把分散的农场或农户利用市场开拓和技术、信息服务等多环节联结起来，从而形成利益结合、互相依赖的社会化生产和销售服务体系。

（三）企业集团模式

企业集团向农业生产者提供资金、物资和技术等方面的帮助，并参与到农场的经营管理中。企业结合市场情况对农业生产者农畜产品的品种、数量、质量供货时间等提出一系列要求，农业生产者按照与企业签订合同的约定进行大批量、均衡、标准化和高质量的生产。

第四节　农业公共管理体系概况

一、农业管理体系

（一）政府直接或间接干预农业管理

加拿大政府不直接干预家庭农场的日常经营，主要通过法律手段来约束和引导家庭农场向高层次发展。在家庭农场服务方面，加拿大各有关部门通过多种途径和先进手段直接服务到农场，既建立了正常生产秩序，又在特殊情况下（包括自然风险、国内外市场风险）有效维护农民利益。通过政府立法，从制度上形成管理农业和保护农民根本权益的长效机制。政府对主要农产品或特殊农产品实行特别管理制度，直接干预并避免国内外市场变化对农业和农民利益的影响。如对小麦实行合同式的供应管理，对牛奶、鸡蛋等 6 种产品实行配额管理等，就是在实行市场经济体制同时，又在特殊产品生产经营上采取了有计划的强制性管理，从而建立切实有效的市场秩序，维护生产者的利益。加拿大政府有计划地为生产者建立各种保障资金，提高家庭农场抗风险能力。家庭农场通过政府部门建立的高效完善的科研推广体系，可以源源不断地获取发展的科研成果和新技术，这也是加拿大农业始终处于世界领先水平的重要因素之一。

（二）具有完整的农业管理链条

加拿大具有从种子、化肥、农药、农机供应到技术服务指导、粮食等农产品销售贸易和机具租赁等全产业链配套的立体交互式、大中小企业相结合的农业生产服务体系。加拿大的农业生产服务模式成熟、运行稳定，每一个环节都有专业且针对性强的高效服务。这种模式整体上提升了农业科技化、信息化水平，极大促进了农业发展，支撑着加拿大农业走向国际市场。例如加拿大全球知名的肥料生产商加阳公司建有精准、覆盖广的产品网络，聚集农业上下游资源，可为农户提供全方位一站式服务，能够解决单个农户难以负担的科技成本和资源问题，极大提高生产效率，推动传统农业转型。

除了大型农业公司，在加拿大还有诸如 Belcan 公司等一大批小型农业生产服务公司，主要服务于农场主。这些公司在加拿大农业发展中发挥着不可替代和更直接的积极作用。

二、食品安全管理体系

（一）食品安全管理体系概况

加拿大从农田到餐桌有着较为成熟、完善的食品安全管理体系，是世界上食品安全体系最为完善的国家之一。加拿大的食品安全监管集中于一个部门，这样可以做到职责明确，便于监管部门的管理和追责。这样比分权于多个部门、由多个部门共同管理食品安全要有优势，因为分权势必存在监管盲区和漏洞。加拿大的这种食品安全改革模式，受到国际社会的关注，被称之为"一站式"食品安全监管模式，并被国际上许多发达国家所采用。加拿大在食品安全管理方面分工十分明确，这种分工明确并且参与度高的管理模式，体现在每个等级的管理阶层都各司其职，相互间协作能力强。

加拿大食品安全监管体系实行联邦、省和市三级行政管理体制，在食品安全管理方面，采取分级管理、相互合作、广泛参与的模式，联邦、各省和市政当局都有管理食品安全的责任。在国家层面，加拿大食品安全监管部门主要包括加拿大食品检验局、卫生部、边境服务局、公共卫生署4个部门。其中依据《加拿大食品检验局法》成立于1997年4月的加拿大食品检验局（CFIA）是一个相对独立的联邦机构，是负责统筹管理食品安全监管的中心管理部门。总部设在渥太华，7 000多名雇员分布在总部和大西洋区、魁北克区、安大略区以及西加拿大区4个大区办事处。加拿大食品检验局为适应食品安全管理综合性强的特点，培养储备了大量的一线检验员、兽医和科学家，在实现完成对牲畜、园艺等产品检验的同时，还对动物产品加工企业进行食品安全监管，在加拿大食品安全体系保障中起着关键作用。

联邦一级的主要管理机构是卫生部和农业部下属的食品检验局，卫生部负责制定所有在国内出售的食品安全及营养质量标准，以及食品安全的相关政策，食品检验局负责实施这些法规和标准，并对有关法规和标准执行情况进行监督。

省级政府的食品安全机构提供在自己管辖权范围内、产品在本地销售的小食品企业的检验。

市政当局则负责向经营食品成品的饭店提供公共健康标准，并对其进行监督。

（二）食品安全管理体系类别

1. 肉制品进口监控计划

（1）查验方式。全感官检验。首次从有资质的国外企业进口的肉类产品要在加拿大进口肉类检验注册企业至少连续10批次接受全感官检验，连续10批次进口肉类产品检验合格后，该企业自动进入放宽检验模式。

放宽检验模式。进口控制与追踪系统从连续10批次进口肉类产品中随机抽取1批次进行全感官检验，其余9批次货物根据不同来源采取不同的检验方式。

强化检验模式。在抽查的样品当中，一旦实验室检测发现违规情况，即对该出口企业的同类肉产品进行强化检验直到检验合格。实验室检测期间，不合格批次的产品将被扣押在加拿大进口肉类检验注册企业，直到检测合格后再放行。

（2）监控方式和分类。年度肉类进口采样计划。包括微生物检验和成分标准的符合性验证。

进口残留采样计划。对采来的样品送加拿大食品检验局兽药残留中心实验室和私人实验室进行检测。

2. 鱼和水产品进口监控计划

（1）进口商和食品检验局职责。加拿大的鱼和水产品进口商分为基本进口商和有质量管理计划的进口商两种。基本进口商需采取措施来确保产品质量能符合加拿大相关法律要求；有质量管理计划的进口商必须制定并发布质量管理计划，在该计划中要列出控制措施确保进口产品满足法规要求。进口商通过对供应商的管理，实现对产品的风险控制，负责进口产品的安全。加拿大食品检验局则负责制定和颁布进口监控计划。

（2）监控项目的确定。鱼和水产品的进口监控项目是在风险分析的基础上确定的。风险分析主要针对的风险因素有 3 类：①生产风险：对鱼类在养殖过程中所使用的抗生素、治疗药物等进行鱼药残留检测。②类别风险：鱼肉、鱼子、脏器、鱼油等鱼类产品的质量安全受环境因素的影响，检测指标有重金属、组胺、海洋毒素、水的卫生情况等。③产品风险：罐装食品、即食食品、非即食食品的产品安全受产品加工、保存方法影响，要对食品致病菌、添加剂、过敏原、包装完整性等进行检测。

（3）监控方式和分类。进口鱼类监控计划分为强制检验名单、年度抽样计划、强化检验名单和特别计划 4 类。

强制检验名单。如果进口鱼产品没有通过加拿大食品检验局的查验，则该产品的相关信息将被列入 MIL 名单，这些被列入 MIL 的企业的产品在后续进口时都要被加拿大食品检验局进行扣留抽样，按照 MIL 规定的检测项目接受强制性检验，合格后方才允许放行。

年度抽样计划。非首次进口且没有列入 MIL 中的产品，按照年度抽样计划设定的目标随机抽样进行检验。

强化检验名单。加拿大食品检验局对来自食品召回、MIL 审核和其他政府部门机构所掌握的产品信息进行评估，将评估中认为不安全的或 MIL 不能有效预估和评价产品安全风险的鱼产品列入强化检验名单。如果进口商不能够提供证明产品符合要求的证据，加拿大食品检验局则有权扣押该批产品，抽取一定量样本并对所关注的产品安全项目指标或 MIL 中列出的特定项目指标进行检验。

特别计划。因为这项计划所抽取的样本不是常规样本，因此样本可以不按照官方抽样的样本大小来采样，并且在检验期间不需滞留货物。

第九章 CHAPTER 9

加拿大农业政策 ▶▶▶

加拿大分别在 20 世纪 90 年代初和 21 世纪初对其农业政策实行以市场化为导向的改革和调整，逐步形成了指向明确、结构合理、协调配套的农业支持政策体系，农业发展取得显著成效，国际竞争力不断增强，特别是在农业风险管理、农民收入保障、食品安全等方面成效显著，成为各国的典范。

一、农业支持政策的演进

加拿大联邦政府和省政府对农业拥有共同管辖权。联邦政府负责制定农业政策（涉及价格稳定、销售、信贷、保险、援助等各领域）、农业科学研究、农产品质量标准和地区农业开发计划等，农业及农业食品部是联邦政府负责农业事务的主要机构，负责所有与农业相关的问题；地方政府负责实施有关政策，并承担农业研究与推广、咨询服务等。这一管理体制既能保障农业政策制定及改革的统一、协调和高效，又可提高政策执行的灵活性、针对性和有效性。

纵观加拿大农业支持政策的演变，其大体可分为如下三个阶段。

1. 20 世纪 30 年代中至 80 年代末，逐步构建以价格支持措施为主的农业政策框架

20 世纪 40—50 年代，加拿大联邦政府陆续出台一系列支持农业、保护农业的法案，如《农产品价格支持法》（1944）、《农场改良贷款法》（1945）、《农产品市场营销法》（1947）、《农业稳定法》（1955）、《草原谷物预付款法》

(1959) 等，初步确立以农产品价格支持措施和供应管理体系为重点的农业政策框架。

2. 20 世纪 90 年代初至 21 世纪初，农产品价格支持政策向直接收入补贴措施过渡转型

20 世纪 80 年代末 90 年代初，加拿大的农业支持保护水平达到顶峰，农业总产值的近 1/3 源自政府的农业补贴。1991 年《农场收入保护法》取消对谷物、油籽的价格支持，按照 WTO 农业规则重新设计支持政策，将支持政策的重心放在稳定农场收入、降低对生产决策的影响上。除乳制品、禽肉和蛋类维持供应管理以外，对其他农产品构建以市场导向的农民收入安全网（包括作物保险计划、总收入保险计划、净收入稳定账户等）替代具体的商品支持项目，并对不同地区所有生产者给予公平的对待和支持。

3. 21 世纪初至今，逐步构建市场导向的农业政策体系

加拿大将农业政策目标集中在四个方面：提高农业部门的竞争力和创新能力；增强农业部门的风险管理能力；促进农业部门能够适应社会发展的需要，特别是满足消费者对健康和环境的要求；确保食品安全有效供给，增强农业部门可持续发展能力。2003 年的"农业政策框架"是由联邦政府、省政府、地方政府联合构建"一体化农业政策"的尝试，由此形成农业风险管理、食品安全与创新、环境保护等综合协调的支持政策体系。2008 年的"未来增长的政策框架"，试图通过协调联邦、省和地方政府的农业支持政策，共同致力于增强农业部门的长期竞争力和可持续发展能力，主要包括农业稳定、农业投资、农业保险、农业恢复、特设项目等具体支持政策，同时强调应当根据地方实际灵活实施相关政策，以更好地为农业部门提供公共服务。2013 年的新农业政策框架——"未来增长的政策框架"，强调实施更加积极主动的、具有前瞻性和战略性的支持项目。在项目覆盖范围、支持力度、农户对市场信号反应、便利性等方面进行调整和完善，并增加了 3 项非农业风险管理的支持项目，即农业创新、农业营销与推广、农业竞争力，其目标在于进一步提高加拿大农业竞争力、创新力和可持续发展能力。

二、加拿大现行农业政策解读

（一）财政直接投资

加拿大联邦政府除负责联邦一级的农业支出外，还对省及省以下政府农业发展提供资助。政府财政支出主要用于农产品安全保障、农业科研、农业基础设施建设、灌溉工程等方面。加拿大政府农业财政支出的一个重要方面是支持农业科技和推广，提高科技对农业的贡献率。加拿大联邦财政和各省财政每年都安排专项的农业科学研究、教育和新技术推广资金，重点支持中长期的基础性研究，包括农业生物技术研究、种子繁育、环境保护等，同时还努力保障农业科研机构人员工资和必需的经费。积极支持开发农业科技市场。加拿大农业科研约有 60％由私人部门承担，私人部门通常根据农民需要，按照政府设置的课题开展研究，其在农业技术推广和培训方面起着重要作用。

（二）市场价格支持

农产品供应管理体系至今仍是加拿大最主要的价格支持措施。加拿大根据国内农产品生产供给情况，对农产品市场实行市场与计划相结合的管理办法。对于大宗农产品，如小麦，国际国内市场需求量大，主要交由市场发挥作用；对于易受国内外市场供求影响、易出现周期性过剩和价格大幅波动的敏感性农产品，将其纳入农产品供应管理体系，由联邦政府和省政府授权的机构或销售委员会管理，实行供给定量管理。为此，加拿大成立了专门的销售委员会，销售委员会有权规定生产和销售限额。新的生产者想进入实行定量管理的产业，必须等到有别的生产者退出，并购买一定定额后才能实现，这样就能保障供给的基本稳定，防止过度竞争和浪费。

（三）收入支持政策

对供应管理体系之外的其他农产品，加拿大对农业生产者实施收入支持政策，主要包括收入稳定计划、作物保险计划、信贷优惠政策、灾后收入补偿和防灾政策。

三、《卡尔加里宣言》主要内容

当前，正在执行的农业政策框架为 2013 年《面向未来 2》，主要内容是规定了联邦和省（区）开展农业产业战略投资的主要方向和任务，内容主要包括各级政府在创新、市场开发和提高加拿大农产品和食品竞争力方面的项目投入分担比例，产业的重点发展方向，为应对灾害和严重市场波动而开展的商业风险管理项目的原则和目标等内容。《面向未来 2》政策框架于 2018 年到期，为适应国内和国际农业发展形势要求，2016 年 7 月 22 日，加拿大联邦、省（区）的农业厅长在加拿大的卡尔加里通过了《卡尔加里宣言》，成为指导加拿大农业发展的下一个农业政策框架文件。《卡尔加里宣言》主要内容是规定了在 2018 年以后的 5 年里，加拿大农业发展的总体目标、发展原则和重点工作。

（一）5 年发展的总体目标

促进农业产业增长，增加农业生产和加工产业的全产业链利润，提升行业在应对农业生产和加工过程中的风险和市场波动的应变能力。

（二）产业发展的总体原则

一是规定了加拿大作为联邦制国家，联邦、省（区）政府在发展农业产业中应承担的责任、义务和权利。二是强调政策的稳定性、连续性和灵活性，认为政策的制定不能改变现有各地在农业产业上的地域优势。三是支持农业产业的国际贸易，减少不合理的贸易补贴，减少在农产品贸易方面各地间存在的恶性竞争行为。四是政策和项目制定时要遵守成本控制、可数量化的监管、可持续发展、项目执行中的信息公开透明和信息共享等原则。五是规定了继续延用上一政策框架规定的联邦、省（区）政府在项目投资方面按照四六分摊的比例等。

（三）产业发展的重点工作

1. 市场和贸易

这方面重点工作包括：一是支持企业在保证产品质量和安全，提升产品品牌和声誉方面开展的生产和市场活动。二是加强国际标准和贸易规则的科研，利用政府力量为加拿大农产品在其他国家的市场准入创造条件。

2. 科研与创新

政府、企业和学术界应共同努力，增加农业产业的市场适应性，提高生产效率和商品化率。科研要以保证企业在面对市场突发情况时的灵活性和适应性为主要目标，同时企业要在整个科研和推广活动中起到主导作用。

3. 风险管理

加拿大政府重点支持的农业风险管理措施包括：加强生产和市场的早期调

查和预警、提升科研水平、研究市场变化、提高农业保险的效果、制定优惠政策、支持私人参与等。制定风险管理项目要侧重以下原则：提升生产者参与程度，增强被保险人的付款能力，提高项目的可操作性和可预测性，支持私营部门参与，重视供应链管理在风险管理中的地位，建立应急机制和风险评估体系，保证政府部门的监控等。风险管理项目的总目标是要提升农业产业的竞争力、创新能力和适应能力。

4. 环境保护

政府支持农业产业在减少对自然环境影响、减少温室气体排放、利用和适应全球气候变化等方面的努力，鼓励通过发展清洁生产来促进环境的可持续发展以及应对全球气候变化。这方面重点工作有：提高农业产业在减少温室气体排放和适应气候变化方面的能力，促进社会各界对农业生产环境保护的认识和相关知识传播，支持各级政府应对本地区的农业生产环境保护问题，在国内和国际范围内展示加拿大农业可持续发展的能力和形象，加强政府在环境保护项目上的监管等。

5. 农业生产和加工产业的增值

要加强在提高行业竞争力和生产力方面的投资，支持和发展农业担保制度的发展，支持公众和私人部门相关的创新活动等。

6. 公众信任

重点工作包括：关注政府项目在增加公众信任方面的效果，加强加拿大生产和进口食品的质量控制，支持企业在赢得公众信任方面进行创新，重视应对公众需求的科学研究，加强对外宣传力度，特别是宣传加拿大农业产业的现代化、负责任和可持续的生产者形象。

第二节　产销支持系统

一、农业生产的基本特点

（一）完善的社会化服务体系

为了促进农业生产的发展，适应市场需求，提高产品竞争力，经过长期的发展和不断调整，加拿大已建立起一套完善的社会化服务体系，为农业生产服务，特别是产后加工销售服务等。农产品通过合作社集中加工销售，不仅把增值的工商利润留给了农民，提高了农业自身的经济效益，而且使家庭农场的生产与大市场有机地连接起来，提高了农民作为整体在市场上的竞争力。近两年来，加拿大还对合作社进行了改革，旨在更好地保护生产者和合作社的利益。因此，在合作社的基础上发展为股份合作公司，对公司管理的权限大小由股份额来决定，这样既保留了合作社的性质，又兼顾了不同规模生产者的利益，同时也有利于股份公司本身的发展。

（二）农场生产规模趋向大型化

随着生产的发展，大型农场在整个农场中所占的比例增加，农场的个数在不断地减少，农业生产率不断提高。加拿大畜牧业规模化发展也是如此。整个加拿大 2016 年牲畜饲养量：牛 1 203.5 万头、马 39.9 万头、山羊 3 万只、绵羊 82.6 万只、猪 1 277 万头。规模化生产为机械化生产创造了十分有利的条件，无论国家、私营农场，均实现了场房建设标准化饲喂、饮水、取暖、卫生防疫、运输机械化、育种、管理和市场信息电脑化，这不仅提高了生产率，也减少了生产管理人员和劳动强度，降低了生产成本，提高了经济效益。

（三）农业食品产业生产的市场化

加拿大农业食品产业坚持以市场为主线，主要表现在：一是政府围绕市场采取有力措施进行宏观调控，增强农产品在国际市场上的竞争力，政府专门制定了农产品新等级制，以推进农业生产良种化，产品优质化。二是科研、生产和加工等全方位为市场服务。科研实行从生产中来到生产中去，科研题目由生产者（农民、企业）根据市场提出，科研单位按照生产者提出的课题开展研究，然后将研究成果及时用于生产中，如在畜牧业上，畜禽生产、畜产品加工的数量、品种、规格、标准等完全根据市场需求来确定。三是政府和农民的现代化市场信息网络健全，并有大批专门人员从事市场信息服务工作，由于健全的市场体系，加之政府的宏观调控，整个零售物价指数一直非常平稳。

（四）农业科研投入多元化

农业科研投入呈多元化的趋势。从机构设置看，联邦、省、市政府都有专门科研机构从事研究。尽管加拿大联邦政府农业及农业食品部直属的农业研究中心（站）共 9 个，分布在全加拿大，农业科研人员在总科研人数中居第一，占 28%，但很多大学、企业和农场也有自己的农业科研机构；从投入上看，政府每年要拨大量的科研经费，大学、企业和农场也要筹措资金投入科研。同时注重科研部门与企业、农场联合开展科技应用。

二、农业食品产销支持政策

为了使加拿大农业食品产业成为不断增长、竞争力强、面向市场、农业全行业增长的产业，促进农村多种经营的发展，创造更多的就业机会，保证经济稳定，实现资源和环境的可持续发展，保持安全优质的农产品供给，加拿大农业及农业食品部在未来产业发展战略方面主要集中在以下几个方面。

（一）加强农产品国际贸易和市场的开发

改善世界市场准入，调整国际贸易规则给加拿大创造了新的经营机会，也增加了加拿大市场对外开发的压力。为此，加拿大政府正全力帮助其农业食品行业抓住这些新的机遇，在 50 多个国家和地区设立了贸易开发机构。

（二）确保农业食品产业的可持续发展

加拿大农业强调可持续发展，主要是通过采用生物技术和对环境无污染的农业实践来实现。加拿大农业及农业食品部支持保健、优质食品的开发，帮助其增强国内外市场的竞争力。通过执行土壤、水和空气的保护计划，开展土壤改良，加强对环境有保护作用的农药和化肥的开发应用。

（三）促进新技术的开发和应用

通过新技术的研究和开发，增加了加拿大农产品的市场竞争力，也提高了产品的附加值。加拿大农业及农业食品部对保健食品的研究、生产及技术有效利用、技术转让提供特别资助。对于有推广价值的研究项目，政府和企业给予共同资助。这些措施将刺激加拿大经济的发展，创造新的就业机会，同时将增加企业在国际市场上的竞争力。

（四）注重粮食安全

加拿大非常重视粮食的质量和安全，也始终将此问题列为优先领域。联邦政府和各省政府均不断投资确保粮食安全和质量，多年来保持了投资的相对稳定。

第三节 粮食保护政策

一、小麦市场委员会的职能和作用

加拿大联邦政府对于粮食保护政策的历史比较悠久，可以追溯到 19 世纪后期。最早干预农业的领域是西部的谷物生产、制定相关法律法规、规范谷物的运输和销售。

19 世纪后期和 20 世纪初期，农场主面临的主要问题是铁路运输收费高昂以及谷物运输和销售的垄断控制。于是，联邦政府向农场主提供仓储设施、检验和定等定级等服务，制定规章制度对出口谷物的经营、储藏、加工进行管理。西部农场主之所以能得到这些优惠政策，与西部经济在国民经济中的重要地位、农场主的选举力量、联邦政府中西部地区的代言人等因素的作用分不开。加拿大小麦市场委员会的建立，标志着农场主为争取公平的谷物销售条件而进行的努力达到了高潮。

一个强制性的国家谷物市场委员会的建立，是农场主们长期追求一个垄断价格的结果。在自由竞争条件下，谷物的价格随着期货合同的买卖天天在波动。在第一次世界大战期间，为了抑制由于需求上涨导致的价格攀升，联邦政府关闭了温尼伯谷物交易所，代之以谷物管理委员会这一政府组织，并按照固定价格买卖加拿大小麦。1917—1919 年是按照这种方式进行。第一次世界大战以后，由于市场的不稳定和通货膨胀等因素的影响，使得政府成立了加拿大小麦市场委员会进行市场调控。这一委员会对国内市场和出口的小麦规定最低价格并垄断经营，这种做法得到了农场主的大力支持。然而，当市场不稳定的因素过去了，政府马上放弃这一组织，1920 年 8 月建立了公开市场。但是，政府控制期间小麦的高价格和放开经营后价格的显著下跌形成鲜明对照，使得农场主强烈要求成立自己的组织，并恢复政府的小麦委员会。当政府拒绝了这一要求时，农场主就建立了自己的"大平原小麦储藏协会"。1930 年经济大萧条时，这一协会破产。1935 年政府通过法令，重新成立国家小麦委员会。但是，这一委员会的权力和职责范围不能实现农场主的目的。1935 年以后，加拿大小麦市场委员会的权力扩大了。1943 年，政府遇到了与第一次世界大战时期相似的情况，也采取了类似的措施。政府赋予小麦委员会对小麦进行垄断经营的权力。1949 年，小麦委员会的垄断经营权力扩大到燕麦和大麦。1949—1973 年，它是小麦、大麦、燕麦国内销售业务和出口业务的唯一经营机构。

二、对谷物生产的其他鼓励措施

加拿大很早就制定了对谷物生产的一系列鼓励措施。主要措施包括以下几个方面。

一是对谷物运输费率进行法律规定。对谷物运输费率的法律规定包括一系列的法律法规，其中包括对西部谷物的最高运输费率进行规定。1897 年政府和加拿大太平洋铁路运输公司达成协议，对西部谷物运输到五大湖区港口的费率进行了规定。1927 年，这一费率标准被法定化，并扩展到谷物运输到五大湖区港口和太平洋沿岸所有的铁路运输。这些运输费率标准现在还有效。

二是牲畜饲料补贴。从 1941 年开始，联邦政府对饲料的运输成本进行补贴。1966 年通过了"饲料补贴计划"，并建立了加拿大饲料委员会。1967 年10 月开始，从安大略运输到魁北克和大西洋沿岸省份的小麦和饲料用玉米，其运输费用也得到政府补贴。

三是政府的谷物储藏政策。联邦政府不限制商业性储藏以外的其他谷物储藏。然而，小麦委员会力图保证足够的品种和数量，以满足市场需要。小麦委员会没有自己的储藏和运输设施，但它可以利用私人或合作机构的设施。小麦委员会与这些谷物储藏运输者达成一系列协议。为了鼓励发展仓储和烘干设施，1957 年联邦通过法令，允许这些企业加速折旧，从而降低企业所得税。

三、《联邦农作物保险法》

加拿大很早就开始了农业保险制度的制定和实施。加拿大于 1959 年通过《联邦农作物保险法》，该法授权联邦政府和省政府共同支持办理农作物保险，建立联邦和省两级政府组织的农作物保险机构，由其直接负责经营，保险补贴、经营管理费用由政府承担。联邦政府和各地政府按照一定比例，对农作物保险公司进行业务经营费用补贴，并对经营农作物保险实行免税和再保险政策。实行农作物保险制度主要在于减轻单个农民的生产风险，它适用于各省、覆盖所有农作物。农作物保险实行自愿原则，保险期限 10～15 年，不同阶段有不同的保险规定。保险费用由联邦、省以及农民之间实行分担。首次投保时，联邦政府负担 25％，省级政府负担 25％，农民则交纳 50％的费用。当农作物受灾导致农民收入低于投保时的收入要求时，农民可以从保险公司获得适当补偿。保险公司自主经营，不以营利为目的，基本做到盈亏大体平衡。如有亏损，亏损额全部由联邦政府承担。

第四节　农业发展与农村社会改革政策

一、强化农业行政管理，提高效率

加拿大农业管理部门的职能设置非常全面，基本涉及了农业、农村和农民的各个方面。鉴于农业涉及相关行业范围广、部门多，为了提高农业行政管理的效率，加拿大成立了农村秘书局，统一协调农业问题。

二、建立健全政府农业财政支出管理机制

从 2003 年的"农业政策框架"开始，加拿大联邦政府、省政府、地方政府即尝试构建"一体化农业政策"，联邦政府负责政策制定和预算，省政府和地方政府负责灵活实施相关政策。加拿大政府农业财政资金管理科学、使用得当，农业财政政策的效用得到充分发挥，财政在支持和保护农业中作用明显。

三、逐步改革农业税收体制，加强对农业的扶持

加拿大农业生产的现代化和商品化程度都很高，但由于农业生产的特殊性，仍给予农业很多的扶持政策。其中，农业税收优惠是重要的扶持政策之一，而且税收优惠手段多样、灵活，无论是折旧方法的使用、税率的设定，还是保留机制递延所得或资本利得，都体现着政府支持农业的意图。

四、合理划分中央与地方税权

加拿大实行分税分级管理的制度。各级政府在划分事权的基础上，实现了比较彻底的分级分税制。联邦、省和市政府的税收支配权划分明确，形成了各自的主体税种，各级政府都拥有以骨干税种为主要税源、与支出责任相对应的税收体系。加拿大的省和市政府在税政上拥有一定的自主权，除宪法对间接税的征收有限制外，省政府有权决定省的税种和税率。不仅各省独立开征的一些税种税政独立，就是在与联邦交叉征收的同一税种上，省政府也有权独立确定税率和征收方式，从而使地方财政有更大的理财主动性和灵活性。

五、合理配置公共事务事权

加拿大根据公共产品消费的受益范围决定相关事权的归属。全国性公共产品以及关系到全体国民利益的公共事务由中央政府负责；地方性公共产品则原则上由其主要受益范围所在的地方政府负责；对于具有外溢性的地方公共产品，则由上级政府提供或由上级政府对负责供给该公共产品的地方政府进行补贴。这是各国事权与财政支出划分普遍遵守的一个基本原则。

第五节 农场主收入稳定政策

一、联邦政府的农业稳定政策

20 世纪 70 年代末以前，联邦政府两个主要的农产品稳定计划是 1958 年的"农产品稳定计划"和"加拿大牛奶计划"。农产品稳定计划使政府有义务对包括鸡蛋、燕麦、部分地区生产的小麦、黄油、奶酪、猪和羊等在内的 9 种农产品进行价格保护，保护价的水平是前 10 年平均市场价格的 80%。1975年，由于通货膨胀，政府提供的保证价格不能保证农场主获得合理的收入水平，省政府和农场主要求联邦政府修改法律，要求联邦政府在稳定农场主收入方面承担更多的责任，包括扩大保护的范围和提高保证价格水平。农产品稳定计划最终得到修改和补充，通过了西部粮食稳定计划法案，成立了牛奶供应管理协会，对联邦牛奶供应进行管理。经过修订的农产品稳定计划内容发生了一些变化。保证价格水平不是根据前 10 年的平均水平计算，而是根据前 5 年的平均水平计算。保证价格是前 5 年平均价格的 90%，而不是 80%，并且还要根据当年的现金成本进行调整。加入成本调整这一项是很重要的，虽然不包括折旧和劳动力成本。这一计划与其说是价格支持计划，不如说是收入稳定计划。这一计划在加拿大小麦市场委员会领导下进行，其目的是保证 6 种主要作物的净利润。净利润的保证水平是前 5 年或前 6 年的平均利润水平。直到 1983 年，农场主将其总销售收入的 2% 作为保证基金，联邦政府支付农场主总销售收入的 4% 作为准备金。如果利润水平低于前 5 年的平均水平，参加计划的农场主可以得到补偿。补偿的数额与其支付的保证基金成比例。这表明，经过修订的农产品稳定计划不是为了保证单个农场主的收入水平，而是为了保证整个西部大平原农场主的收入水平。

二、省政府的农业稳定计划

1973 年不列颠哥伦比亚省首先通过了农场主收入稳定计划，标志着省级农业稳定计划的开始。从那时开始，魁北克省和安大略省也开始了农场主的收入稳定计划。省级政府实行稳定计划，是由于农场主想摆脱经济萧条。20 世纪 70 年代早期严重的通货膨胀使得农场主的状况更加恶化，联邦政府的保障政策越来越不能满足农场主的要求。农场主要求联邦政府进行支持的努力失败后，便要求省政府进行支持。1973 年不列颠哥伦比亚省实行一个农场主收入综合补偿计划。它在农产品稳定计划方面有一些新的突破，并不是因为它是首先实行农产品稳定计划的省，而是因为：第一，它是以标准农场的成本为标准计算补偿水平；第二，成本水平的确定是由省政府和农场主的一些民间组织通过谈判进行商定；第三，农场主不仅参与计划的设计，对计划的执行也负有某些责任；第四，联邦的农产品稳定计划是由政府全部负担资金来源，而省级的农产品稳定计划是由农场主负担 1/3 的资金，省政府负担 2/3 的资金。

这个计划的核心内容是要求农民将一年净收入的 3%（但最高额不得超过 25 万加元）存入银行的一个特别账户，政府同时配套以同等数额的资金，其中联邦政府承担 2/3，地方政府承担 1/3。农民在特别账户中的存款除能享受基本利率外，还能得到 3% 的鼓励性优惠利率，政府注入部分则只能得到基本利率。农民如果遭受自然灾害以及价格损失，当净收入低于过去 5 年平均收入时，可以从特别账户中提取相当于其不足部分的款项；当农民收入低于 1 万加元时，农民可以享受最低收入提款，从特别账户中提取不足 1 万加元的部分。从 1991 年至今，净收入稳定支持规划账户余额累计已达 28 亿加元，占全加拿大农民年现金收入的一半左右，安全性较高。"净收入稳定支持规划"是政府鼓励、引导和支持农民积累、稳定收入的有效措施，对于保证农民收入稳定和可靠增长起着"内在稳定器"的重要作用。

第六节　农业信贷与补贴政策

一、信贷优惠政策

加拿大农场信贷公司成立于 1959 年。农场信贷公司资本金大部分来源于政府借款，主要是为农民提供中长期抵押贷款，支持农民创办农场或扩大农场规模，以及支持农民购置机器、设备等。农场信贷公司主要在农民不能从商业银行借贷到资金的情况下发挥作用，它不以营利为目的，要求的抵押值较小，利率也相对较低，由此发生的亏损由财政厅予以弥补。加拿大各省也实施了不同的农业贷款计划，如农业信贷联盟、农场改良贷款、牲畜贷款、合作社贷款等，这些贷款项目都由各省财政予以补贴。

二、灾后收入补偿和防灾政策

加拿大灾后收入补偿政策建立于 1988 年年底。当农业遭受损失，农民当年经营额低于平均经营额的 70％时，即有资格享受此项收入补偿政策。农作物保险项目（CIP）旨在保护农民免遭由于气候或其他自然灾害如干旱、洪涝、冰雹等带来的损失。该项目也由农民、联邦和省政府三方共同承担，各省政府具体实施。农民如遭受自然灾害，联邦、省政府联合出资赔偿。

三、税收优惠政策

加拿大对农业使用统一税制。加拿大的涉农税收大致包括所得税、货物和劳务税、关税和土地税 4 个税种，各税种对农业采取了不同程度的优惠政策。一是在所得税方面对农民的所得税实行收付实现制，农民可以在获得所有现金收入时才交纳所得税；农民当年发生亏损，可以享受免征个人所得税的照顾；年收入低于 1 万加元的农民可以减免个人所得税；农民牲畜遭受损失后可以享受所得税延期支付的优惠，以便有时间更替新的牲畜。二是农民在计算收入成本时有诸多优惠，如：即使农民的库存是用于下年的农业生产，也可根据农民的意愿选择计算成本的年份、全额扣减土地改良费用、农场建筑物资产成本减免率一般为 10%～20%，比其他建筑物的资产成本减免率高 2.5～5 倍等。三是在消费税方面农民购买农用机械和修理配件，以及肥料、农药、种子和建筑材料等生产资料，可以免征消费税。四是在土地税方面对于农民持有的农业用地和森林用地实行减税政策，如果土地流转改变农业用地的性质，则征收高额的资产税或土地开发交易税。此外，全部或部分减免农民退休时转卖农场或将农场转让给子女继续从事农业生产的资本收益，以确保农民老有所养，并鼓励人们积极从事农业生产。

第七节　农村用地政策

一、农业土地政策

加拿大土地资源十分丰富，全国的耕地面积达 4 000 多万公顷，牧场及草地 3 000 多万公顷。中部平原面积广大，地势平坦，多黑钙土和栗钙土，水源丰富，牧草肥美，适合发展畜牧业。五大湖沿岸平原和罗伦斯河谷及其沿岸多冲积土，灌溉条件好，而且气候较温暖，也是发展农牧业的合适地区。加拿大联邦政府通过制定土地利用规划指导全国土地利用，具有独特完整的土地利用规划体系。

加拿大通过制定《土地分区管理法》、土地分块控制、控制宗地开发方案和农用地等级限制变更制度等一系列强制措施控制土地用途变更，实行严格的土地用途管制制度。

（1）《土地分区管理法》根据每个城市具体情况确定土地分区数量及各区大小，以土地利用现状、主要发展形势作为划分区界和制定区内条例的基本依据，保证配置城市各种公共设施，改善居住环境，保证交通畅通，稳定地价。

（2）土地分块控制是指在城市建成区之外进行成片开发的土地项目必须经

过申请、传阅、预批、通过和规划登记等程序，正式通过的土地分割图在规划部门登记成为正式规划文件。

（3）对建成区内的宗地开发项目，通过控制宗地开发方案进行土地用途管制。宗地开发前要递交宗地开发方案，并通过审查、批准，控制对周围环境影响较大的建筑物的用途、容积、体积和空地率。

（4）在土地利用规划中实行农用地等级限制变更制度。1950 年加拿大环境部对全国农业用地进行分类，主要根据水层厚度、保湿性及排水性、作物适应范围、有机质含量和土地限制条件等指标，按照生产能力将全国农业用地共分为七大类。其中一、二类农用地不能改变用途，三、四类农用地如果满足条件可以改变用途，五、六、七类农用地可以改变用途。

二、农村建设用地政策

加拿大土地利用规划体系包括国家级、省级（地区级）和市级（包括县和乡镇）规划，各级规划都具有法律效力。土地利用规划是加拿大实行土地用途管制的基础。1980 年加拿大制定出国家级土地利用指南，分别对城市用地、农业用地等各种用地提出指导性原则，协调各级政府、各个部门的土地利用政策。联邦政府土地利用委员会对土地利用进行宏观指导监督，保证地尽其用。

省级（地区）规划是相对细化的政策性、纲领性文件，划分出城市和农村的界线，强调提高城市建筑容积率和土地利用率，保护农业用地，规定一、二类农用地不能用于非农业。土地利用规划权主要集中在省级以下地方政府。

市级规划按照各市土地的功能和密度划分出土地功能分区，制定《土地分区管理法》。根据土地的自然特性、经济特性、公共利益和市场供求关系等因素，划分出住宅、商业、工业、农业、休闲、环境保护用地和混合用途用地等类型。规定土地的用途、密度和建筑体积等，有效地控制土地用途转移。

第八节　农业生产政策

一、农业生产扶持政策

加拿大联邦和各省政府对农业及农业食品的发展十分重视，制定了许多政策、措施，并且每年投入大量资金以保证农民的正常收入，促进农业的稳定发展。根据协议，联邦和省政府出资额度分别为53％和39％，其余部分则来自非政府组织。上述资金由联邦、各省政府统一调拨，共同管理。联邦政府支持农业的资金主要包括以下方面：支付农业保险项目（57.2％）、科研与检验（20.8％）、农业发展及与贸易有关的项目（7.4％）、运作资金（7.3％）、库存和运输（0.3％）。各省政府对农业的资金支持项目与联邦政府类似，但数量要少得多。目前加拿大政府对农业的扶持措施主要体现在以下方面。

（一）农业保险项目

加拿大农业收入稳定项目。该项目于2003年12月实施，取代过去的净收入稳定账户和加拿大农民收入方案，是目前加拿大农业最主要的收入安全和商业风险管理项目，旨在尽可能在不影响生产和贸易的情况下稳定农民收入而不是单纯地向其提供补贴。农民、联邦和各省政府按一定比例向此账户存入资金，如果农民当年的利润低于政府所设定的参照值，就可得到政府支付的款项，小幅度的利润减少造成的损失由政府和农民对半分摊，利润降幅越大，政府所摊份额就越大。加拿大农业收入稳定项目最多可补偿农民当年损失的60％，其支付资金取决于农民事先所选择的保护水平，最低保护水平为70％，最高为100％。由于近年来受疯牛病、干旱、汽油涨价等因素的影响，农民的实际收入有所下降，因此加拿大政府自2004年提高了支付该项目的资金，每年增长幅度为3％，为农民减轻经济负担、稳定收入、抵御风险等发挥了重要作用。

农作物保险项目。该项目是为了保护农民免遭由于气候或其他自然灾害如干旱、洪涝、冰雹等带来的损失。该项目也是由农民、联邦和省政府三方共同承担，各省政府具体实施。农民如遭受自然灾害，联邦、省政府联合出资赔偿。

加拿大农民收入方案。在发生不可抗的情况下（如自然灾害等）农民收入减少，政府向其提供的短期救济方案。联邦和省政府共同负担此项费用，向受灾农民提供过去5年平均收入70％的经济支持。目前此方案已被加拿大农业收入稳定项目取代。

预支农民方案。预计种植的粮食价格可能下降，联邦和省政府提前预支农民部分借款，并对其中的特定数量给予无息优惠，超过部分收取利息，联邦政府将支付此项方案的所有费用。

（二）农业科学研究

加拿大每年在这方面的投资约 4 亿加元，占农业 GDP 的 3%～3.4%，在农业科研资金投入方面一直处于世界领先地位。加拿大联邦农业及农业食品部、各省农业厅以及大专院校都积极参与科研项目，其中，农业及农业食品部下属的科研局发挥了重要作用。它拥有 6 个直属研究所，约 50 个研究机构，在全国各省还设有研究分支。联邦政府的科研机构侧重于农业科技的基础理论研究，而省级科研机构和大专院校则侧重于应用研究。

（三）减免农业税

加拿大政府十分重视调动农民生产的积极性，制定长远规划，多年来不断减免农民的各种赋税。2004—2005 年度政府减免农民税收达 4.21 亿加元，和农业生产有关的公司所得税也下调至 30%～34%，比 20 世纪 60 年代下降了 35%～40%。

（四）加大对农村基础设施的投入

1960 年以来，加拿大政府逐渐加大对农村基础设施如学校、医院、公路、铁路的投入，每年投资增长幅度约 2%。

二、农业生产安全和农业标准化政策

加拿大保持其全球市场竞争优势主要依靠农业标准化程度高，农业标准的提高离不开科技。加拿大科学家进行的研究具有较高水平。通过开发和创新技术的引进，提高了加拿大农业食品领域长期竞争力。加拿大政府在每个重要农业生态系统中经营研究中心和实验农场网络。

（一）发达的作物种业

加拿大有严格的种子规程，其育种的实力名列世界前茅。加拿大种子的纯度、发芽率和其他品质指标，都由联邦政府规定，各省必须严格执行。加拿大是国际种子检验协会的成员，受经济合作与发展组织的品种证书规程所管制。加拿大培育的小麦等谷物的品种可以适应不同的用途，如烤制面包用的小麦、酿造啤酒或饲料用的大麦、高蛋白且对光照长度不敏感的燕麦等。加拿大科学家利用花药培养加速了品种改良的速度。加拿大的杂交玉米品种有早熟的优点，生长期只有 110～115 天。20 世纪 70 年代开发出了低芥酸油菜籽，其低硫苷饼粕是优良的蛋白质饲料。

（二）生物工艺和家畜遗传设计工艺

加拿大对农产品的生产实行严格的体系化和标准化管理，农业科技起到了重要的作用。加拿大是世界养猪业大国，其 55％肉猪出口。加拿大能做到这一点，就是依赖先进的种猪选育体系、集约饲养体系、对抗生素和疫苗的使用严格控制，以及肉产品质量监控等一系列管理制度。加拿大的畜牧业、养殖业讲究"动物权利"，也就是牲畜必要的生存和卫生条件，使牲畜少得病，肉类质量自然提高。

加拿大的家畜生产技术在世界上居领先地位，科学家们在"家畜遗传设计"方面已经取得了很大的成绩。例如农业及农业食品部动物研究中心正在研究瘤胃细菌遗传控制，试图改进其降解纤维性饲料的能力，改善反刍动物的饲料蛋白质的需求量。胚胎处理技术十分先进，如超数排卵、胚胎分割等，因此国际市场对品质优良的加拿大遗传资源的需求不断上升。此外，国际市场上对加拿大的活牛、牛精液和家禽种蛋的需求量也逐年增加，其出口值每年高达 5 000 万美元以上。

（三）动物保健和疫病防治

加拿大联邦政府制定了"生产性能测定记录"计划，对各地的牛群遗传系谱进行登记，帮助农民寻找国内生产率最高的牛种。有一个 280 个科学家参与的动物及人类保健网（Bionet），研究通过 DNA 重组体和单无性系抗体技术，大大提高了加拿大在动物保健方面的国际地位。其中，DNA 重组体可以用于开发新的细菌疫苗，治疗牛的沙门氏杆菌病。另外，他们还通过遗传设计工艺，在牛痘疫苗的基础上研究新的抗病毒疫苗。

（四）土壤管理

地处冷温带的加拿大农区，对土壤保护十分关注。为防止土壤侵蚀，农业及农业食品部研究局开始制定土壤目录，农民及计划人员可以很容易地从目录里的 2 000 种不同种类的土壤中找到自己的土壤是属于哪一种，最适宜种植哪些作物，可能实现多高的生产率。加拿大保护土壤的方法是以生物措施为主，很少用工程方法。

三、粮食安全法规与保障机制

（一）粮食安全法规

加拿大十分重视粮食质量和食品安全，对食品质量要求非常严格。主要与食品相关的法律有：农业及农业食品行政经济处罚法、加拿大食品监督法、加拿大农产品法、消费品包装和标签法、食品药品法、鱼类检验法、肉类检验法、动物卫生检疫法、加拿大谷物法、植物保护法、种子法、饲料法、化肥法。这些法律都是食品安全的基本要求和一般规定。联邦政府及有关部门为实施这些法律制定了相关的配套法规，对农产品和食品的生产、加工、储藏、流通、食品安全限量和卫生规定、检测方法、标签标识、包装材料卫生要求等都做了明确规定。《加拿大谷物法》规定加拿大的谷物质量管理由加拿大谷物委员会负责。

（二）粮食安全保障机制

加拿大的粮食管理及安全政策是通过法律和法规来落实的。加拿大粮食管理最主要的法规有两部，即《加拿大谷物法》和《加拿大小麦法》。运用法律手段，建立粮食贸易所需的硬件（基础设施）和软件（相关规定），并根据期货市场相关预警信息，对生产和储备采取必要的调控，调节市场的供求关系。加拿大对谷物公司经营谷物和谷仓都有严格的审批条件。《加拿大谷物法》规定，经营谷仓申请人必须有一定储备条件，并提供经营审计的财务证明，即申请人必须有一定财力，还要以保证书、保险或其他方式提供足够的担保，谷仓储存的谷物都必须全额保险等，以保证粮食的稳定投放，从而保障其国家的粮食生产经营者的利益和粮食充足供应。

除此之外，加拿大食品检疫局具体实施联邦政府规定的所有食品检验、动植物卫生等有关事宜。现有员工 5 900 人，其中包括检验专家、食品安全专家、兽医、农艺师、化学家、系统专家等，拥有世界一流的食品检测系统，其检测手段和水平居世界领先地位。

第九节　农产品流通、加工和对外贸易政策

一、农产品流通政策

（一）大小麦流通政策

根据《加拿大谷物法》和《加拿大小麦法》，西部草原省及不列颠哥伦比亚省生产的小麦和大麦均由加拿大小麦局统一收购、销售和出口，其他省则通过行会组织如小麦种植者销售委员会自行销售。加拿大小麦局以最好的价格在国际市场上销售，其收入在减去销售成本后再返还给农民。该局对小麦和大麦的收购价格实行"两次结算"制度，即农民在交付谷物的同时就会获得首期付款，该款项由政府担保，相当于小麦局预估的市场平均价格的 75％，然后该局根据市场情况再次向农民支付调整价格，从而保证农民享有及时、合理、稳定的收入。

（二）蛋、奶、家禽产品流通政策

加拿大对鸡蛋、奶类、家禽产品实行产量配额管理。加拿大联邦奶制品委员会、各省市场营销委员会及加拿大政府有关部门共同制定牛奶价格支持政策和产量配额，联邦、省级政府不同程度地介入上述三种商品的市场营销活动。联邦政府负责管理跨省贸易及国际贸易，各省政府负责管理牛奶的产量和其省内的销售。加拿大牛奶生产者须获得许可证方能生产，并且须通过各省市场营销委员会向奶制品加工企业进行销售。

加拿大对鸡蛋和家禽的供给管理体制与奶类产品相似，家禽生产者须持有许可证方能通过各省的市场营销委员会向加工厂商进行销售，而该委员会则根据国家有关规定将生产产量配额分配给农户。各省的市场营销委员会与有关行会组织密切合作，帮助生产者进行有关价格的谈判，争取最好价格，以维护农场主的切身利益。

二、农产品加工政策

加拿大农业食品加工领域在国内生产总值的贡献率为 2.4％左右。就发货

量而言，食品加工是排前5位的制造加工业，农业食品加工业也是加拿大28万家农场的主要市场，收购了超过140亿加元的农产品。此外加上49.8亿加元的蔗糖和豆粕等初级农产品的进口，总的食品和饮料加工值为561亿加元，其中106.8亿加元是出口所得。加拿大的农产品加工政策主要从质量管理和储运系统两方面体现。

（一）质量管理

加拿大谷物的质量管理和控制工作由加拿大谷物委员会承担。其经费主要来源于两个方面：一是对农民粮食的质量检验、称重收费收入，占65％；二是政府拨款，占35％。对谷物的等级评定办法有主观和客观两种办法，客观的办法是用仪器对谷物的容重、水分和蛋白质等进行测定，主观的办法是由训练有素的检验官对谷物进行感官评定。

加拿大谷物委员会检验官共分三级，上岗前要经过考试选拔和培训，并且每年还要对检验官进行严格的考试和审查，不合格者将不能担当检验官。

（二）储运体系

加拿大的谷物从农场生产出来后到运至市场的过程中，全部实现了散粮装卸和运输，有效地保证了谷物品质，避免了损失。加拿大的散粮运输体系主要分三级，即农场、基本谷物转运站和终点谷物转运站，散粮运输工具为火车、汽车和船舶。

谷物散粮运输除了使用散运汽车和散运船舶外，大量使用的是散运火车。从1975年开始研究集装箱散粮运输，目前谷物通过集装箱运输的数量占5％。这一比重在今后将会进一步提高。

三、农产品对外贸易政策

加拿大为促进农产品出口贸易提供的政策扶持与管理服务比较系统、配套。其基本特点为：管理体系健全，运转协调有力；服务内容丰富，形式多种多样；支持措施得力，立足雪中送炭；行会作用巨大，机制灵活高效。其基本经验为：坚持市场导向原则，以政府为主导调动各方面资源力量，为农产品出口贸易创造良好环境条件，提供多方面支持和全方位服务，从而保证了加拿大农产品出口贸易的强劲势头长盛不衰。

（一）以政府管理机构为农产品出口贸易创造条件

加拿大联邦政府农业及农业食品部市场与产业服务局设有国际市场处，省政府农业厅设有农产品出口部门。不同机构之间按分工协作原则运作，为农业出口企业开拓国际市场创造条件。主要包括：一是提供信息服务。由政府资助广泛调研、收集有关农产品出口贸易信息，通过研讨会、报告会、新闻发布会、互联网等方式为农业出口企业提供信息咨询服务。二是开拓国际市场。帮助农产品出口企业联络海外客户或帮助海外进口商寻找国内出口商，组织出口企业参加国际贸易展览，组织国际贸易考察团，组织贸易洽谈会、促销会、研讨会等。三是处理贸易纠纷。在其驻外使馆商务处派有农产品出口贸易专家，除获取各类信息外，还帮助国内农业出口企业解决贸易纠纷。

（二）以政府项目为农产品出口贸易提供支持

加拿大政府均设有配套的项目（每年 2 000 万～3 000 万美元），以财政补助方式支持农产品出口贸易，主要包括：一是支持开拓新的海外市场。通过资助行业协会组织参加或主办国际农业贸易展、商贸洽谈会、贸易使团出访等形式帮助农业出口企业寻找海外客户。加拿大农业及农业食品部每年向符合条件的企业参加海外农产品展览提供 1 900 万美元的资助。二是支持技术培训。加拿大对龙头出口企业高级管理和技术人员进行技能培训，支持出口企业通过行业协会向当地政府项目管理机构提出申请，获准后按规定支出费用的 50% 由政府承担。三是支持促销活动。加拿大农业及农业食品部对设在各地的农业贸促机构均配有促销专家，直接与农业出口企业或省级机构合作促进农产品出口贸易，每年活动经费 200 万美元。

（三）以优质金融服务为农产品出口贸易降低风险

加拿大农产品出口贸易所需金融与投资服务涉及多个金融或非金融机构，其在各自的职责范围内按商业规范和市场规则运作。

（四）以行业协会为农产品出口贸易提供服务

加拿大行业协会组织涉及面广，发育成熟，很好地发挥了企业与政府间的桥梁作用以及企业与农户间的纽带作用，既是行业利益的忠实代表，又为会员企业提供优质的服务。在促进农产品出口贸易方面主要提供以下服务：

一是组织实施行业出口战略规划。加拿大各行业协会为促进农产品出口，组织会员企业制订本行业出口战略规划（包括市场目标、需要开展的活动等）并上报农业及农业食品部，经批准协会可从政府获得 50% 的活动经费补助。

二是组织实施人力资源培训计划。加拿大各行业协会为会员企业高级管理或技术人员组织新技术、新产品、新标准短期培训，并由财政提供每人次不超过 1 670 美元的补助。

第十节　农业资源和环境保护政策

一、农业资源利用及保护政策

加拿大的农业资源管理措施，主要是针对肥料的有效管理与利用、废物处理、水资源的威胁、气候的改变等九大问题制定的，其目的是在保证农业可持续发展的同时，保护并提高生态环境质量，为加拿大农业、资源、环境的协调发展开辟了道路。

（一）创新耕作制度

加拿大改革后的作物耕作制度有效减少温室气体排放量，如玉米连作田实测的温室气体排放量高于混合作物轮作田区。在部分地区采用的保护（守）性耕作措施有效减少了温室气体排放以及投入的石化能源及作业成本。执行农地造林制度，充分发挥森林系统抵消温室气体排放量的多元途径，诸如减少森林砍伐（保存碳源）、扩大人工造林（提高碳积储容量）、生产生物质能源（抵消石化能源燃烧消耗）等。

（二）加强耕地管理

加拿大运用豆科作物能减少对氮肥投入物依赖性的特点，考虑把主要农作物与豆科作物适度轮作。在连片种植的农作物间或两排林木、蔓生作物之间搭建临时性的植被覆盖物，提高土壤碳汇能力。也通过提取前作物植株上未使用的速效氮，减少 N_2O 的排放。

（三）强化粪便管理

依靠冷却手段有效减少来自粪便池里的 CH_4 排放量，如使用固体覆盖物、从粪便浆体里把固体机械分离出来或捕捉排放的 CH_4。

二、农业环境保护政策

（一）防止农业环境污染的主要途径

首先，制定发展目标和环境指标。例如大草原地区农场管理的发展目标是"干净的空气、清洁的水源、富饶的土地、多样的生物"。根据这个总目标，把所有的环境因子进行分类，制定出符合总目标要求的环境指标或环境标准。第二，在农业投入上，减少污染物质的使用或在使用中采用一系列防止污染的办法，如减少化学农药、化肥等的使用，越来越多地采用生物农药、精量施肥和生物防治等。第三，在产品输出方面，消除或减少造成污染的副产品，对副产品进行再利用或循环再生，包括能量的再生利用。第四，在废物处理上，以控制为主，尽量减少废物的产生，对废物进行无害化处理。

（二）减少温室气体排放量的农业途径

第一，通过对土壤增施有机肥，减缓土壤有机质腐烂，缩短有机粪肥的田间暴露时间，减少土地耕作活动，改善土壤水分管理，增加多年生牧草种植，大力栽培木本植物，提高农业耕作土地中的碳素储备水平；第二，通过减少森林的采伐量，快速恢复伐木林带，大力推广造林种草，建立农牧场防护林带等，增加活体植物中的碳素储备水平；第三，通过减少农田耕作、减少化肥用量、栽培豆科牧草、提高能源使用效率等措施，减少农业生产活动中的能源消耗。

此外，减少 N_2O 排放量的途径有测土施肥，避免农田土壤中氮肥过剩；增加有机肥使用数量，改善农田土壤的通气条件和酸碱度；尽量减少农田土壤的耕作，大力栽培地面覆盖植物；使用氮肥硝化还原抑制剂等。

（三）加大对低碳农业科研的投入

为了加快低碳农业的发展，加拿大政府制定了一系列相关的政策：重视农业科学特别是低碳农业科学的研究，加大对农业科研的投入。加拿大政府每年在农业科学研究方面的投资约 4 亿加元，占农业 GDP 的 3%～3.4%，在农业科研资金投入方面一直处于世界领先地位，农业科研强度（ARI，即用于农业科研的费用占农业生产总值之比）一直大于 2%。加拿大联邦农业及农业食品部、各省农业厅以及大专院校都积极参与农业的科研项目，主要研究包括：一是生产作为清洁能源的可再生能源；二是低碳环保型农业生产方法的应用等。

（四）发展保护性农业

加拿大经过多年的实践，保护性农业得到较快发展。萨斯喀彻温省的免耕面积最大，其比例已达 60%，艾伯塔省免耕面积已占 48%。保护性农业还应用于牧业生产，在草地实施草麦混种，防治草地扬尘。

1984 年，加拿大政府专门制定了土壤保持政策，尤其是将土壤保持纳入控制气候变化的政策框架中。重点包括增加免耕面积、减少夏季休耕地、在轮作中增加种草、增加永久性覆盖面积、增加防护带、改善放牧管理等措施，以控制农田和牧区温室气体的释放。

第十一节　农业投入和支持保护政策

一、农业投入政策

（一）财政直接投入

加拿大联邦政府除负责联邦一级的农业支出外，还对省及省以下政府农业发展提供资助。政府财政支出主要用于农产品安全保障、农业科研、农业基础设施建设、灌溉工程等方面。加拿大政府农业财政支出的一个重要方面是支持农业科技和推广，提高科技对农业的贡献率。加拿大联邦财政和各省财政每年都安排专项的农业科学研究、教育和新技术推广资金，重点支持中长期的基础性研究，包括农业生物技术研究、种子繁育、环境保护等，同时还努力保障农业科研机构人员工资和必需的经费。积极支持开发农业科技市场。加拿大每年在这方面的投资约 4 亿加元，占农业 GDP 的 3%～3.4%，在农业科研资金投入方面一直处于世界领先地位。加拿大农业科研约有 60% 由私人部门承担，私人部门通常根据农民需要，按照政府设置的课题开展研究。加拿大联邦农业及农业食品部、各省农业厅以及大专院校都积极参与科研项目，其中，农业及农业食品部下属的科研局发挥了重要作用。联邦政府的科研机构侧重于农业科技的基础理论研究，而省级科研机构和大专院校则侧重于应用研究，其在农业技术推广和培训方面起着重要作用。

（二）税收优惠政策

加拿大对农业使用统一税制。加拿大的涉农税收大致包括所得税、货物和劳务税、关税和土地税 4 个税种，各税种对农业采取了不同程度的优惠政策。

一是在所得税方面对农民的所得税实行收付实现制，农民可以在获得所有现金收入时才交纳所得税；农民当年发生亏损，可以享受免征个人所得税的照顾；年收入低于 1 万加元的农民可以减免个人所得税；农民牲畜遭受损失后可以享受所得税延期支付的优惠，以便有时间更替新的牲畜。

二是农民在计算收入成本时有诸多优惠。如：即使农民的库存是用于下年的农业生产，也可根据农民的意愿选择计算成本的年份、全额扣减土地改良费用、农场建筑物资产成本减免率一般为 10％～20％，比其他建筑物的资产成本减免率高 2.5～5 倍等。

三是在消费税方面农民购买农用机械和修理配件、肥料、农药、种子和建筑材料等生产资料，可以享受免征消费税的优惠。

四是在土地税方面对于农民持有的农业用地和森林用地实行减税政策，如果土地流转改变农业用地的性质，则征收高额的资产税或土地开发交易税。

此外，全部或部分减免农民退休时转卖农场或将农场转让给子女继续从事农业生产的资本收益，以确保农民老有所养，并鼓励人们积极从事农业生产。

二、农业支持保护政策

（一）价格支持政策

1944 年以来，加拿大实行过农产品价格支持法。1955 年实行新的价格支持法案——《农业稳定法》。据此规定，农业稳定局拥有 2.5 亿加元的周转基金，供执行各项稳定计划之用。如果发生经营亏损，则由议会拨款给予补偿。

政府用支持价格等办法，协助农场主转嫁危机。但是，支持的结果是生产过剩的矛盾不仅没有缓和，反而逐年积累，愈演愈烈。因此，20世纪70年代以来，政府采取发放补贴鼓励削减生产计划。该计划规定，凡将上一年度播种小麦的耕地转为夏季休闲地者，可得到每公顷14.8加元的奖励金，凡将休闲地进一步改为永久性饲料地者，每公顷还可以得到追加补贴9.88加元，这个计划执行的结果，使得加拿大的小麦播种面积和产量基本与市场的需求相适应。

《农业稳定法》规定对9种不同的商品提供价格支持。支持价格是根据最近5年平均价格的90%，加上近期基期相比增加的现金费用来确定的。如果各省负担费用，联邦允许它们提高支持价格水平。

（二）农民收入稳定计划

加拿大政府通过联邦政府和各省政府合作的方式，制定长期的稳定方案措施——《加拿大农民安全网措施方案》。该安全网重点措施方案有两点，即农民净收入稳定政策计划、农业收入稳定计划。

1. 农民净收入稳定政策计划

1990年开始实施，主要做法是：鼓励农民将收入的一部分存入NISA的账户中，农民存多少，联邦和省级政府也存入相同数量的资金。农民收入好时可多存，不好时少存。政府对申请加入农民净收入稳定政策计划的农民，要经过资格审查，要求农民必须每年向政府缴纳所得税，并要求其是全职的种植业农民，不能搞其他经营。农民一般不轻易提款使用，只有遇到灾害时才提款。如果想把所有存款都提出，政府要对其收入和支出情况进行核算，方法是计算出农民最近5年的平均净收入，如果本年收入低于该值，就允许农民将存款全部提出，但2年内不允许再加入。农民净收入稳定政策对解决加拿大农民抵御风险发挥了较大的作用，受到了农民的欢迎。

2. 农业收入稳定计划

该方案是对农民收入下降时的救济方案。申请农业收入稳定计划的农民同时也可申请加入农民净收入稳定政策计划。政府对申请的农民进行考核，符合条件的方可加入。一是定时向政府报税；二是全职的种植业农民；三是遭受了洪水、旱灾或虫灾等自然灾害。能否给予救济的标准是：将农民前3~5年收入的平均数与当年收入比较，当年收入低于平均收入的 70％时政府可以给予救济，救济的标准是补到 70％，联邦政府承担 60％，省政府承担 40％。农民可以在遇到灾害时随时申请农业收入稳定计划。

（三）农产品补偿基金和农业保险计划

加拿大政府为缓解农产品价格波动对农民生产成本的影响，建立了农产品补偿基金，该基金的主要作用是当农产品在销售旺季价格降低时对农民的补助和扶持，基金的资金来源由政府和农场主共同承担。加拿大政府还鼓励农场主参与农业保险计划，保险费用由政府承担 40％，自愿参保人支付 60％，一旦发生自然灾害或市场波动，保险公司依照合同契约照价赔付。补偿基金和保险制度的实施一方面增强了农场主的稳定感，另一方面降低了其经营成本并提高了生产收益。

第十二节　农村人力资源政策

一、农民权益保护政策

加拿大地广人稀，从事农业生产的人口数仅为全国人口数量的 2％，分散居住于中北部地区。加拿大在社会保障制度发展过程中，受到西方福利国家思潮影响，坚持基本保障、全民统一。所有基本的社会保障制度都是针对全体社会成员设计，不分城乡，真正做到让全体公民都站在基本保障的同一水平线上。居住在北部偏远地区的农民可以享受到与多伦多市民一样的社会保障待遇，如基本养老保险、免费医疗、子女小学到中学的免费义务教育，农业、渔业季节性歇业时享有与城市失业人员同等的失业保险金等。在基本保障之上，再根据北部农民特点给予作物保障政策等保护。

加拿大联邦和各省政府对农业及农业食品的发展十分重视，制定了许多政策、措施帮扶农业，并且每年投入大量资金以保证农民的正常收入，促进农业的稳定发展。一些城镇工人所适用的社会保障，对于农民来说是难以适用的。比如农业生产具有季节性，不易判断农民是否失业，农民便无法加入失业保险。农民没有固定雇主，于是无法受职业灾害保险和职业团体年金制度的保障。因此加拿大政府在全民基本保障的基础上，还给予农民一些优待政策。

（一）农民所得收入保障

加拿大在 20 世纪 50 年代末期逐步建立农民所得"安全网计划"，主要减轻农民因农产品跌价或生产成本提高而造成的短期性所得损失，即政府补贴农产品价格，使农业劳动和资本投入能获得合理报酬，使农产品价格和生产成本之间维持合理比例。1991 年 4 月加拿大国会通过《农民所得保护法》，政策目标依然是稳定并提高农民收入，只是用 20 世纪 90 年代的"所得保险"代替了早期的"所得补助"。《农民所得保护法》从农民的作物收入和净收入两方面来保障农民利益。一是作物保险，以减轻农业生产风险造成的损失；二是净所得稳定计划，鼓励农民在高收入时多储蓄，备做低收入时期使用，并积存农民退休基金，可以说是对农民养老的保障计划。作物保险以农作物的产量为保险标的。在农作物实际的产量低于被保险产量时，农民可以获得因自然灾害引起的损失赔偿。作物保险分为作物保险计划、联邦作物再保险、所得保险计划三个部分。作物保险计划中，作物保险的保险费由农民负担 50％，联邦政府和省政府各负担 25％。同时，联邦政府可承担省政府的作物再保险，分担它们不能以保险基金支付保险给付的风险，加入再保险的省份只要将其保费收入的15％交给联邦政府即可。农产品丰收时，供大于求造成价格下跌，歉收时又因进口增加而减少农民收入，加拿大政府的所得保险则在此时保障农民的所得利益，给付标准依照产量和价格来定。

（二）农民养老保障

加拿大农民的养老保险制度十分有特色。加拿大农民除了可以享受到全国统一的基本养老保障外，还可享受根据农业规律特点而设计的另外两个层次的保障。加拿大专门为农场主及其家属设立的老年保障计划——净收入稳定计划。该计划由加拿大联邦政府、省政府和各产品农民代表组成的收入稳定账户委员会办理，参加年金计划的必须是从事农业的人以及农业公司或农业合作社的成员。农民可自愿申请参加这项保险计划，亦可以随时申请退出该计划。每个参加农民收入稳定计划的农民都有一个收入稳定账户，该账户包括两个部分，即基金 1 和基金 2。基金 1 是投保人自己存入的款项及保险费；基金 2 是联邦政府和省政府存入的相匹配的款项即保费补贴和两个基金存款的利息。投保人允许在基金 1 里存款的上限是每年农产品（鸡蛋、奶制品和其他畜产品除外）销售收入的 2%，但不得超过 25 万加元。政府（联邦和省）每年向其基金 2 中存入相同数额的配套款项作为保费补贴。政府还规定，两个基金账户的存款和利息大约累积到 50 万加元时，政府就不再补助保费。

（三）农民医疗保障

加拿大从 1958 年开始实行城镇健康保险，自 1968 年起又推行医疗保险制度，在农村也建立起了农民健康保险（此时加拿大的农业产值占 GDP 比重的 3.4%），使享受免费医疗服务的范围更加广泛，使加拿大的全民免费医疗保险成为覆盖范围最广的保险项目。加拿大政府考虑到偏远农村地区医生很少的特点，支持当地政府投资开办培训学校，培养地方医生。鼓励农村利用现代科技创新医疗服务，通过电子医疗记录和电子医疗治疗病人，采取远程医疗的方式给予农村和边远地区医疗服务，使居住在这些地区的人能够及时获得卫生服务。

（四）对农民的救助

与福利型国家的制度设计理念相适应，加拿大也将同样的高水平、高质量救助服务覆盖至全国各省各地区。但加拿大社会救助有一个长期的地方传统，因为加拿大联邦政府认为地方政府更加了解当地居民生活的具体情况，可以依照具体情况制定相应规定。加拿大对农民的社会救助主要体现在为农民提供失业保险金上。加拿大的农业劳动者如果因为自然灾害或其他原因收入下降或失业，可以得到当地政府提供的失业救济金。同时加拿大农民受到相应的农民所得稳定计划的保障。

加拿大除了工农业之外，渔业也很发达。但有许多以渔业为生的自营渔民常会因为渔季变化而导致季节性失业。于是，加拿大政府将渔民也纳入失业保障的范畴，为其提供渔民补助。渔民补助是提供给自营渔民的补助。季节性失业的渔民可以按照规定享受为期 26 周的渔民补助，补助额度与正常补助额度相同。自营渔民还可以申请怀孕补助、双亲补助、疾病补助，只要在申请前有 3 760 加元以上的收入，一般可以享受 15 周此项待遇，总补助期间不超过 50 周。

二、农村人力资源开发政策

（一）增加农村教育投入

20 世纪 70 年代，加拿大部分省份就开始筹建农村幼托机构，如 1969 年，在加拿大联邦政府的支持下，农业大省爱德华王子岛筹建了幼儿看护中心。但较大规模地发展农村学前教育，主要发生在 20 世纪 90 年代以后。1997—1998 年，由于儿童权益方面的原因，健康发展委员会筹款 220 万加元用于支持托儿中心、家庭托儿所、农村托儿所和早期儿童干预项目。

（二）鼓励人才定居北部偏远乡村

2019 年，联邦政府发布了新的北部偏远地区移民试点项目（简称 RNIP）。计划出台的加拿大北部及偏远地区移民试点项目的相关细则中要求获得 RNIP 试点计划的资格，必须满足所有 IRCC 资格要求的工作经验、学历、语言测试、资金等的要求，鼓励人才定居北部偏远乡村，满足北部偏远乡村对人才的需要。

（三）全民免费医疗保障

加拿大实行的医疗保障模式是免费医疗保障模式，又称国家医疗、全民医疗保障模式。其医疗资金主要来自税收，政府通过预算分配方式，将由税收形成的医疗保障基金有计划地拨给有关部门或直接拨给公立医院。医疗保障对象看病时基本不需要支付费用。1984 年加拿大国会通过的《加拿大卫生法》是其医疗保险制度的法律。该法包含五项原则：

（1）全民原则。保险计划必须对所有加拿大合法居民提供同样的全民公费医疗。

（2）全面原则。保险计划中的项目必须包括医院及院外医生所提供的所有必要的医疗服务。

（3）便利原则。保险计划必须使就医者得到合理的便利服务，不得对患者设置费用障碍，不得因其收入、年龄或健康状况等方面的情况区别对待。

（4）转移原则。必须确保加拿大居民离家旅行或从加拿大一个地区迁往另外一个地区时，仍然可以享受医疗保险。

（5）公共管理原则。保险计划必须遵循非营利原则，由省政府的有关部门管理和经营。

（四）全民教育保障

加拿大政府充分保障公民的受教育权。在孩子学前阶段，有家庭津贴、日托津贴、单身母亲津贴等多项津贴，保证孩子能顺利接受教育。加拿大公民必须接受政府为其提供 12 年免费义务教育，此期间政府承担学费、教科书费、试验费、空调费等多项费用，还提供免费交通服务。在高等教育阶段，加拿大政府还为学生提供助学贷款和无须偿还的助学金等资金支持。

第十章 CHAPTER 10
加拿大农业合作社 ▶▶▶

第一节　农业合作社起源

农业合作社在加拿大经过了 100 多年的发展，已经形成了成熟的管理运作体系，合作社数量多、种类全、覆盖范围广，是国际农业合作社发展的典范，为加拿大农业现代化的发展做出了巨大贡献。

一、客观条件

众所周知，加拿大是个地广人稀的国家，气候与自然条件较为复杂，其南部地区与美国接壤，气温较为适中，但尚未完全开发；中西部地区是传统的农业区域，地势平坦但处于内陆地区，加上纬度高全年干旱少雨，年均降水量不足 350 毫米，夏季气温高达 40℃，且冬季严寒，东部和北部地区，最低温度可至−60℃，全国全年适合农作物生长的平均天数只有 100 天左右。从 19 世纪 80 年代开始，随着太平洋铁路的开通，移民大量涌入，太平洋铁路沿线出现了短暂的农业繁荣，其他地区农业依然落后。但是到了 19 世纪末，由于全球经济的不景气及严寒的气候条件，导致农业耕作十分困难，大量的移民向美国迁移，到 1894 年加拿大的人口比 1880 年减少了约 30 万人。为了遏制农业人口的减少，加拿大联邦政府修改了 1872 年颁布的《自治领地土地法案》，按照该法案，只要每个新来的移民缴纳 10 加元的土地登记费便可获得中西部省份的 65 公顷的土地，在这些土地上连续耕作 3 年就可以获得土地的永久所有权。此外，这些权利人还被赋予了对邻近地块享有优先购买权，便于其就近扩大经营规模。在这样几乎免费土地政策的吸引下，1895—1914 年，加拿大历史上迎来了第一次大规模的移民潮，大约有近 300 万人口涌入到加拿大的中西部农业区。但这些农户要耕种如此广阔的土地，在面对严寒的条件下显然有较多的困难，迫切需要农户之间的联合和合作。于是，农业领域内的各类专业合作社迅速发展，迎来了首次农业合作社发展的高峰。

二、直接动因

1872 年的《自治领地土地法案》明确表示，加拿大的农业生产是资本主义大生产条件下的完全市场化行为，土地是一种普通的商品，可以在市场上进行自由交易和买卖，土地之间的兼并行为是完全合法的。可见，加拿大农业从一开始就走上了农业资本主义道路，与其土地法律有着直接的关系。众所周知，加拿大原属于英国、法国的殖民地，从 19 世纪末期开始，大量来自西欧、北欧、美国的移民涌入，这些移民带来了先进的农业生产技术，为资本主义农业生产奠定了良好的基础。但此时在加拿大的农村地区，其落后的交通、流通条件与资本主义化的农业生产方式是不相称的。当时，控制农产品流通的主要是一些私人粮食公司和粮食中转机构，这些企业在向农户收购粮食的过程中极力压低价格。特别是在丰收季节，农户手中的粮食多但是价格低。由于农户没有储存条件，所以必须要把粮食卖出去；过了收获季节，粮食价格上涨，但农户手中又无粮可卖。因此，农户们认识到，流通领域是与农业资本主义抗衡的基础领域，也逐渐意识到联合与合作的重要性。1923 年，鉴于粮食流通的重要性，中西部 3 省纷纷建立了属于农户自己的小麦合作社，小麦合作社在收购粮食的过程中，先以较低的价格向农户收购小麦，到了年末再以市场均价或是利润的形式向农户返还，这种收购方式相较于农户自身销售，无疑带来了较大的利益。此后，农户看到了合作社带来的好处和利益，各种类型的农业合作社纷纷成立，涉及的农业领域也越来越多。

三、主观原因

合作与联合的目的是为了提升弱者的地位，成立合作社的目的是为了实现弱者之间的联合，在联合的过程中提升弱者的主体地位和面对市场的话语权。加拿大农业合作社的创始人之一乔治·基恩对此有精辟的阐释：农业合作化的目的是为了提升农民的个体力量及道德观念，合作社是基于相同的哲学观、道德水准而在一起的合作，能够促进人们之间的联合与互助，让个体学会了依靠，在联合和互助中提高了个体的力量。基于这样的理念和功能，1906 年，加拿大境内成立了第一家农民合作社——谷物种植者公司，后来更名为谷物种植者联合会，该合作社成功地为农户构建了一个独立的能够抵抗粮食收购公司的系统。1909 年，加拿大成立了第一家全国性的农业合作社——加拿大农业协会，为各地的农业合作社构建了一个全国性的联盟框架。此后，中西部地区的移民不断汲取这些合作社的经验，成立各类小麦合作社。到 20 世纪 40 年代，加拿大农业合作社的一个广告语"我助合作社、合作社为我"成为人们对合作社功能和价值阐释的最好范本，合作社的价值和功能得到了较好的发挥，持续推进了农业合作社的发展。

第二节　农业合作社的发展现状

从 1906 年第一家农业合作社成立以来，经过 100 多年的发展，加拿大的农业合作社已经渗透到农业生产、农民生活及农村社区建设的各个领域。销售、服务、金融等各类农业合作社纷纷成立并进入了快速发展时期。从 20 世纪 50 年代至今，这些传统的合作社在不断完善和深化，合作社正在发展。

一、农业合作社的层次

（一）基层农业合作社

基层农业合作社主要是面向农户，面向农村社区，包括农村合作生产资料销售合作社、基层信用合作社、农村住房合作社等，其参与者甚众，拥有广泛的社员。

（二）区域尺度的农业合作社

市级、省级或区域范围的农业合作社基本是基层合作社的联盟，包括信贷、生产资料供给、农产品销售、农村服务等各个领域，其社员是第一个层次的合作社，而不是单个农户，其服务对象是基层农业合作社。

（三）全国性的农业合作社

全国性的农业合作社是市级、省级或地区合作社的联盟，其服务领域既可以是某个专业领域，也可以是综合领域，其社员主要是第二层次的合作社，当然有些不加入第二层次的基层合作社也可以直接加入到全国性农业合作社中。在农业领域最大的全国合作社组织是加拿大合作社联合会，它囊括了多个省级合作社，包括农产品销售、农业技术服务、农产品加工等多个领域。

二、农业合作社的种类

（一）农业供销类合作社

供销合作社是加拿大农业合作社中成立较早的一个类型，其涵盖了全国所有的农业生产区，也是迄今经营最为成功的农业合作社之一，特别是中西部地区的小麦供销合作社效益较好。供销合作社主要包括农产品的销售、农业生产资料的供应两个方面的类型，与普通农户有着最为直接的联系。截至2015年，加拿大全国范围内有市级、省级及区域级的农业供销合作社170个，如马尼托巴省的小麦供销合作社的社员就有6万户，该合作社每年销售的小麦总量占到该省小麦总产量的60％以上，萨斯喀彻温省的农业生产资料供销合作社的成员也接近10万户，每年的销售利润将近2亿加元。

（二）农业金融类合作社

这类合作社主要包括农业信用合作社、农业保险合作社及农业信托合作社3个系统。农业金融类合作社是加拿大目前规模最大、社员人数最多的合作社，其社员不仅有专门的农民、农场主，还有从事农业生产资料生产、农产品加工等领域的厂商。其中农业信用合作社，其社员人数占到了全国人口的30％，资产接近1 500亿加元，在全国近1 000个农业社区中，每年可以吸收存款达到500亿加元。农业合作社在加拿大金融体系中占据重要地位，农业信用合作社已经成为加拿大排名第五的大型全国性银行。在全国排位前100名的银行中，合作社系统的银行占据了30家。而加拿大农业保险合作社同样也是加拿大较大的农业保险企业之一，其资产在2015年达到了350亿加元，保险范围覆盖了全国。

（三）农民消费类合作社

消费类农业合作社主要是为社员提供各类生活消费品的批发和销售服务，提升农业社会大生产过程中的效率。截至 2015 年，加拿大全国有各消费类农业合作社近 700 家，社员人数达到了 300 万户，总资产突破了 55.3 亿加元。值得一提的是，中西部 3 省的消费合作社联合起来，组成了中西部消费合作社联合公司，成为当地最大的农民生活用品供应商，2015 年的营业额突破了 20 亿加元。

（四）农业服务类合作社

服务类合作社的经营和服务领域较为多样，主要包括农户住房、卫生保健、困难救助、幼儿入托等多个领域。截至 2015 年，加拿大全国有近 2 500 家农户住宅服务合作社、600 家托幼服务合作社及 50 家农民卫生健康保健服务合作社。当然，这类合作社并不是营利性质的机构，其带有一定的公共服务职能，享受政府的公共财政补贴。实际上就是政府将其自身的公共服务职能转移到这些合作社，或是政府向这些合作社购买面对农民的公共服务。如农户住宅合作社就是非营利性质的机构，其为农村社区居民建造的房屋价格较低，只有全国平均水平的 30%。

（五）农业生产类合作社

生产类合作社的种类比较多样，凡是涉及生产过程的所有环节均可以成立合作社，专业性较强。包括农业机械合作社、林木加工合作社、手工业合作社等。其中农业机械合作社最为重要，由合作社社员共同出资购买大型农业生产机械设备，如此可以解决单个农户购买资金不足，还能够充分保证每个社员对机械的利用率。加拿大森林覆盖率位居世界第六，有丰富的林业资源，在森林砍伐、木材加工等方面成立的合作社，对这种劳动密集型的产业具有较好的促进作用。为了解决土著印第安人的生存危机，在加拿大西部一些省份成立了印第安人手工业合作社，集中生产、销售土著人的手工艺品，提升土著人的生产收入。

三、农业合作社发展的成效

农业合作社在加拿大已经成为其农业经济、农民生活、农村建设中的重要依托和中介，推进了农业的规模化、社会化、产业化发展进程，在多年的发展中，加拿大农业合作社发展取得了较好的成效。

一是合作社的发展促进了农户之间的联合与互助，促进了人人平等、户户平等的农村社区社会关系的融洽和发展。加拿大农业合作社的治理机构通常有两种模式：合伙制和有限公司制。但不管是哪种制度，社员对合作社基础业务的投票权是严格的一人一票制，只是在有限公司模式中，社员对于附加业务的投票权是依据股本而定的。但基础业务始终是合作社的基本业务，在合作社发展中，大大提升了弱势群体之间的合力，提升了弱势群体在农业市场、政策等领域的话语权，进而保护弱势群体的利益。

二是合作社的发展延伸了普通农户的农业价值链，提升了农产品的附加值。加拿大的农业合作社种类较多，但不管是生产性、消费性，还是供销性或服务性的合作社，其从事的任何业务都是为社员服务的，普通农户作为社员加入其中，实际上就是将自身的种植业与农业领域的其他价值链相连接，从而延伸其自身农业生产的价值链。在价值链得到延伸之后，社员生产的农产品通过包装、加工及品牌宣传，产品附加值得到了增加。

三是合作社的发展有助于降低农产品流通中的中间环节，从而降低交易成本。一般而言，加入了合作社的农户，其生产的农产品基本能够保证有稳定的销路。在行销过程中，单个农户进行运输、存储、处理等势必会增大流通成本，但合作社运用专业的设备与设施，按照专业化的物流过程进行运输、存储和处理，就能够降低单个社员的成本，从而增加了社员们的利益。

四是合作社的发展能够为普通农户提供最低的利润保障，增强了普通农户抵抗风险的能力。特别是在遇到自然灾害的时候，农户生产的产品在很多时候由于质量不高，可能无法销售；或是总产量受损，无法取得预期的利益。此时，合作社通常会收购农户一些质量不高的产品作为动物饲料。

五是合作社的发展带动了农村社区的发展，促进了农村社区就业率的提升。农业合作社，是为农村社区服务的，在合作与联合的过程中，促进了农产品生产的标准化和规模化，带动了农户规模效益的产生；同时，合作社从事一定的业务，这些业务需要雇佣专门的人员，农村社区的农户可以成为其雇员，特别是那些没有足够资金加入合作社的农户，一样可以被聘为雇员，保证其充分就业。

第三节 《加拿大合作社法》及相关支持政策

一、合作社法概述

加拿大合作社法于 1970 年颁布，1998 年重新修订。修订后的合作社法共 24 个部分，386 项条款。加拿大联邦和各省都有各自的合作社法，合作社必须遵守合作社法及其相关法律规定。

20 世纪早期，加拿大农产品市场的发育还不成熟，农业生产者为了应对农业生产资料供应商和农产品加工商、销售商的垄断行为和增强自身的市场竞争能力，开始组建合作社。农业合作社增强了农业的综合生产能力、市场竞争能力、风险承受能力和获利能力，并促进了当地农村社区的发展，这主要体现在以下几个方面。

一是农业合作社使得农场主有能力支付先进技术的高额成本和获得专业化服务，农业成本降低，获利能力增强。农场主通过共享合作社资源，以较低的成本利用专业化生产工具，提高生产效率。1990 年，魁北克省的 10 个农场主建立了合作社，目的是共同购买和利用农业机械，降低农场生产成本以提高农场的生产效率和获利能力。该合作社已经吸收了该地区 80% 的农场主成为合作社成员，拥有 16 种不同的农机设备为其成员服务。

二是农业合作社从事生产活动和市场销售活动具有单个农场主不具备的规模优势，为农场主提供价格合理的生产资料并为农产品开拓广阔的销售市场。无论在农业生产资料市场还是在农产品销售市场上，单个农场主价格协商能力很弱，只能被动接受垄断厂商的定价，这对生产者很不利。在农产品销售市场上，单个农场主进行市场开发成本较高、风险很大，合作社进行规模销售不仅提升了生产者的价格协商能力，并且能够使生产者共担市场开发成本和风险。在农业生产资料市场上，合作社进行规模生产，可以为生产者提供价格合理的生产资料并且打破垄断局面。

三是农业合作社使农场主获得增值收益。在农产品产业价值链中，加工环节的增值收益较高。农产品加工合作社的发展壮大，使农场主获得加工环节的增值收益。

四是合作社能够实现社区共同目标，促进当地就业，进而能够带动整个农村地区的发展。魁北克省的一项调查表明，农业合作社的存活比率几乎是其他类商业组织的两倍，这表明农业合作社所追求的目标是符合成员对产品和服务的共同需求的。农业合作社是农场主对当地进行管理的一种方式，农业合作社经营产生的剩余可以返还当地，从而有利于当地经济的发展。

二、合作社法的发展完善

为了增强发展能力，农业合作社希望吸收农业生产者以外的投资者，这就对合作社立法提出了新的要求。目前，针对新一代合作社的需求，有些省份已经通过了新的合作社法。以艾伯塔省为例，艾伯塔省于2002年4月颁布实施了合作社法，取代了合作协会法。

与合作协会法相比，艾伯塔省的合作社法主要有以下几个特点。

一是规定的合作社发起人总数有所变化。合作社发起人数由原来的合作协会法要求的10人或10人以上变为3人或3人以上。

二是规定了更详细的合作社章程和更灵活的合作社内部规程。合作社法规定，继续经营原有合作社或建立新合作社，必须制定合作社章程。章程包括合作社的成员资格、董事和管理者、股本、投资股等项内容，合作社法对其中的每一项内容都明确规定了章程中必须设定的条款和选择设定的条款。合作社法不再提供标准的合作社内部规程，只是规定内部规程中必须规定的内容和选择规定的内容。

三是管理方式有所变化。为了增强合作社的筹资能力，合作社法规定合作社可以发行投资股，投资股股东可以投票选举董事，但限制投资股股东选举的董事人数，以保证董事会代表全体成员的利益。如果合作社有成员代表制度，成员代表可以代表成员行使投票表决权，但代理人不能代表成员行使该项权利。然而，投资股的股东可以直接行使投票权或由代理人行使投票权。

四是对新一代合作社做出规定。新一代合作社主要是农产品生产、加工、销售和服务合作社。生产者通过购买成员股份成为成员，并与合作社签订合同，由合同规定成员的权利和义务。

五是新一代合作社在股本结构和投票表决权上与传统合作社有所不同。新一代合作社可以发行三种类型的股票，分别是成员股、指定股和投资股。成员股保持初始价值不变并且具有投票表决权；指定股类似于有限责任公司的普通股，这类股票没有投票表决权；投资股类似于有限责任公司的固定股或优先股，投资股的价值和利率都是确定的，投票表决权由章程规定。

第四节　农业合作社的管理模式

一、分组式的分支小组和契约化管理方式

在农机合作社中，由于社员对农业机械的需求是存在差异的，所以农机合作社的农业机械和设施按照使用情况被分成不同的活动分支小组。如果社员想使用所需要的农机服务，则必须加入相应的分支小组。分支小组是根据农机服务内容来加以划分的。分支小组能够顺利进行活动依赖于农机合作社和社员之间的契约（合同）。契约是具有法律效力的文本文件，规定了合作社和社员之间的权利和义务。契约规定，农机合作社有责任为社员提供相应的机械服务、减少机械投入成本，并赋予社员对其管理的权利，同时社员则要承担对农机合作社运营中所需的投、融资和成本分担义务。契约中对共享的机械数量和类别、农机合作社的融资、管理等方面做了详细的说明。契约存续的时间就是分支小组的机械存续时间，通常是3～5年。契约未满时，如果分支小组的多数社员想变卖机械，则需要合作社的董事会同意。获得同意后机械变卖的钱用来抵消社员的费用，也可以用来支付购买新机械的费用。机械变卖后，旧的契约取消，继续参加的社员再重新签订新的契约。当分支小组的契约期满后，社员可以解散分支小组。同样，变卖机械要经得董事会的同意，所得利润作为合作社的留存。加入合作社的社员根据他们投入合作社的原始投资份额可以获得资金返还。

二、权责明晰的管理机构设置

农机合作社管理是和分支小组的组织结构相配合的，主要包括4个管理层次：社员代表大会、董事会、分支小组经理和设施经理。社员代表大会是农机合作社的最高管理部门。董事会是农机合作社的日常管理部门，其管理人员是由社员大会选举产生，董事会管理农机合作社及其下设各个分支小组的运营活动。各分支小组的管理人员由本部门推荐，由董事会负责最终人选。分支小组经理主要负责小组内机械的使用，对机械的使用时间进行分配，负责督促社员

执行契约所承诺的义务。设施经理主要负责机械的维修、保养、分配等，由组内人员担任，由于大多数农机合作社的规模较小，所以设施经理和分支小组经理往往由一人担任，并负责向董事会报告运营和财务情况。在每年的社员代表大会召开之前，各分支小组还要分别召开会议，对本年的财务及运营情况进行总结，并将总结结果及产生的问题在召开社员代表大会时向董事会报告。农机合作社在管理上还坚持合作社的运营原则，不论股金投入多少，实行一人一票原则。由于农机合作社社员数较少，在合作社的重要决策方面体现出较大的民主性和参与性。

三、公平效率兼顾的融资和时间管理

加拿大农机合作社社员的融资份额、成本分摊和利益分配按照社员使用农业机械的比例来确定。也就是说，如果一个社员的土地面积占到合作社土地总面积的20％，那么他就要承担20％的融资份额和成本分摊，同时也享受20％的利益分配。如果社员土地产出量相差悬殊，社员的成本和收益分摊基数则依据土地的价值、灌溉条件的便利性等进行相应的调整，以确保尽量公平。如何安排农业机械和设施的使用时间也是农机合作社面临的棘手问题。加拿大农机合作社的社员采用了长期轮流的方法，对合作社的机械使用顺序给予认可。他们认为，农业机械共营所带来的效益超过了由于没有在最优时间利用机械所引致的成本损失。

第五节　农业合作社的发展趋势

近年来，随着外部社会环境的变化，加拿大农业合作社发展呈现出一些新的趋势，这些趋势适应了经济社会的发展变化，保证了合作社发展与外部环境相适应。

一、农业合作社发展外部环境的变化

（一）农业信息化的发展

当前"3S"技术：全球定位系统（GPS）、地理信息系统（GIS）、遥感技

术（RS），在加拿大农业生产中得到了广泛的使用，家庭农场主可以通过这些信息系统和技术对农作物实施精准化控制。如 GPS 定位系统的使用，该技术不仅可以精准地控制机械化的自动作业，还能够对作物生长过程进行全程的跟踪识别，在畜牧业农场中得到广泛运用。

近年来，随着物联网技术的发展，全程式的物联网识别技术能够根据家庭农场的上一年耕作情况遗留下来的数据进行分析，自行对本次耕作提出精准的数据建议，如生产资料的用量、土壤翻耕的厚度、收割的最优方式等。此外，物联网还可以对作物进行温度测控、单产计算等，还可以根据作物的密度来控制收割的速度，避免收割过程中粮食的浪费。畜牧业农场可以通过物联网将各类牲畜的信息输入电脑，通过电脑对牲畜饲养的全程进行跟踪，而且电脑还可以根据每头牲畜的个体差异，提供饲料配方指南。更重要的是信息化的发展也为社会化服务体系提供更加多元、有针对性的服务。农场主还可通过网络将各级政府、大学、科研机构中的最新农业数据连接到自己手中，以此获得最新的农业科技信息及市场变化信息，帮助其及时有效地调整自身的生产经营策略，进而降低生产和经营风险。

（二）农业贸易自由化的冲击

在农业贸易自由化背景下，加拿大农业面临着一定的冲击，尤其是北美贸易区的建立，美国的农产品大量进入加拿大市场，影响了加拿大国内农产品的销路。更重要的是，美国农产品与加拿大农产品具有较大的同质性，但由于美国联邦政府一直以来推行高额农业补贴政策，使得美国农产品在加拿大市场上有较强的竞争力。而在国际市场上，加拿大农产品还面临着法国、巴西、荷兰、俄罗斯等农产品出口大国的竞争。

（三）家庭农场规模化程度加深

加拿大家庭农场的发展趋势是其平均规模越来越大，家庭农场数目却在不断减少。从其规模结构看，呈现的是一种"双峰现象"，即大型农场和小型农场在不断增加，中型规模的家庭农场在下降。之所以呈现出这样的结构模式变化，与农业技术进步、政府财政补贴变化以及农业自身的发展规模是密不可分的。年销售收入在 25 万加元以上的家庭农场比例从 2012 年的 8.6% 发展到 2015 年的 12.3%，销售产品总额占全国农产品销售总额比例从 2012 年的

60％，增加到 2015 年的 71.3％。可见，大型的家庭农场在加拿大专业化、社会化的农业分工体系中的作用越来越重要，占据主体地位，家庭农场整体规模化发展的趋势是较为明显的。

二、农业合作社发展的趋势

受上述农业外部环境的变化，加拿大农业合作社在发展中更加市场化，注重其农业社会化服务体系功能的发挥，从而呈现出一些新的趋势。

（一）合作社在治理机制上日渐公司化

加拿大合作社在治理结构上充分贯彻了公司制的要求，即所有权和经营权分离，合作社的所有权属于全体社员，社员按照一人一票的原则选举代表，通过代表选举董事会。董事会代表社员行使权力，决定合作社的重大决策事项，并聘任经理人。当然，董事也可以兼任经理人，如果是外聘经理人，其可以列席董事会，但没有投票权，经理人只对董事会负责，董事会对代表或社员负责。经理人完全享有独立自主的合作社经营权，确保社员利益的最大化。

（二）合作社运作过程日渐倾向于股份制

合作社在传统运作中，合作制是其基本结构。而股份制作为现代企业制度，不仅能够分散经营风险，还能够募集资金，适合规模大的企业采用。在农业外部环境发生变化的今天，加拿大部分合作社面临巨大的竞争压力，为了扩展业务及获取利润，部分合作社开始探索实施股份制。

艾伯塔省小麦合作社就是一个典型例子。该合作社最初是传统的合作制，1996 年开始实行股份制，并成功上市。合作社将全部股份分为 A、B 股两种形式，A 股是社员股、非流通股，B 股是流通股。持有 A 股的社员享有股东的投票权，但不参与分红；B 股是流通股，面向整个资本市场，任何人均可以购买，但持有总数不能超过 B 股总量的 10％。如此就可以保证社员的决定权，还可以募集资金来扩大经营。到 2006 年，合作社再次改革，鼓励持有 A 股的社员购买 B 股股票，保证了社员对于合作社的利润分配和分红的利益，兼顾了合作制和股份制的优点。经过多年的发展，艾伯塔省小麦合作社已经成为加拿大一个较大的集团化股份公司，合作社连续 10 年保持营利模式。

三、合作社发展目标趋于营利性

传统合作社是不太注重营利,尽管其对社员服务也是有偿的,但基本是以非营利为目的。但从第二次世界大战之后,大部分国家的合作社为了与市场经济相适应,开始放弃不营利原则。新一代合作社就是典型的营利模式的现代企业,通过推进农业产业链和价值链的延伸,推进农工商一体化和纵深化发展。特别是在初级农产品利润日益减少的前提下,提升农产品的附加值就成为新一代合作社的主要目标,通过对初级农产品的加工和品牌包转来提升其利润。如此,一方面可以保证社员们的实际利益,另一方面还能够为社会提供多样化的农产品需求。

四、政府对合作社的扶持力度在不断加大

(一)法律支持

加拿大合作社从其成立之时起,就是农民自发的联合组织,是基于各种主客观条件需要而成立的组织。联邦政府在立法过程中对这种自发的联合给予认可,使得合作社获得了"垄断豁免"的地位,如 1979 年通过的《合作社豁免法案》中就规定:凡是从事农产品生产的各类合作社、股份公司或其他农场主组织形式,在集体加工、包装、处理以及省际贸易过程中能够免于反垄断诉讼。该立法为加拿大农业合作社的发展奠定了良好的法律基础,排除了合作社发展中的障碍。后来陆续颁布的诸如《合作社销售法案》《农业营销协定法》《联邦信用社法案》等法律,为农业合作社的产品销售、信贷支持、财税支持提供了具体的法律保障。如今,加拿大大部分省份均有合作社规范方面的法律以及相关的判例,这些法律与联邦政府立法一起构建了加拿大合作社发展的立法支持体系。

(二)财政、金融支持

合作社是基于弱者的联合,在最初发展中处于弱势地位,需要政府在土地信贷、金融信贷等方面提供支持。加拿大的联邦土地银行、中介信贷银行及农场合作银行作为其农业三大信贷体系为合作社融资提供贷款支持,并通过政府

立法建立完备的权益融资补充工具。整体上看，三大信贷系统的融资贷款利息比普通的工商业贷款要低 30%～50%。在财政支持方面，加拿大农业及农业食品部设有专门的合作社发展基金，定期为合作社的成员提供免费的培训服务，并为合作社的宣教工作提供免费的支持。此外，政府为加工型合作社中的股份转让、交易提供担保支持，定期为合作社新产品上市提供市场补助金，帮助其扩大市场。

（三）信息及宣传支持

合作社是个市场化组织，但合作社的发展需要信息服务及宣传支持。加拿大政府于 1996 年颁布了《合作社市场法》，按照该法，农业及农业食品部在统计、分析、数据等方面为农业合作社的发展提供帮助。此外，农业及农业食品部还按照该法的授权，每年定期发布合作社的各类统计数据和资料，在农场主中普及农业合作社相关支持。为了提升社会大众对农业合作社的认知，加拿大将每年 9 月定为农业合作社月，举办系列的咨询、研讨活动或会议，提升农民对合作社的了解。

第六节 农业合作社发展经验

一、坚持合作社的价值和原则

合作社的价值和原则是合作社区别于一般企业和社会组织的本质特征。加拿大合作社在发展过程中，一直在探索与实践体现合作组织原则的具体形式和内容，有很多成功的经验和做法。在加拿大，政府对待合作社与一般企业的基本政策是一致的，但对合作社的注册还要审验其章程，检验是否符合合作社条件和遵循了合作社原则。合作既是合作社本质的体现，也是合作社优势所在。如萨斯喀彻温省农业合作社对所有农户开放，规定凡年满 18 周岁以上，从事农业生产，遵守合作社章程，愿意利用合作社设施，交纳 5 加元股金即可成为社员。正是这一开放的社员原则，使全省几乎所有的农户成为合作社的社员，庞大的社员基础使得任何一个企业都难以撼动合作社在粮食经营的霸主地位。

二、按照现代企业制度和民主原则管理合作社

检验一个企业是不是合作社，判断的标准就是该合作社是不是依照合作社原则建立和发展起来；而检验一个企业在市场中是否有生命力和竞争力，则取决于这个企业是不是遵循市场经济规律，建立了一套行之有效的经营和管理制度。加拿大农业合作社就是在遵循合作社原则的基础上，按照现代企业制度要求，调整内部治理结构，明晰产权关系，建立民主的选举与控制机制，因而在发展中保持了充分的活力。加拿大合作社是按照现代企业制度要求将所有者和经营者、管理者的权力分开，既有利于保障社员的主人翁地位，保障合作社的经营方向，又有利于提高合作社的经营管理水平和市场竞争力。

三、不断变革创新

加拿大合作社之所以能长足发展，还在于面对市场的考验不断调整，不断改革，不断创新。进入 20 世纪 80 年代末、90 年代初，为适应市场发展的需要，加拿大出现了一种新型的合作社——新一代合作社。新一代合作社在社员资格、社员交易额和社员股金三个基本方面有重大突破。社员资格不开放，仅限于向合作社交售产品的社员，社员退社必须将自己的股本金转让出去，不可直接从合作社抽回股金，从而保证了合作社注册资本的稳定性；社员与合作社通过现代契约联系在一起，通过这种稳定的契约关系保证了合作社原料的数量和质量，并减少了中间环节，降低了合作社的原料采购成本；社员按照与合作社的交易额纳入社会股金，两者之间成正相关，并且社员的平均股金规模较大。

四、政府对合作社的扶持

加拿大政府在农业合作社发展中的作用主要体现在：一是为合作社提供各种服务，如信息、培训和农产品出口等。加拿大政府对合作社的支持并不表现在提供资金和税收优惠等方面，而是派出工作人员在不直接干预的情况下帮助合作社，具体包括组织会议，帮助合作社达成一致意见，帮助决定业务活动种

类。合作社成立以后，还可以帮助确认成员、制定计划、寻求资源、进行产业分析等。政府通常会从合作社领导人和学术机构挑选专家形成专业队伍，承担对合作社的培训、指导任务。

二是帮助合作社解决自身难以解决的问题，渡过难关。加拿大政府对合作社的支持是"雪中送炭"而非"锦上添花"。例如，经济大萧条时期，农产品销售市场严重萎缩，合作社为提高农产品的储备能力，增加了大量小麦处理和储存设备，小麦合作社因此欠下巨额债务。为此，加拿大政府出面干预，成立了小麦局，接过了合作社的债务，帮助合作社将小麦和大麦统一在国际市场上销售，并实行最低保护价，从而避免了合作社破产，保持了合作社的稳定发展。

三是通过立法，建立政府与合作社的规范管理和协作关系。加拿大政府严格遵循合作社的独立性原则，不干预合作社的内部事物。政府立法的目的不是控制合作社，而是为了更好地管理和帮助合作社，更好地维护社员的利益。加拿大有联邦合作社法，还有各省的合作社法。合作社法对合作社的法人地位、成员资格、融资、利润分配、会计系统、政府和农场主与合作社的关系、国家支持合作社的政策等都做了具体明确的规定。

第十一章 CHAPTER 11
加拿大家庭农场 ▶▶▶

第一节　家庭农场发展历程

一、农场经营的基本情况

加拿大国土面积达 998 万平方公里，居世界第二位，凭借自身丰富的土地资源，农业在加拿大得到了充分的发展。加拿大农业以家庭经营为主，农场（包括牧场）是加拿大农业生产的基本单位。第二次世界大战后，加拿大的家庭农场大体上经历了三个阶段：①战后初期，由于国际市场上粮食需求增加，加拿大农业出现短暂的繁荣，以家庭经营形式为主的各类农场数量迅速增加，家庭农场迎来了全面发展的时期。②20 世纪 50 年代后期至 70 年代，加拿大农业生产陷入危机，政府曾陆续实行农产品包销和价格支持政策及"削减库存政策"，鼓励和强制农场主削减生产。此后，由于国际市场粮食需求增加和粮价上扬，加拿大农业生产情况显著好转。但由于工、矿业等部门产值的增长，农业在国内生产总值中的比重有所下降，部分从事农业生产的人也改行加入了工业生产领域。加拿大的农业因各地区自然环境、经济条件不同，逐步形成地区性生产专业化。③农场向经营一体化和高度专业化方向发展，其生产类型大致可分为：谷物农场、畜牧业农场、乳牛农场、谷物兼营畜牧业农场和特用作物农场（蔬菜、果树、马铃薯）五种不同类型的农场。针对不同的类型都有专门的生产方式和管理模式。农业生产专业化是加拿大农业现代化的重要内容，在一切都向着现代化发展的进程上，专业化的发展不仅有利于高效率地利用资金和设备，最大限度地提高劳动生产率，迅速提高产品产量，而且进一步推动加拿大的农业机械化向更高程度发展。

二、农场经营状况的变化

第二次世界大战后，随着农业机械化的发展和农业现代化水平的不断提高，加拿大农场的数量、经营规模和从事农业生产的人口随之发生了变化。1941 年加拿大农场数量达到顶峰值 73.3 万个，此后逐年下降，1981 年锐减至 30 万个左右。在所有大小不同的农场处于不景气情况下，从事农业生产已经不能给农场主带来更好的收益，因而部分小的农场主首当其冲改了行。许多农场主为了生活需要面临，或者扩大经营规模，或者转变农场的经营模式，或者改行的艰难选择。市场迫使他们必须通过加大投入，降低个人收入，始终使农场具有略高于工业产业的利润率才能生存。

对于存留下来的农场，农场经营不景气，加上小型农场抗风险能力弱，经营成本高，使他们逐渐认识到只有压缩开支，扩大规模，才有利可赚，迎合市场需求调整经营策略和增强适应性是成功的关键。同样，政府也鼓励建立规模化的农场，缩减生产经营成本，促进生产效率的提高。因此，在农场绝对数量下降的同时，现有农场的经营规模却在扩大。1996—2016 年，加拿大农场的平均面积从 246 公顷增加到 820 公顷。与此同时，农场主不断增加的农产品产量足以说明，他们正在探索如何保持其在经济大潮中不致衰败的途径，正在努力用更多的产出来保证自己的收入水平与经济发展的步调相一致。他们转变了农产品经营策略，通过轮耕和充分利用休闲地生产谷物，改换农作物种植结构，进行耕作改制；或者比以往任何时候都更加积极地喂养、出售以前从未经营过的牛、猪和家禽，以谋求增加利润和收入。始建于 1933 年的戴维森农场就是通过调整经营策略获得成功的典型代表，与很多其他农场不同的是它改变了以往传统的农场经营模式，不是以农产品生产与销售作为专门的收入方式，而是以家庭为主要对象，通过创造家庭回忆以及体验传统的农业生产项目为核心的休闲农场，在大门区域还有精心布置的土特产商店，特色农产品的销售是他们盈利的又一重要途径。农场内丰富的农副产品，商店内琳琅满目的商品，还有一系列配套的设施吸引了无数的游客驻足，戴维森农场也因此声名鹊起。

另外，土地的经营利用和种植结构正在发生变化，农场主正在运用新的策略、技术和方法，旨在将更多的土地应用于生产实践力求获得更多的产出。就加拿大全国的平均农场经营面积来看，在 2001 年有 273 公顷，现在已经增长为 300 公顷左右，面积超过 500 公顷的大农场总数已经超过了农场总数的 1/10，特别是萨斯喀彻温省和艾伯塔省，平均农场面积分别达到了将近 400 公顷和 350 公顷。在种植结构上，除了种植类农产品，畜牧业也得到了长足的发展，平均每个农场养殖了 200～300 头奶牛，肉牛和生猪的数量也分别达到了平均 6 000 头和 3 000 头。2016 年加拿大牲畜饲养总量，牛 1 203.5 万头、马 39.9 万头、山羊 3 万只、绵羊 82.6 万只、猪 1 277 万头。2018 年，加拿大主要农作物收获面积，谷物 1 392.95 万公顷，其中小麦 903.6 万公顷、玉米 133.93 万公顷、大豆 263.28 万公顷、根茎类作物 34.22 万公顷、油菜籽 844.31 万公顷、甜菜 0.76 万公顷、水果 9.47 万公顷。

随着人口的增长，人们对于住房的需求开始上升，加上从事农业生产效益较低，不能满足多数人日常生活需要，现已很少有人仍然坚持将这些土地继续经营农业生产。在加拿大南部，已很少能见到先前那种充满生机的农场。目前，加拿大临近城市的可耕地面积正在以每天 10.12 公顷的速度消失，许多农耕地逐渐被建筑物所覆盖。加拿大人均耕地面积也从 1961 年的 2.24 公顷下降到了现在的 1.3 公顷。为了防止耕地面积的快速减少，加拿大政府特地出台了相应的耕地保护政策，并且以省为单位分别进行管理。在 1973 年，不列颠哥伦比亚省颁布了《农地委员会法》，对该地区的农田加以保护，在政策保护下，他们的农田储量在 1978 年达到了 470 万公顷；同年，魁北克省也颁布了《农地保护和农业活动法》，并且还划分了一定面积的农业保护区，把农地分离开来分别进行保护，同时明确要求农地的使用范围，只能用于从事农业生产，利用这种方式对农地加强保护。在各省多管齐下的同时，联邦政府还制定了《土地利用规划和发展法》，严格控制城市的发展边界和土地的使用，鼓励农业生产和其他土地使用方式合理共存。

由于国内经济发展势头强劲，农产品市场竞争日益激烈，加上加拿大政府鼓励家庭农场的大规模运营，小规模的家庭农场正在面临着投入高、效益低的困境，承受着需要不断扩大规模或改换门庭的压力。从长远看，除非家庭农场还有其他的一些非农经营项目来增加自己的收入，否则他们将面临越来越多的困难，不仅难以维持正常的农业生产，农产品的营销也可能会受到大规模农场主的打压，收不抵支将更难以生存。现在有不少农场主已打算或正在将农业生产作为兼职工作或者直接放弃农业生产工作，因为他们需要从事另一种工作以获取较高的收入。

第二节 家庭农场发展的制度环境

　　加拿大是世界农业强国和农产品出口大国。作为农业竞争力最强的国家之一，加拿大家庭农场与制度环境高度相容，产生显著的经济效益、社会效益和生态效益，农业的高度发展不仅给加拿大带来了丰厚的收入、丰富的农副产品，还创造了众多的就业岗位，因此农业在加拿大也被称之为"国家经济的主要动力"。环境是一切发展问题的先决条件，制度是规范某一领域行为的框架，也是得以健康发展的重要规则。经过近百年的探索与实践，加拿大在家庭农场制度环境建设方面取得了很多经验，农业得到充分发展。

一、土地产权制度明晰使土地流转与经营有章可循

　　土地作为农民最赖以生存的资源，只有严格规范土地的使用行为，农民的合法权益才能得到保障，土地制度就是保护农民最有利的武器。加拿大作为农业大国，合理的土地产权制度是必不可少的，其土地制度的形成正是一个不断发展、不断完善的过程。最初，政府并不介入到私有土地的开发和利用中，但第二次世界大战末期，由于城市建设的飞速发展，农业用地面积逐步流失，政府意识到必须采取一些措施来避免土地使用上的不合理趋势，从而保证农民的合法权益，一个完整的土地制度逐步建立起来。一是加拿大农场土地以私有制为主，大部分土地作为私有财产，农场主大多享有土地所有权、经营权和处置权，只有少部分土地是向国家租赁从而取得经营权，并且严格按照法律法规进行企业登记，因此土地经营有章可循，生产经营风险享有制度保障。二是在私有制前提下加拿大农场主有权购买联邦政府、省政府公有土地和农户私有土地，土地流转市场化、法制化，且流转手续简便、快捷、高效，这也是农场经营规模扩张的重要途径，在小农场经营得不到发展的情形下，部分农场主就会采取这种措施来扩大农场的规模。三是在依法纳税方面，税收作为加拿大主要的财政收入来源，有着完备的涉农税收制度，不仅征收个人所得税、农场资本所得税、商品与劳务税等，而且根据农场经营规模的大小征收财产递增税。财产越多所要缴纳的税也就越多，这在一定程度上制约了家庭农场的大规模经营，但也有效遏制了农村土地的垄断化经营和非粮化、非农化经营。在工业等其他产

业发展速度加快，农业的发展受到威胁时，加拿大政府还对土地的流转进行了严控，若流转的土地用于其他用途，则征收高额的财产税和土地交易税。

二、财政支持机制重点突出且力度大

（一）财政支持政策演变过程

加拿大政府对农业支持政策的演变，大致可以分为三个阶段。

第一个阶段，在 20 世纪 30 年代到 90 年代初，农业政策主要是以价格支持政策为主；出台了一系列用于农业保护的法案，如《农产品价格支持法》《农业稳定法》《草原谷物预付款法》等，确立了以农产品价格为核心的农业政策框架。

第二个阶段，在 20 世纪 90 年代至 21 世纪初，农业政策开始向直接收入补贴方式转变；特别是在 90 年代初，整个加拿大地区的农业总产值的 33% 都是来自政府的补贴，1991 年，按照 WTO 的规则调整了农业支持政策，重心转移至如何稳定农场的收入，降低对生产决策的影响。

第三个阶段，从 21 世纪初至今，顺应世界的大趋势，建立以市场为导向的农业市场体系；农业政策的重心聚焦于提高竞争与创新能力、加强风险管理、迎合社会需要、确保安全供给四个方面。

（二）财政支持政策内容

政府的财政支持主要体现在以下几个方面。

一是加拿大财政支持政策取向明确。旨在增强家庭农场的发展实力，提高竞争力和可持续发展能力。政府给予财政支持有多种形式，首先就体现在市场价格的支持上，政府会把一些价格容易波动的敏感性农产品置于供应管理体系之下，实施有计划的定价与管理。以乳制品为例，政府有关部门会同乳制品委员会共同商议牛奶的价格和配额；其次就是政府直接补贴，主要是针对供应管理体系之外的农产品，如收入稳定计划、作物保险计划以及融资信贷计划等；最后就是政府提供的一般服务支持，政府的一般服务支持一直聚焦于创新、市场竞争能力、适应能力与行业产能这几个领域。

二是财政支持力度大。加拿大经过 80 多年的改革与完善，逐步建成以市场为导向的财政支持政策体系，初步形成以风险管理为核心、非风险管理为补充的农业支持保护基本框架，包括农业风险管理、食品安全、农产品价格、农产品营销与储运、农业科技创新、农业竞争力、农场稳定净收入账户及预付和延税项目等政策工具，极大提高了家庭农场的竞争力和可持续发展能力，促进农场快速发展与壮大。

三是充分利用 WTO 框架下的绿箱、黄箱、篮箱政策的支持空间。从 2000 年起至今，加拿大每年都向农场补贴数十亿加元，重点支持农业科学研究、新技术推广和农产品质量检验服务，对燕麦、玉米、黄豆、烟草、牛奶、绵羊六种优势出口农产品的补贴数额甚至超出 WTO 农业协定规定的最高限度。

三、金融主体多元化、服务规范化

为了保证加拿大农业的发展，联邦政府和省政府都设有专门的农业信贷结构并有完善的农业信贷服务体系。加拿大农场信贷就是联邦政府性农业信贷机构的重要表现，它的存在就是为农民提供长期抵押贷款。目前，该机构已经在全国建立了 100 多家分支机构，专门针对农业提供金融服务，同时也是一个专门的农业信息服务平台，能够给农民及时提供最新的农业资讯。加拿大各省为了满足各自的农业金融需要，形成了相应的金融供给主体，其中比较著名的就是艾伯塔省财政分行和马尼托巴省农业服务公司。还有一个重要的机构就是信用合作社，加拿大是一个信用合作社成员比例最高的国家，占据了总人口的 1/3。

此外，加拿大的农业信贷服务体系也十分完善。一是加拿大农业信贷服务体系是以商业金融机构为主体、以政策信贷机构为辅助、以农民信贷联合会为补充的多元信贷模式，商业金融、政策信贷和农民信贷机构的资金分别占家庭农场信贷资金的 50%、35%、15%，而且利率较低，能充分满足家庭农场贷款需求。

二是农业信贷运营得到财政强力支持，政府通过减免税收、财政补贴和债务担保等手段给予保障，并为农户借贷提供担保计划，有效规避了金融服务风险。

三是加拿大农业保险由各省政府主办的农业保险公司运营，联邦政府制定了多项农业保险、农业收入稳定计划和政策。如生产保险项目采取保险费用由农民（40%）、省政府（24%）、联邦政府（36%）三方承担缔约模式；农作物保险项目的保险金由农户出资 34%、联邦政府和省政府出资 66% 共同组成；稳定净收入账户项目中生产者按指定农产品净销售额的 3% 存入账户，联邦政府和省政府各按 2% 和 1% 存入此账户等。这些利好政策有效规避了农场生产经营风险，确保农场收入稳定增长，因而农场主参保率很高。

四、农业社会服务高度组织化、专业化

加拿大农场发展的一个显著特点就是具备完善的社会服务体系，这一体系覆盖了从种子、化肥、农药、农机供应到技术服务指导、农产品销售等全产业链的农业生产服务体系，该体系稳定高效，极大地推动了加拿大农业的快速发展。在这一体系逐步完善的过程中，有如下几个特点。

一是加拿大农业社会化服务体系是以各级行业协会为主体、其他服务主体为补充的社会化服务体系，充分发挥了中央及各级行业协会在农业生产中的服务、管理与协调作用，实现农业服务主体的高度组织化。

二是加拿大农业社会化服务体系运行采取以行业协会为主导、其他服务主体参与、各司其职共同完成农场供、产、销一条龙的社会化服务模式。因此，其服务成本低、服务质量好、服务效率高，成为发达国家普遍效仿的农业社会化服务模式。

三是加拿大通过发挥各级行业协会和民间个体服务机构的多功能作用，为家庭农场产销链各环节提供及时有效的全方位服务，实现农业服务方式的高度专业化和社会化，有效降低了农场生产成本，提高了农场的经济效益、社会效益和生态效益，深受广大农场主的欢迎。安大略省作物与土壤改良协会就是农民自发组织的协会，该协会通过多种渠道积累资金用于内部农业产业赞助、研究项目经费等。此外，该协会还对 2.5 万名农场主进行培训，对如何提高农作物生产效率，降低农业污染进行指导，引导该地区农业向着更高层次发展。可以说，在农业社会服务方面，加拿大的有关部门都是精准服务到农场的，服务体系的完善促进农场更加专业化的发展。

五、完善配套的农业法律体系保障家庭农场健康发展

一是加拿大农业法律体系相对完善且配套性强，覆盖了家庭农场产、加、销和农民收入等各个层面，尤其颁布了一系列支持农业、保护农场利益的法律法规，包括《土地使用法》《农业用地法》《农产品价格支持法》《农产品市场

营销法》《农场贷款法》《农业稳定法》《西部粮食稳定法》《农作物预付款法》《农场收入保护法》等100多部法律法规，确立了以农产品价格支持措施和供应管理体系为重点的农业政策法律框架，有效规避了农业生产经营风险，稳定了农场收入。

二是家庭农场相关法律法规明确具体、可操作性强。如《防虫产品法》《肉类检验法》《农产品养分管理法》和《生猪生产环境系统管理标准》等有效规范了农场生产者行为，同时，还有一些省针对肥料的使用与管理制定了相关法律法规，旨在减少土壤中残留的氮元素，减轻对水体的污染，保护了农产品食用安全和农业生态环境。在完整的法律体系的规范下，各部门有法可依、执法必严，农场知法守法、诚信经营，已成为加拿大农业生产经营者的共识与自觉行为。

六、完备的农技推广和宣传教育体系

加拿大的农技推广体系比较完善，省政府为此设置有专门的农技推广中心，通过与农民进行直接沟通，首先了解生产一线的真实状况，并配有专业的农技人员对出现的问题进行解决。同时，加拿大还有绿色证书培训，注重对农业技术人才的培养。一些基层的农技人员还会定期展开线下的农业宣传教育，向农场主寄发农业宣传资料，开展技术应用调查并将调查结果公布。加拿大的农民知识水平普遍较高，善于吸收新的技术或先进的农业发展经验。

第三节　家庭农场发展现状

加拿大的农业发展以家庭农场经营为主，且家庭农场的经营规模较大，农产品在国际市场上极具竞争力。加拿大的家庭农场现代化水平很高，代表着世界先进水平和现代农业的发展方向。加拿大农业具备先进的技术、完善的社会服务体系、高素质的农业生产者和全面的政府政策扶持。

一、农业布局和分工专业化

根据各地农业资源环境条件不同，加拿大的农业布局和产业分工呈现出高度专业化特征。就区域布局而言，其主要农产品生产已在各地区形成了不同的区位优势。例如谷物生产主要布局在艾伯塔、萨斯喀彻温和马尼托巴三省，被称作"世界的粮仓"。艾伯塔省的大麦产量占全国总产量50%，肉牛占全国的70%，拥有世界上最大的肉类和饲料加工厂；萨斯喀彻温的耕地面积是加拿大最大的，小麦的产量占全国一半以上，此外这里还有农业及农业食品部双低油菜研究中心；中部的安大略省和魁北克省以畜牧业和蔬菜、水果等精细农业和烟草等特种农作物为主，集中了全国3/4的乳牛场，尤其是安大略省，作为加拿大农业技术和农业经济最发达的地区，全国75%的玉米和大豆产量都在该省；还有其他地区也利用自己的优势条件，如纽芬兰-拉布拉多以渔业为主，不列颠哥伦比亚省以林业为主。区域性专业化的分工生产，不仅使加拿大各省合理利用了本地资源，突出了地区农业生产的特色和优势，也避免了农产品在国内同质过度竞争，提高了家庭农场生产效益。在产业分工专业化方面，根据农场生产养殖的种类不同可以将农场分为谷物农场、畜牧农场、特种作物和农牧业混合农场。谷物农场就是专门种植小麦、燕麦等农作物的农场，加拿大作为世界第三大燕麦生产国，同样也是世界第一大燕麦的出口国，每年出口总量占世界燕麦出口的40%～50%。畜牧农场就是养殖肉牛、生猪等农产品的农场，加拿大是世界上主要的畜产品出口国，每年的畜牧业收入要占农业总收入的50%以上。其中，经营谷物、特种作物和肉牛、奶牛为主的家庭农场约占全国农场总数的60%，有10%生产奶制品和禽蛋类产品，3%饲养生猪，混合经营的农场比重相对较小。

二、农业经营管理市场化

市场化作为现代农业的重要方向，在加拿大的农场经营管理方面得到体现。加拿大的家庭农场经营市场化程度很高，主要体现在：

一是土地市场化。市场化的前提就是土地私有制，加拿大98%的家庭农场归私人所有，土地只有作为私有财产才可以在土地市场上自由流通，不受政府干预。

二是生产市场化。这种市场化体现在农产品生产、运输、销售等环节，市场主体也遵循市场规律规范运行。如在生产环节中，所有家庭农场生产的商品不仅要符合农作物生长环境要求，还要符合市场的供求状况，倘若某种农产品出现了市场上供过于求的情况，农民还保持原有的生产规模，就会导致农产品价格下跌，农民收入下降。

三是产品市场化。产品数量和产品价格取决于市场供求关系，市场是农产品价格的最终制定者。加拿大家庭农场的经营管理比较专业和灵活：农场只对生产进行直接管理，农产品的供应、加工运输和流通都有专业协会进行产后管理；有着地域覆盖范围广、服务内容健全的农业社会化服务组织，并贯穿于农业经营管理的各个领域；农场主可根据自身需求参加或组建新的农业社会化服务组织。

第四节　家庭农场的管理模式

加拿大农场数量众多，如何在众多农场中稳定自身的发展，离不开一个优秀的管理者和一套完善的管理模式。经过百年的积累与探索，家庭农场具有规模大、竞争力强等优势，这与其完善的农场管理模式息息相关。加拿大农场管理经验，主要可以体现在以下几个方面。

一、土地所有权排在第一

加拿大是一个联邦制国家，农地是私有制，可以自由买卖。在土地私有制的前提下，土地所有权人可以自由决定如何开发利用其所有的土地，加拿大政府也不会从中加以干涉，农民获得的土地私权神圣不可侵犯，就是儿子拿母亲的土地也要买卖成交，这种严格的制度规范了每个人的土地权利，任何争议都可以直接通过诉讼的方式解决问题。加拿大人少地多，在这里种地是一个不错的职业。有地就有归属感，种地也有成就感，这是加拿大家庭农场形成并发展的根本内生动力。生产力决定生产关系。农民有了土地，并且土地权属是自己的，他们就有了生产的资本，加上种地又有好收益，家庭农场便有了生存发展的社会环境，种地也成为农民家庭的职业归属。

二、建立诚信有序的农产品市场体系

在 20 世纪 40 年代，加拿大的农产品贸易产生了一些新的变化。随着农场规模的扩大，农产品市场的竞争越来越激烈，一些个体经营或小规模的农户生

产经营处于不公平的境遇，农民的利益受到损害而处于被压迫的状态。为了解决这一问题，农民自发组织起来，加拿大营销协会得以建立。该协会从制定相关农产品贸易政策，到组织农产品营销，还包括农产品的对外交流合作，同时对本地区的农产品生产过程进行严格的监督管理，建立了一整套农产品从生产到销售的管理体系。

三、科学合理的土地使用制度

加拿大虽然地域辽阔，但由于气候条件恶劣，适宜进行农业生产的只有一小部分，所以对于有限的土地，如何规范土地使用行为就显得尤其重要。加拿大现有的土地所有制分为联邦共有、省共有和私人所有三种形式。加拿大的农场用地等收益较好的土地普遍属于私有财产，可以自由买卖，但政府会通过税收制度对土地使用进行调控，有效避免土地投机的发生。农民获得土地后如果用于生产种植需交农田税（较低），如果不种植就征收财产税（较高），在这种税收模式下，农民多半会为了避免缴纳高额的财产税而进行农业生产活动，防止圈地，从而促进农业发展；按照收入高低实行递进所得税别，从事家庭农场收入越高，交的所得税就越高。同时，政府对于农民持有的农业用地和林业用地采取了专门的减免税收政策，但是如果土地在流转过程中，土地使用性质发生转变的话，就会征收高额的资产税或者土地交易税，这也从另一方面体现了政府对农业用地的保护政策。

四、落实政府的政策引导

加拿大政府对家庭农场的管理具有指导性，并不是说政府通过政策对农场的各项管理进行强制干预，农场主仍然拥有自主权。政府会从宏观上指导农场迎合市场需要来组织生产，避免盲目生产而降低收益，同时，政府还可以通过价格政策来引导农业生产的走向。如对于牛奶的生产，政府根据市场供求实行定额生产，且对价格进行直接补贴，在规定的额度内，每 0.1 吨补贴 6 加元，而超过的部分不予补贴，这一措施就有效控制了奶的产量，防止生产过剩而造成奶产品价格下跌，导致农民的利益受到损害。同时，政府会根据市场走向，对农产品的市场状况进行预测从而引导农民的生产活动。

第十二章 CHAPTER 12
加拿大农业科技创新与推广体系 ▶▶▶

第一节　农业科技创新体系

一、公立农业科技创新机构

加拿大农业科技创新机构主要由农业及农业食品部下属的研究机构、省属试验站和大学农学院组成。分为联邦政府科研机构和省级农业科研机构。联邦政府科研机构包括政府科研机构、科学研究分部、国家研究委员会、动物病理部、粮食研究实验室。省级农业科研机构由大学农学院、农业院所等组成。

（1）政府科研机构是主要从事农业基础科学研究、解决农业生产问题的核心部门，研究内容主要包括营养和食品安全、动物生产和保护、农作物生产和保护，以及农业可持续发展等，由国会确定每年的财政预算。

（2）科学研究分部主要是解决与农业生产有关的问题，同时也组织一些基础研究。大学的农业科研工作一般在农林学院或农业和兽医学院进行；有的大学也进行一些与农业有关的科研工作。

（3）粮食研究实验室主要是调整大草原的粮食库存、运输、市场供需矛盾，稳定农业发展。由加拿大农业及农业食品部拨款，任务是评估粮食作物的质量，监测谷物及油菜籽的质量，帮助作物育种家评价育种材料，进行谷物及油菜籽的加工研究，为粮食委员会及加拿大小麦局提供服务，帮助销售机构严把粮油产品质量关。

（4）动物病理部主要从事全国动物保健、监测、预防等研究工作，研究方向由加拿大农业服务协调委员会根据农业工业需要来确定。

此外，国家研究委员会主要进行生物技术、生物化学、低温生物学、细胞分子遗传学、植物动能学、微生物新陈代谢、有机化学、化学生态及植物的研究利用。

二、私立农业科技创新机构

加拿大的私立农业科技创新机构主要分为营利性质的私立研发机构和非营利性质的私立研发机构。

1. 营利性质的私立研发机构

营利性质的私立研发机构典型代表是大型跨国公司。与公立研发机构不同之处在于，私立研发机构主要是指企业的研究创新和产品开发是一种市场化行为，以需求和利润为导向，开展应用型研究的同时，重点完成农业科技成果的商品化和产业化过程。另外，企业紧跟科技发展大方向，将科技创新的重点逐渐向农业大数据、可持续发展等方面转移。

2. 非营利性质的私立研发机构

非营利性质的私立研发机构规避了主要作物研发应用的市场竞争，重点关注和解决欠发达国家粮食安全问题的公益研究项目和小宗作物研发。同时与大学、企业之间维持良好稳定的合作关系，从而获得法规策略、产品研发和市场分析等方面的技术支撑。经费主要来自竞争性研究补助、企业和基金会捐赠。

三、农业科技创新平台及模式

1. 建立统一协调的农业科技管理体制

加拿大农业及农业食品部下属 6 个职能部门，分管自然资源与环境、农场与涉外农业服务、农村发展、食品营养和消费者服务、食品安全、研究教育和经济等方面的内容。除以上部门外，加拿大农业及农业食品部还下设林业局、动植物检验局、联邦谷物检验局、国外农业局、农业营销局等与农业研究有关的机构。在这些主管机构的统一组织和管理下，加拿大建立了统一协调的农业科技管理机制。加拿大形成以市场为导向，根据农业科研的不同侧重，形成了由国家、地方和民间的科研机构三大系统共同组成的多层次型农业科研管理模式。在项目申请及管理上都有一套严格、科学的实施标准和程序，具有科学化、动态化特点。基础性、战略性农业研究主要由国家农业科研机构、高等院校负责，而应用性、开发研究则由区域研究中心、实验站、实验农场，以及公司类的社会科研机构进行。保证了科技与经济的紧密结合，有力地促进了科研成果的推广。

2. 产学研结合的研发模式激发创新动力

加拿大的公立和私立科技创新机构，分别根据其自身优势和特点在基础研究、应用开发等不同领域发挥巨大作用。随着知识产权管理力度增强、市场体系日趋完善，在农业科技领域逐渐形成了良好的"生态平衡"。"政府—大学—企业"联盟的研发体系通过研究机构与公司间的联合研发、专利授权或转让等方式有机结合，不仅有效缩短了从基础研究、成果转化到产品上市的周期，也减少了研发成本的投入。

四、农业科技创新体系的特点

1. 完善的法律制度提供稳定保障

加拿大农业科技创新体系为农业科技发展提供了稳固根基，这与国家完善的法律制度密切相关。通过一系列相关法律法规的建立和修订，对农业学科建设、知识产权和农业技术推广等内容做出具体规定。

2. 分工明确、合作有序的组织体系

加拿大政府十分重视农业科技创新的组织体系设计，加强政府层面管理部门的合理分工与有效合作，适时进行结构调整、优化，通过组织机制设计，实现农业科研、教育与推广的有机结合，推动农业技术研发与应用。

3. 农业科研与推广体系以用户需求为导向

加拿大非常注重农业科技成果转化，而科技成果转化的前提是能够满足用户的科技需求。因此，加拿大的农业科研与推广强调以需求为导向，不断创新举措，加强政府、高校和科研机构与企业、农户、非政府组织等之间的联系。

4. 加大农业科技投入，发挥政府财政资金的引导作用

加拿大在农业科技研发上投入强度大，法律明文规定农业科技投入的比重，由此保证持续的农业农村科技投入。加拿大政府每年都会给农业研究部门提供资金，针对高技术产品创新风险很高的事实，在创新研发的初始阶段，政府以大量的财政资金用来支持农业科技创新。

五、农业科技创新案例分析

案例一：Farmers Edge 公司

加拿大位于北美洲最北端，地处高纬度，气候寒冷，可耕地面积达十亿亩，是世界上农业最发达、农业竞争力最强的国家之一。在萨斯喀彻温省中部城市巴勒福德的南部，农场主 Trevor Scherman 的土地占地面积 1 780.62 公顷。如果 Scherman 某天在农田里播种时种子不够用了，那意味着需要等待很长时间才能重新播种。所以，管理这么大农场的关键要素就是效率。所幸的是，Scherman 的智能手机上有个 Farmers Edge 公司开发的 APP，让他能够接触到在十年前难以想象的一系列数据和管理工具。Farmers Edge 公司从 Scherman 和临近 5 个农场的 3 个气象站收集数据，这些数据会让 Scherman 知道会不会有风吹来而影响农药喷洒。这个 APP 包括田地的网格地图，从卫星图像中提取的精确信息与网格上每个方格的土壤样本对应起来。所有这些信息都在 Farmers Edge 构建的一个预测模型中，包含着从加拿大西部 2 023.43 万公顷土地上收集而来的数据。然后数据会告诉 Scherman 的自主驾驶拖拉机，每个方格需要多少种子和肥料。当然，APP 还会帮他安排农场工人的日程，追踪他的财务状况等。自从用了 Farmers Edge 的 APP，Scherman 手机上的多个天气 APP，电脑里的所有网站、文件和下载的资料都被替代了。在作为 Farmers Edge 用户的 7 年里，他亲眼看见了自己在投入上的减少和收入上的增加。现在他花同样的投入，能获得更多产出，而且节省大量时间和省却大量令人头疼的麻烦事。这就是大数据在农田里的应用，而且也在整个耕种世界中迅速扩散。

Farmers Edge 由马尼托巴省的两位农学家创建于 2005 年，总部位于该省省会温尼伯。现在正利用来自硅谷的资金，以"硅谷速度"快速发展着。三年前，有 24.28 万公顷的农田在使用 Farmers Edge 公司的 APP 和数据，而现在这个数字是 242.81 万公顷。也就是说 Farmers Edge 管理着加拿大西部草原省份近 1/10 的种植土地，而且它也在澳大利亚、巴西和东欧找到了新的增长点。Farmers Edge 只是加拿大众多扎根于农业的高科技公司之一。虽然它开发的工具能够管理整个农场，但是其他公司利用大数据和数字通信正在解决更具体的农业问题。

案例二：庞德斯公司

众所周知，加拿大生物技术产业发展迅速，已成为加拿大第二大高技术产业，生物技术公司数目、从业人数居世界第二位，主要聚集在魁北克、安大略、不列颠哥伦比亚省三省，其中生物医药、生物农业、生物能源、纳米技术是其优势。

庞德斯公司拥有全球独家授权的技术最先进的农场管理系统——CEVAS™（封闭环境垂直鱼菜共生系统™）。该系统将利用机器学习和人工智能帮助农场工作人员。它是迄今为止设计的最大的同类系统，利用了控制、测量、自动化和分析功能方面的最新技术。CEVAS™控制和净化进入农场的一切，控制农场内的众多变量，创造理想的生长环境。庞德斯水植小扁豆公司技术总经理 Steve McArthur 认为，庞德斯公司的水植小扁豆蛋白质产品永远不会含有危害健康的化学制品和毒素，而这在其他植物性蛋白质保健品中是不能实现的。这是因为该公司的植物是种植在完全封闭的"生物安全"的养殖场中，使用医疗级设备和程序。

产品市场前景及规模：生活方式的改变和追求健康的大趋势是造成全球对蛋白质需求上升的主要原因。女性对蛋白质需求的上升是由于"强壮但不纤瘦"的趋势所造成的，而且女性对抗训练的愈发流行也可能促进市场的增长。此外，通过增加使用高蛋白质饮食作为减肥的一部分也将会推进市场需求。据统计，到 2050 年，世界人口将会达到 90 亿人，会大大增加对食物生产的压力。随着许多传统食品生产厂商转向密集型农场生产（比如像牲畜工厂农场），消费者并不一定跟随这一发展，而更多地转向使用蛋白质保健品。同样，亚太地区被预期成为蛋白质需求增长最快的地区。城市化发展、西方饮食的影响、人口增长、中产阶级人口的增长等因素会带来更多潜在消费收入和运动频率的增加。在包括中国和印度在内的新增长地区，人们对养生或积极健康的生活方式越来越注重，预期都会促进蛋白质需求的增长。

技术上更多的新的突破：世界上 70% 的淡水资源用于农业，到 2030 年对水资源的需求将超过供水的 40%。具体来说，生产传统蛋白质来源如肉类，2万升的水仅能生产 1 千克肉类。而庞德斯公司使用的水资源消耗很低，生产农场符合 ISO9001 和全球良好农业规范（GAP），能够每年生产 6.4 吨的有机干水扁豆，用水量减少 95%，碳足迹几乎为零，产量每隔 24 小时或更短的时间就可以收获一次。根据现有资料，在这个领域中，全球大型生产水植小扁豆的操作仍处于初期。在北美，除庞德斯公司以外，美国的帕拉贝尔是唯一一家致力于为人类蛋白质消费进行种植并收获这一蔬菜的公司。而在全球市场上，仅仅只有荷兰的两家公司 ABC 克鲁斯公司和水植食品公司，以色列西诺曼公司及德国奥克斯杰内西斯公司参与人类消费植物性蛋白质市场的运作。

庞德斯公司核心管理团队 5 人，分工比较合理，其中 2 人在农业科技方面有资深的履历。CTO 也是联合创始人 Steve McArthur 在鱼菜共生设计领域里经验丰富，并完全致力于未来鱼菜共生种植的发展，在庞德斯公司里拥有鱼菜共生设计的领导地位。

第二节　农业科技推广体系

一、农业科技推广主体

1. 联邦政府推广部门

农业及农业食品部的技术推广普及任务主要由全国粮食和农业研究所承担，农业研究局、经济研究局、全国农业统计局等多部门提供科技和数据等技术支撑，共同负责落实。主要负责管理、指导和协调加拿大农业科技推广工作。

2. 各州推广部门

以大学学院为主，州政府、企业和非营利组织共同参与的州推广系统是加拿大农业科技推广体系的核心部分。各州的农业推广机构设在州立大学农学院，对推广项目进行决策、监督和评估，并提出意见和建议。

3. 地方推广部门

地方农业科技推广工作主要由地方政府的区（县）技术推广办公室承担。企业和非营利组织自发参与。县农业推广机构是州立大学农学院的派出机构，帮助农民发现并解决农业生产经营中的问题。县以下的基层组织主要由志愿推广人员组成。

二、农业科技推广机制

1. 以大学为中心的农技推广模式

加拿大农业科技推广采用以大学为中心的农技推广模式，政府将农技事业中的技术部分转移给涉农高校负责，从政策和宏观上把握国家农技发展方向，同时整合社会资源，形成"教育—科研—推广"三位一体的模式。包括联邦农业科技推广局、州农业科技推广站和地方农业科技推广站三个层级，其中州农业科技推广站在农业科技推广模式中发挥着关键作用。联邦农业科技推广局主要发挥管理作用，负责协调和管理全国的农业科技推广工作。

每个州立大学在农学院建立农业科技推广站，并由该农学院院长兼任推广站站长。加拿大的农业科技推广模式在领导体制上保证了教学、科研和推广的统一与协调，促进了教学、科研和推广工作顺利有效地开展，也使担任要职的教授更加注重研究、发展和解决农业生产实际中遇到的种种问题，从而形成了教学、科研和推广三者协调统一的合作保障机制。

2. 由政府、大学及推广专家进行技术指导的推广模式

大多数科研成果的推广由政府资助，如省财政拨款资助农业厅推广服务处，在省的农作区分设若干服务机构，每个服务分支都有一名不同专业的推广专家及受雇的推广代理人，推广代理人的数目因地区面积、农业人数、农业产量而异，推广代理人作为农业生产的使者起着传递和反馈信息的作用，推广专家进行技术指导。加拿大大学农学院及兽医学院都聘有农业推广专家，但人数不多，最多2～3人，他们与省推广服务处的推广专家相结合，为农民提供优质服务。大学推广专家的经费不是由校方支付，而是从省推广处开支。

三、农业科技推广体系特点

1. 农业科技推广机构多元

加拿大为了使农业科技在最短的时间内应用到农业生产过程中，逐步建立了多部门参与、多层次协同推进、多元化的农业科技推广机构。省级以下各级政府的农业推广机构可划分五大部分。

一是政府的行政机构。各省农业厅一般都下设生产与市场部、规划与开发部和田间服务部，其中田间服务部具体负责各地农业人事安排、具体事项的管理和工作经费管理与划拨。各省再根据省内具体情况设立不同的片区并设计农业推广办公室，负责农业技术的推广工作。行政机构大致划分为三类：第一类是政府选派农业科技推广人员直接到农场、田间生产第一线，直接与生产者面对面地现场推广；第二类是政府在各区域建立推广中心，无论是本省还是外省

的农业生产者都可以通过该中心的网站查询到相应的技术服务，还可以通过在
线交流、邮件交流等方式满足技术需求；第三类是定期或不定期印制或发行各
种出版物，介绍的内容可能是某个专项的，也可能是综合性的农业科技信息。

二是政府经费支持的教育科研、技术研发等机构。这类机构不仅负责农业
科技的研发和推广中的教育培训，而且还直接参与农业科技的推广工作。这类
机构不仅负责农业科技的研发和推广中的教育培训，而且还直接参与农业科技
的推广工作。他们通过各种方式与农场主取得联系，把科研成果应用到农业生
产中。

三是与农业生产相关的各类专业协会。专业协会为农业生产提供农业物
资、金融服务、市场信息、产品营销及品牌推广等各方面的中介服务。

四是提供农业服务的经营性企业。这类企业主要从市场需求的视角出发，
开展农业推广活动，组织农业新技术开展田间试验等活动。

五是私人农业科技专家。这些人利用个人在农业科技领域的专长从事农业
新科技在田间使用的指导，参与农业科技的推广与使用。

2. 农业科技推广方式灵活

加拿大每个参与农业科技推广的部门，根据新技术的特点，采取因地制
宜、灵活多变的推广方式。经常采用的主要有面对面的推广、示范性推广、项
目式推广、传统手段推广和电视电话推广五种。面对面的推广主要是省和地区
农业管理部门选派到各户的农业专家或专业技术人员，直接为农场主提供技术
咨询、辅导和服务，当面解决新技术在农业生产中的具体应用问题。示范性推
广主要是针对新技术，先选择示范户或大学的示范性农场进行试点推广，成功
后通过他们的示范再大范围地推广实施。项目式推广方式主要以农业生产项目
为纽带，由农场主自愿决定是否参与或者参与项目的程度，在项目运营中自主
自愿接受相应的培训。传统手段和电视广播等是比较常用的农业科技的推广方
式，通过印制农业新技术宣传手册、现场展示、电视广播讲解等方式，加快新
技术在农业生产中的推广与应用。

3. 农业科技推广手段多样

加拿大农业科技推广主要通过有计划的技术培训、提供专家咨询、媒体宣
传推广和电脑网络等手段，将先进的农业技术传输到广大农场主手中。一是通
过4H活动培养农村专业技术人才。4H活动主要是指人的头（head）、心
（heart）、手（hand）和健康（health）四方面有机结合，由农村社区组织和志

愿者共同参加的一种活动。培养对象主要是农村中年龄在 19～21 岁的青年，学习方式主要采用"干中学"，培养的主要目的是使农村青年具备独立分析问题的能力。二是绿色证书培训。其目的主要是做好农村人力资源开发、提高农场主农业生产的实用技术和农业经营管理能力；采用培训者自学和教学相结合的方式，从开展实用技术、技术指导和经营管理三个层次出发，培训内容体现实践性、可操作性和社区参与性。参与培训的学员必须同时通过基础理论知识培训和实际操作测评两个环节才能获得绿色证书。迄今为止，加拿大通过绿色证书培训制度，已经为农业生产领域培养了一大批具有专项才能和管理才能的农场主，在农业生产中发挥了巨大的作用。三是发展田间诊断学校。加拿大已经建立了 9 所田间诊断学校，由政府牵头，各级协会、农业专业服务公司和农场主共同参加田间学习活动，其活动经费完全由参与者自愿捐助，政府提供政策支持；办学形式多种多样，学习内容齐全，通过正反农业生产试验案例学习农业生产经营活动，充分发挥眼见为实、活学活用，扩大示范的作用。四是电脑网络咨询活动。加拿大农业生产信息化程度相当高，为农业科技推广注入了新的活力。目前，15％的农户或农场主加入了互联网，能够通过互联网方便快捷地获取全国或全世界各种先进的农业科技，并应用于农业生产经营的每个环节之中。

4. 农业生产者综合素质高

加拿大的农业生产市场化程度比较高，人少地多，以农场经营为主。每个农场的规模较大，机械化程度和信息化水平都比较高。加拿大是 12 年义务教育，不仅是免费的，而且还是必须的。因此，确保了农场主都是高中学历以上，40％左右的农场主具有大学文凭。学历高也决定了他们对农业新技术接受能力较强，同时对农场的管理水平也比较高。农业生产者经常参加各种技术培训，提高职业技能，农业综合生产能力持续提高。

5. 农技推广队伍精干

农业技术推广人员综合业务能力非常强，不仅学历高、综合业务知识扎实，而且经验丰富、资深博学，实操能力非常强。农业技术推广人员中绝大部分都是直接从事技术推广的专家技术人员，只有少数人员从事行政管理工作。如艾伯塔省共有农技推广人员 225 人，行政管理人员只有 97 人，不同方面的专家技术人员达到 128 人，负责全省农户的技术推广工作。他们还与生产协会、科研单位保持着密切联系，及时掌握最新的农业科技动态。从事农技推广的专家类型多种多样，专家负责的区域也会因地制宜、科学配置，都是以服务农业科技推广为天职，开展本地区或跨区服务，并且具有非常高的协同精神。

6. 农业科研与科技成果应用推广一体化

加拿大农业科研系统体系健全，覆盖面广，而且集科学研究、良种生产、示范推广于一体，缩短了从科研到生产的路径，较好地避免了科研、生产两张皮，科研、推广不协调的现象，使得科研更贴近现实，培训针对性更强。通过农业科技的示范推广，可以有效帮助农民采用新的农业生产技术，适应社会和经济条件的变革。

四、农业科技推广案例

加拿大大专院校在农业科技领域领先的一个例子就是奥尔兹学院。2018年夏天，奥尔兹学院正式推出了奥尔兹学院智能农场，这是一项激动人心的新举措。学院将通过整合旨在提高生产力的最新技术，将其现有农场转变为未来农场，高效和可持续地增加资源。这是一个通过行业合作伙伴关系对智能互联农业技术进行创新、验证、示范和扩展的地方，合作伙伴包括艾伯塔省机器智能研究所（AMIII）、Decisive Farming、Intelliconn、Raven Bay、Stream Technologies、Weather Innovations Consulting、Zedi Solutions 等。

遗传和育种：遗传和育种公司通常将他们的时间投入到改进作物特性和产出，或是可以帮助植物生长的细菌育种，许多公司通过使用基因技术来实现这一点，加拿大遗传和育种公司的几个例子是 Agrisoma、Frontier Agri‐Science、Linnaeus Plant Sciences、Okanagan Specialty Frualty 和 Smart Earth Seed。特色公司：Agrisoma 育种芥菜籽，利用油菜籽油生产生物喷气燃料，取代 30% 的化石燃料，成为首个为飞机提供生物喷气燃料的公司。

农场管理平台：这些公司利用大数据、人工智能（AI）和预测分析为农民提供日常农场问题的解决方案，比如精确农艺、作物管理、风险管理等领域。Decisive Farming、Farm At Hand、Farmers Edge 和 SIGA 是这一领域的几个例子。

作物保护和营养：生产用于保护作物不受病虫害危害的生物或化学产品的公司，并提供营养以促进植物生长和健康，包括无毒和环境友好的技术。

农场到消费者：这类公司专注于通过将农场连接到最终消费者来缩短和简

化供应链。许多加拿大公司都寻求通过使用数字平台来实现这一目标，如Carbon Credit Solutions、Renterra、Localize Your Food。特色公司：Carbon Credit Solutions 是测量、报告和核实农业温室气体减排的世界领先企业。他们获得了 2018 年加拿大艾伯塔省最佳商业奖项：艾伯塔省商业杰出奖。

机械和机器人：这些公司提供机器人、机械和设备。农业依靠这些自动化机械做农场工作，收获以及随后的农作物分拣。CleanSeed 和 DOT Technologies 更专注于农业机械。属于这一类别的其他公司包括：Inno‐3B 和 Northstar Robotics。特色公司：DOT Technologies 与 New Leader Manufacturing 合作开发世界上第一台自动干式撒布机，将通过 DOT Power 平台运行。

灌溉用水管理：致力于通过先进的灌溉技术管理和促进水土保持的创业公司。创新灌溉方法和用水效率的公司包括了 Agricast、Hortau、Rachio、Skaha Remote Sensing 和 SkyDrop。

收获后管理：旨在减少在储存、包装、处理、气候管理技术和产品销售期间发生损耗的创新解决方案。例如，Agexchange Group 和 FarmLead 为农民提供粮食市场平台。

新型农业系统：新型温室、城市农业、水培和鱼菜共生系统，包括 AVA Technologies、Lettuce Lads、Renterra、TruLeaf、Verticorp 等。这一群体专注于可持续和更高效的生长系统。特色公司：Lettuce Lads 开发了受控环境农业的完整耕作系统，获得专利的高密度水培解决方案通过提高自动化水平，照明效率显著提高了当前的室内产量。

家畜和家禽：用于动物养殖农场和宠物的技术。GrowSafe 系统有限公司是一个很好的例子，该公司为牛肉行业提供基于 RFID 的自动化解决方案。其他公司包括 Feedlot Health Management、Integrated Traceability Solutions、Prevtec Microbia 和 SomaDetect。特色公司：美国的奶农组织投资了 SomaDetect，这是一家乳品技术初创公司，将帮助农民利用人工智能更密切地监控他们牛群的健康状况，提高牛奶质量。

废物处理技术：这些公司专注于减少有害废弃物质并在农业领域重复利用材料，例如 NuWave Research、CRB Innovations、Hop Compost、Livestock Water Recycling 和 Lystek International。特色公司：Livestock Water Recycling 是普华永道加拿大 2019 年展望和现实（V2R）奖项幻想奖的最终入围者。Livestock Water Recycling 的技术将为农民提供新式的牲畜粪便处理工具，消除对潟湖储存的需要。

水产养殖：这些公司开发的技术能够更有效地饲养水生动物或种植水生植物作为食物。属于这一类别的一些加拿大公司包括 AgriMarine、Open Ocean Systems、ReelData、Rocky Mountain Shrimp Company Inc. 和 XpertSea。

食品技术：食品技术领域是初创公司空间中一个不断增长的部分，旨在改善或改变全球食品系统。以下是代表该行业的几家公司：Dockside Pet Products and Services、Enterra、Fresh Prep Foods、Foodee 和 Mazza Innovation。

物联网：农业中的物联网包括使用传感器和其他设备来收集所有农场行动和事件的数据。这一领域的初创公司包括 Agrimatics、Be Seen Be Safe、GrainViz、Inteliconn、OPIsystems 和 Precision Weather Solutions。

病虫害管理：研究试验、产品注册支持、有害生物管理战略以及其他帮助加拿大种植者保护其农作物免受杂草、疾病和害虫负面影响的方法。参与这一领域的初创公司包括 BioTEPP、Ecoation Innovation Solutions、HeadsUp Plant Protectants、My Green Space 和 Semios。特色公司：Semios 连续两年被 SVG Ventures 评为"欣欣向荣的 50 强"年度全球领先规模和富有远见的农业科技公司。Semios 最近从加拿大政府可持续发展技术基金获得了 990 万加元的资金，以支持其大数据技术，在提高作物产量同时，减少生产过程中化学品和水的使用。

遥感：使用无人机/飞机提供现场分析的公司，或使用全球可用的卫星数据开发大规模宏观分析的公司。这类公司包括 Aeryon Labs、Deveron UAS、Draganfly Innovation、Practical Precision 和 Resson。

第十三章 CHAPTER 13
加拿大农民教育与培训 ▶▶▶

加拿大的农业劳动生产率居世界前列，得益于完善的农民职业教育。加拿大农民教育主要分为三种类型：一是学历教育，注重系统理论知识学习和研究，目的在于促进学生意识到农业在社会和国民经济发展中扮演的角色和所起的重要作用；二是职业教育，注重职业技能培训；三是绿色证书培训，是面对农场工人、农民的农业生产技能培训。另外还有非正式的农业推广活动，在农民与农业科技的新发现和发展之间起到纽带的作用。

第一节　农民教育与培训的发展历程

一、农业院校探索阶段：17—19 世纪

加拿大的农业教育始于 1670 年新法兰西时代圣诺阿基姆的一所"工业"学校 Petitséminaire，这所学校提供农业方面的一些培训，主要是获得在学校农场学习劳动的实践经验。19 世纪魁北克省建立了另外 2 所学校，不过都只持续了 1 年。1859 年的科波卡捷尔农业学校由 Abbe Pilote 赞助，聘用 Emile Dumais 担任农学教授，颁发文凭和授予学位，在 1962 年成为拉法尔大学农学院的一部分。

加拿大第一所英语农业学校于 1874 年在安大略省成立，这所学校起初设立了一个一年期的面向世纪工作的项目。1880 年开办了一个两年制的专科文凭项目，这个项目不仅要在安大略省农业学院学习书本知识，还要到实验农场（OAC）实习。1887 年这个科目的学习时间延长至 3 年。在 1888 年，实验农场（OAC）附属于多伦多大学，因此取得了学位授予权。1902 年这个科目的学习时间又延长了 1 年，成为四年制本科教育。

1885 年在新斯科舍省的特鲁罗建立了一所农业学校。8 年之后即 1893 年在沃尔夫维尔又诞生一所园艺学校。这两所学校合并成为新斯科舍农学院，于 1905 年 2 月正式成立，在 1980 年获得学位授予权。

19 世纪成立的最后一所农业学校是欧卡农业学校，在 1893 年由魁北克欧卡镇的特拉普派修道士创建。1908 年隶属于拉瓦尔市，更名为欧卡农业研究所。1962 年成为拉瓦尔大学农学院的一部分。

二、农民培训成熟阶段：20 世纪至今

20 世纪 70 年代以来，加拿大政府为了促进农业适应全球化发展的要求，为各类农业资格证书专项教育提供培训资金，其中最著名的就是农业大省艾伯塔省的绿色资格证书教育。1972 年的政府机构改革后，高中后的教育培训统一划归教育部门管理，使学校与农业部门和农业生产的联系逐渐减少，农民的农业生产培训的机会也减少。于是艾伯塔省农业厅根据农民的需求，利用联邦政府对就业培训的资金支持，帮助雇主申请政府培训补偿金培训员工（联邦政府对每培训一名员工给予 5 000～7 000 加元的支持）。同时，将"学徒式"培训模式引入农场培训中。1975 年夏，艾伯塔省农业厅和教育厅共同努力，启动"绿证农场学徒工计划"，后来更名为"绿证培训计划"。1985 年，在联邦政府就业培训项目结束后，艾伯塔省政府将绿证培训计划所需经费列入财政预算，每年安排 100 万加元经费，主要用于课程开发、师资培训、考试场地租用、聘请考官及计划管理等方面。政府强有力的经费支持为早期的绿证培训走上规范化发展道路奠定了重要基础，此后使得农业职业教育专项化成为趋势。经过多年的发展，在政策和资金的激励下，加拿大各省的农业资格证书教育制度日渐完善，形成了一整套完善的运行机制和管理体系。

第二节　农民教育与培训模式

一、农民的学校教育模式

1. 综合性大学农业教育

（1）本科教育。本科教育课程设置广泛丰富，与现代农业密切相关。加拿

大典型的本科农业教育需要就读四年，前两年以基础科学教育为主，包括化学、生物、数学和物理等课程，再加上广义农业的许多介绍性课程；后两年攻读一个主要专业方向，安排 8~15 个专业课程。

（2）研究生教育。加拿大农科研究生教育非常重视基础课程教育和跨学科交叉研究，课程多而广，学生就研究主题进行广泛深入的讨论，注重合作，激发思维。以艾伯塔大学农业经济学科研究生的培养为例，研究生导师指导学生选课，确定研究项目以及解决调研中的问题；学生不仅要求精修基础经济理论课程、经济分析方面的技术课程和专业课程，还需要为论文准备社会人文方面的知识。另外，研究生项目也不是在所有研究机构和农业相关的所有领域里进行，研究生课题紧随机构研究项目发展的需要，主要是由省农业部门资助，因此有地域限制，任何大学或机构涉及的研究项目都反映该省或地区发展的需求和兴趣。

2. 高等农业职业教育

加拿大政府对农业职业教育投入较大，教育科研经费充足，学校多媒体、网络等现代化教学手段齐备，实验室、图书馆、实习农牧场设备精良。其高等农业职业教育学院办学形式也十分灵活，主要以学历教育与职业培训，农业科研与农业推广为主。

（1）学历教育与职业培训。在提供非学历的农业实践项目的学校中目前至少还有 4 所学校颁发专科文凭。此外，还有 18 所机构提供中学教育之后的农业职业培训，其中 5 所用法语授课，另外 13 所通过英语授课。这些机构为农民提供现代农业相关生产的课程和培训。此外，许多机构还对将要在各种农业相关行业从事技术工作的大学毕业生提供培训，主要以二年制的职业培训证书班为主，也有三年制和四年制的学历教育班。同时，还根据行业或雇主的需求，开办多种形式的短期培训班，使得农民对现代农业有所认识。另外许多机构还对即将在与各种农业相关行业从事技术工作的大学生提供相关的培训，以便大学生能更好地胜任工作。例如，牛肉或家禽生产培训，过去强调家庭饲养和屠宰，现在课程中会提供饲养方案计算机化和高度农村机械化管理等方面的内容。

（2）农业科研与农业推广。早在 1907 年安大略省农业厅副厅长 C.C. 詹姆斯就建立起了农业代表服务机制，将 6 名安大略省农学院毕业生分派到 6 所省内高中，詹姆斯设置"农业代表"的想法得到极大认可，最终其他省都建立了这一机制。另外，马尼托巴农学院曾组织特殊农业培训班将农业技术通过展示、作报告和设立农业咨询专家在全省推广。麦吉尔大学麦克唐纳德分校也采取过类似的做法，同时指派毕业生作为农业推广员驻扎在农村。农业代表在基层发现问题后将其反馈给农业科研专家，在许多情况下，农业代表帮助科研专家将新技术在生产第一线推广试验。加拿大农业技术推广人员证实，通过农业技术的示范推广，可以帮助农民采用新的农业生产技术，使其适应社会和经济条件的变革。此外，加拿大政府还在全国范围内创建了许多农业实验研究机构。其农业科研系统体系健全，覆盖面广，而且集科学研究、良种生产、示范推广于一体，改变了从科研与生产分离和与推广不协调的现象，使科研更贴近现实，培训针对性更强。

二、农民的行业培训模式

加拿大的"绿色证书培训"起源于 20 世纪 70 年代初。1993 年后，加拿大政府制定了许多优惠政策以吸引更多的年轻人参加农业职业培训，如把畜牧、农业、园艺等 12 门绿色证书教育课程引入高中教育阶段。规定绿色证书培训可以抵农业大学、农业职业技术学院或高中教育的学分。加拿大的农业资格证书专项职教制度获得了世界诸多国家的认可，被很多国家所借鉴。从运行机制看，加拿大的资格证书专项教育由各省农业厅来负责实施，而教育主管部门与农业行业组织也在其中承担主要责任，教育部门负责教学工作的开展和师资培训，农业行业组织负责教育资金的筹措。"绿色证书培训"的主要内容是：

1. 支持系统

学员分为学生学员和成人学员两种类型，培训时间一般是 1～3 年。学员在培训过程中受到一系列资源的支持，其支持系统包括学员的培训老师、地区协调员、学校代表及政府各个部门，具体如下。

（1）每个学院至少有一个固定的培训者。培训者也有两类：一是初级培训者，大多是学员的父母、亲戚或农场主，必须具有丰富的经验并有能力为学员提供教学、指导和实际的操作能力，最好有相应的文凭或专业证书；二是中级培训者，这类培训导师是用来救急的，当学员的初级培训教师不具备培训手册中要求的某一特定领域的知识和技能时，就需要中级培训者对学员进行培训。鼓励学员在他们的社区内寻求这些专业人士的指导帮助，以提高知识技能水平。

（2）充分发挥地区协调员的作用。地区协调员的角色包括与当地学校进行联系与沟通，促进与农学院合并，并负责联系培训需要的设施，如农场等。还为新选秀绿证培训的学员或那些想更多了解这一培训的学生提供校内指导。

（3）学校代表是艾伯塔省教育厅与绿色证书计划的纽带。其职责是负责学生对职业问题的咨询和发展、对计划进行管理、在培训者的协助下监督学员、与学员定期进行交流、帮助地区协调员制定证书考试时间表等。

（4）政府和各部门在计划中发挥着不可替代的作用。省政府负责培训计划的经费，省政府每年按照每学分 120 加元的标准将培训经费拨付给教育部门，每个学员修满 16 学分，可拨到 1 920 加元。艾伯塔省农业厅是计划实施的主管部门，负责决定每个培训专业的开发。

2. 培训层次

绿证培训的专业是根据行业需求设置的，市场需要什么专业，就开设什么专业。每个专业至少提供一级水平的培训，对同一个专业的培训又分为三个水平。

（1）生产技术员。掌握农作物生产或牲畜养殖过程中各种作业程序和规范，独立完成每天的常规工作。

（2）生产指导员。具有复杂的技术、知识和更强的综合判断能力，能够对其他工作人员进行指导，评估工作中的问题和需要；确保生产经营计划和协议的实施等。

（3）生产管理员。具有管理农业生产和市场营销等方面的能力，能够管理日常的财务工作，协调和管理各部门的工作。

无论是生产实践还是具体培训三个水平都是一级高于一级，而且高一级的以低一级的为基础。因此，在培训中要求：要想参加高一级的培训就必须首先获得其相应专业低一级培训的证书。

3. 培训内容

绿证培训的特色就是不依赖课堂教学，培训者首先进行能力要领讲解和动作示范，然后指导学员操作，在操作过程中对学员遇到的问题及时给予解答。培训以现场操作为主，从而获得所需的技能。培训主要是在具有合格培训者的农场进行，农场必须具备学习各种技能的条件及一定的规模，最好是专业性的农场，有最新的设施设备，有可靠的安全措施。培训特别注重实践训练，如每个地区为学员和培训者获得更多的学习资料而设立了免费的并自愿参加的"地区培训日"，主要培训与绿证相关的课程，培训主体每年都有变化，包括股票操作、农场安全等。地区还设立了一个绿色证书时事通信，来报道关于计划的信息。

4. 考核方式

绿色证书考试分为评估考试和证书资格考试两种类型。评估考试一般由培训教师在农场对学员在每个专业的技能图表上的技能进行测试，当学员向教师表示已掌握要求的能力，就可以开始考试。资格考试在联邦政府绿证管理部门指定的考试中心进行，考官大多是由地区协调员筛选的有经验的培训教师或农场主。考试分为口试和实际动手操作，即学员讲述课程手册中的知识内容；考官随机抽取 5 项能力，要求学员现场展示操作机器的动手技能，并在 2 小时内完成。

第三节　农民教育与培训体系

一、以行业需求为核心的专业开发体系

加拿大的课程开发独具特色，形成了人才市场需求和教学实施紧密结合的教学体系。当根据市场需求开设一个新专业时，实施的关键是如何设置课程和教学模式。加拿大社区学院的做法是组成一个 DACum 委员会，一般由 8~12 人组成，委员会成员包括本行业有丰富实践经验的工人、技术人员和管理人员、专家和熟练技师，也吸收学院少量有经验的教师和管理人员参加。委员会的任务是进行包括工作分析、任务分析、能力分析在内的职业目标分析，他们经充分讨论把每个培训的内容分解为 8~12 项职责，再把每项职责细化为 6~30 项具体的专项能力，并对每项能力制定出教学方法和考核标准。最后，委员会要把某一职业能力按照综合能力、专项能力的层次分界，编制成 DACum 表。DACum 表既是制定教学计划的依据，也是指导学生学习，以及评价学生成绩的依据，同时又是很好的招聘标准，教师的能力也可以通过 DACum 表检验。DACum 表制定后即转交到教学专家手中进行课程设计。这使得职业教育以能力为中心的目标和以行业需求为导向的课程开发得以实现，并且充分发挥学生学习的主观能动性，使学生的学习成为有意识的、主动的过程。

在农业职业课程的开发中，第一，学员要深入到如养猪场、育肥牛场、家庭农场等农业行业基层，向行业老板、农场主询问他们在生产、管理、市场销售等过程中需要什么岗位的人员，这些岗位人员都需要具备哪些知识和技能，

以确定是否开设某个专业。第二，组成行业委员会讨论行业需求、所要开发课程的种类及其具体的技能要求，制定出课程技能图表（skillpro‐file），用以反映从事这个岗位工作的人员所必须具备的技能。如奶牛、小牛、肉牛生产技术岗位（课程）的技能图表，有五大项技能要求，每一大项又分解为若干个小项，共有 43 项需要掌握的具体技能。这 43 项具体的技能又根据其性质归纳为三大类：第一大类为牛的养护和生产，第二大类为牛的产仔和牛群健康，第三大类为肉牛生产和销售的商品化技术。这三大类技能分别用黑、蓝、绿三种不同的颜色标注，从而形成奶牛、小牛、肉牛生产技术岗位（课程）的技能图表。第三，技能图表形成后，学校的课程开发人员还要将它拿出去征求行业（企业、农场主）意见，经过反复修改之后，这门课程（岗位）培训的基本依据就确定下来，课程的开发才随之完成。

二、以能力为本位的专业人才培养模式

加拿大农业职业教育是以能力为本位而形成的人才培养模式 CBE（Capacity‐Based Education），特别重视培养学生生产第一线的行业技能，也就是要使受教育者在学校学习期间即具备某个职业所必需的实际工作能力，而且把是否具备这种能力作为评价学生和教师，乃至学校办学质量的标准。CBE 强调以培养职业技能作为教学的基础来设计课程及相关的教学环节；强调以学生为中心，着重培养学生的自我学习能力和自我评价能力；强调教学的灵活多样性和管理的严格科学性，真正体现重视能力培养。它不注重理论知识的传授，而强调生产现场的培训，强调学生在生产现场亲自动手做，从而获得所需要的技巧。与此相关联，加拿大衡量其职业培训最终成果的指标，是学生是否掌握了可检测的行业技能。如奥兹农学院开设的一门"学生管理农场"课程体系，课程计划开设学制两年，第一年在校主要学习有关农场如何经营管理的理论知识，第二年让学生组合成团队，每个团队划分一定的土地，安排在农场进行管理经营实践，每个团队划分成生产组、市场组、财务组、人力资源管理组，每小组由一名组长四名成员构成。每个小组每周定期开一次讨论会，团队每个月定期开一次总结会，集体讨论遇到的难题，形成总结报告。指导老师全程参与实施，但不参与团队小组内的决策。"学生管理农场"课程随着一个生产周期结束而结束，学校为每个学生发放课程学习评估表，课程结束后，由三名指导

教师根据学生在农场的实际劳动表现、团队合作情况、设计方案落实及最终获得的效益等方面进行打分，按照优秀（90～100 分）、良好（80～89 分）、中等（70～79 分）、及格（60～69 分）、不及格（60 分以下）五个等级考评，最后由三名教师的平均分数确定考核等级，在团队中根据每个学生的职能不同给予适当加分。

三、以职业岗位为核心确定的专业体系

1. 根据职业岗位确定所需要的课程技能

开发的新专业确定后，课程咨询委员会进一步根据从事行业岗位需求，确定完成开发新专业所要掌握的技能。如加拿大奥兹农学院的农业一级证书通过让学生在农作物、植物营养、植物保护等生产中的实习，毕业生能够从事农业服务行业，在工作中培训职员。设计这个初级的证书是为了回应行业的要求，去培训一些有基本农业技能的人，在网上学习可以进一步满足个别学生的需要，在校园实习也覆盖了对这门课程学习的需要。主要培养对象是兼职的学生，他们希望在农业行业工作同时也有学习的机会，他们过去有可能受过大专教育，但缺乏农业方面的知识，或者他们在其他国家有农业经验，但需要加拿大西部农业的技能训练。根据岗位包含的实际工作任务分析，确定了农业一级证书的 40 项基本技能，如表 13 - 1 所示。

表 13 - 1　农业一级证书的基本技能

1. 分辨一些实际作物的种类	2. 描述作物的加工和市场需求
3. 描述土地准备的方法	4. 描述作物生产过程
5. 作物收获技术	6. 作物储藏技术
7. 描述不同区域的土壤对作物生产的影响	8. 描述土壤特征与土壤生产力的关系
9. 描述土壤化学特性与土壤生产力的关系	10. 描述植物养分对作物生长的影响
11. 能够示范土地测量系统的使用方法	12. 解释土壤测试报告的结果
13. 描述有效合理的施肥方式	14. 描述农作物昆虫和病害的特征
15. 描述有关害虫管理的昆虫形态学和生命历史	16. 描述谷类作物的虫害管理
17. 描述油料作物的虫害管理	18. 描述草料和豆类作物的虫害管理
19. 描述储存作物产品虫害的管理	20. 描述作物疾病发展的生态学
21. 描述谷类作物的病害管理	22. 描述油料作物的病害管理
23. 描述草料和豆类作物的病害管理	24. 描述综合虫害管理原则

223

（续）

25. 加拿大西部农业常见杂草的特征	26. 解释杂草对生态系统的影响
27. 描述普通杂草的生长和传播情况	28. 描述综合杂草管理在农业上的应用
29. 解释说明预防杂草的策略	30. 解释管理杂草配置策略
31. 解释在农作物管理杂草实际策略	32. 用生态策略去管理农作物的虫害
33. 解释用除草剂去管理防治农作物中的杂草	34. 示范实地探索和实地收集数据的能力
35. 利用电脑处理数据分析	36. 实地探索应用基本电子照相能力
37. 会用全球定位系统进行数据收集和导航	38. 处理全球定位系统实地收集的数据
39. 撰写实地探索的数据报告	40. 具有网上收集农业资料的能力

2. 以课程技能构建开发课程

由行业企业岗位需求确定课程基本技能，改变传统理论和实践课构成的课程体系，重新以行业企业岗位需求为核心构建新的课程体系，将农业一级证书的 40 项基本技能转换成 6 个行动领域，再进一步转换为 7 个学习课程（图 13 - 1）。

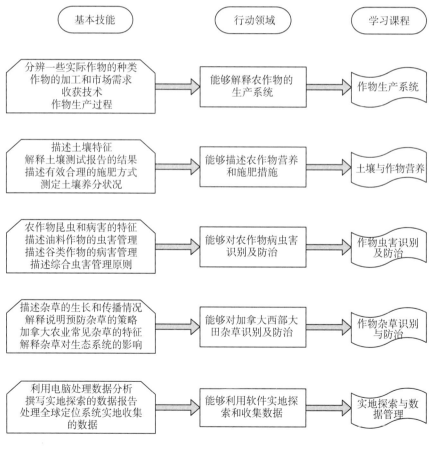

图 13 - 1 以课程技能构建开发课程

3. 以技能为核心开发课程

目标课程基本技能清单确定后，由学校教学专家（教师）根据技能要求提出课程体系。在确定课程体系的基础上进一步根据基本技能继续确定每门课程的单项技能要求。以农业证书为例，根据大的岗位技能确定的课程项目分别为作物生产系统、土壤与作物营养、病虫害防治、杂草种类识别与防治、实地探索与数据管理以及校内实训。每门课程又必须根据该门课程基本技能列出对应的单项技能，这样课程的基本要求也随之确定，为教师教什么和学生学什么提供依据。

第四节 农民教育与培训的特点

一、有力的支持政策

第一，政府通过法律保障、资金投入等方式来推动和促进农业及农业职业教育的发展。早在 1913 年，加拿大就颁布了《农艺教育法》。1937 年和 1939 年，政府又分别颁布了《失业人员及农业补助法》和《国家林业计划》，以促进农业劳动力市场的繁荣。加拿大政府对农业职业教育的较大投入，使学校有足够的资金搞好基础设施建设。教育科研经费充足，多媒体、网络等现代化教学手段齐备，实验室、图书馆、实习农牧场设备精良，学校生源充足，教师待遇丰厚。

第二，加拿大的农民地位有保障。首先，加拿大政府设立许多推进农业发展的优惠政策，如农业灌溉等基础设施建设、土地休耕等，均可得到政府专项基金的支持；农民因不可抗拒的自然灾害造成经济损失时，可以从政府委托的保险公司获得农业生产补偿金。同时，农民具有平等的"国民待遇"。加拿大的农民与城市其他领域的从业人员一样，享有基本平等的医疗、失业、养老等社会保障和福利。另外，加拿大农民的文化素质较高，普遍具有高中文化程度。此外，社会普遍尊重知识，有知识的农民在银行贷款、购买土地等许多方面可获得优先的支持。

第三，加拿大的农牧业生产以大型的家庭农场与高度发达的农业机械作业为特色，从业人员对接受农业职业教育有一定的需求。加拿大农场平均规模较大，而且生产高度集约化，田间生产和畜牧养殖大多依靠大型农机具和现代化设备与设施来完成。农场工作人员的主要工作是监控、操作和维护机械设备，并完成难以用机器代替的工作。高度集约化的生产，要求农民必须熟练掌握各种机器的操作和有效完成特定的技能，以保证整个生产流程的正常开展。因而其对农场的经营者、生产者的技能提出了较高的要求，同时也使单个农民的岗位分工和职责更加明确和具体。生产的集约化和经营的企业化，促进了岗位的分化和技能的提高，对从业人员的技能和知识提出较高的要求。当然，由于同一行业相同的岗位对工作者的技能要求相对一致，也使得农业职业教育可以按照统一的行业标准来培训相同岗位的工作者，这为农业职业岗位规范开发、定位和项目的实施奠定了基础。

二、农业教育模式灵活多样

加拿大的高等农业职业教育学院办学形式十分灵活，一般都是学历教育、职业培训并举，如农业大省艾伯塔的奥兹农学院和雷克兰地农学院，主要以二年制的职业培训证书班为主，也有三年制和四年制的学历教育班。同时，还根据行业或雇主的需求，开办多种形式的短期培训班。一般来说，接受三年制、四年制学历教育的学生，大多具有从事农业工作的背景，有农业行业的实践经验。他们工作一段时间后，根据个人发展计划和行业工作需要，又回到学校接受系统的理论知识教育。而二年制的学生主要是高中毕业生，在参加工作之前来学校接受就业培训，以获取技能。二年制学生学业合格可获得职业技能证书，证书上写明所学技能和专业，是首次就业的"敲门砖"。三年制和四年制学生学业合格可获得本科学历文凭，同时，他们中大多可通过考核获得三级绿色资格证书，毕业后担任行业部门经理，而二年制毕业生考核合格可获得一级绿色资格证书，毕业后一般做行业的技术工人。

三、坚持以行业需求为核心

加拿大农业职业教育中最核心的一个词就是"行业需求"。行业需求在职业教育中具有重要的地位，它决定着职业教育关系的建立、职业教育活动的发生以及职业教育内容和目标的确定。雷克兰地农学院的教务长曾感慨地说，教育是一个专业，谁都能做，竞争性特别强，其工作目标就是吸引人来选课。怎样吸引呢？这就要根据行业的需求、市场的需求，不断地开发新课程，淘汰不合时宜的旧课程。他们大约每两年进行一次大规模的课程更新，通过更新，一些新课程被开发出来，一些旧课程被淘汰掉。

首先，学校课程开发部的人员从两个方面进行行业需求与课程开发的调研工作。一方面深入到如养猪场、育肥牛场、家庭农场等农业行业基层，向行业老板、农场主询问他们在生产、管理、市场销售等过程中需要什么岗位的人员，这些岗位人员都需要具备哪些知识和技能。另一方面，邀请行业、企业人员到学校来参加行业需求与课程开发方面的座谈会，一般他们都有相对固定的行业专家顾问组，讨论行业需求、所要开发课程的种类及其具体的技能要求。这种以行业需求为核心的课程开发体系，充分考虑到行业、雇主需求，课程的取舍完全尊重行业、雇主的意见，这样开发出来的课程，无疑会具有强烈的吸引力，深受学生的喜爱，培养的人才无疑会受到行业、雇主的青睐。

四、注重学生"态度"培养的教育导向

奥兹农学院霍华德先生就将他们的办学宗旨概括为"三步曲"：一是要让学生知道社会、行业需要他们具有什么知识；二是要让学生知道社会、行业需要他们掌握什么技能；三是要让学生知道社会、行业需要他们具备什么态度。这里所谓的"态度"就是通常说的德育及职业道德教育。在加拿大对学生的"态度"培养有硬性的规定和考核指标。从国家角度看，加拿大联邦政府颁布的"职员能力清单"，对从事某一行业的职员态度有明确的要求；从学校课程设置看，艾伯塔省教育厅规定，任何一所学院都必须开设四门必修课：语言交流课、技术写作课、商业和人际交往课、计算机课。除计算机课程外，其余三门课的主旨就是培养和教育学生如何做人，如何树立诚实守信、勤奋克俭的做人准则，如何与人交流，如何形成尊重和理解别人、善于合作的团队精神。从教育方式、手段看，一是由教师主导的课堂活动，诸如命题演讲、案例分析、角色扮演、情景模拟；二是由学生在课下进行的，包括在生产现场中处理危急事件，类似于如前所述的 SMF 课程中的项目完成训练、工作笔记、日记、各种文体的投稿量等。从行业、雇主对人才需求看，学生在课程学习中学会了如何与人相处、如何去找商家、如何与商家打交道，缩短了学校教育与社会从业之间的距离，学生毕业后能够很快地为公司带来利益。又如雷克兰地农学院的"学生管理农场"课程，其最大的成功就在于通过课程学习和实践操作，使学生在校学习期间培养了"态度"，形成了团队合作精神。

第十四章 CHAPTER 14
加拿大农业生态环境保护 ▶▶▶

第一节 农业环境保护措施

一、农业环境概况

　　加拿大的可耕地资源、草地较为丰富，耕地面积达 4 000 万公顷以上，草原 3 省面积占国土面积的 3/4。气候温暖宜人，灌溉条件良好，为农牧业发展奠定了基础。全国最重要的粮食主产区大草原 3 省盛产谷物、蔬菜、水果、红肉类以及乳制品等农牧产品。这与草原 3 省肥沃的黑土和棕土有着密不可分的关系，土壤中的有机质含量高达 8%，是农业高效产出的基本物质保障。20 世纪 50 年代加拿大就开始了保护性耕作的试验研究工作，当时由于尚未掌握田间杂草控制技术以及播种机械技术，加拿大免耕技术并没有得到推广。直到 1985 年加拿大保护性耕作才得以大面积推广。土壤深松技术是保护性耕作技术的核心技术。作为一种新型土壤耕作方式，土壤深耕在不破坏土壤层结构前提下改善土壤质量、提高农业产出效益。此外，加拿大在农业生产过程对水土保持、化肥施用、土壤性状等方面进行了长期探索研究，如综合采取残茬覆盖，免耕直播、穴播，谷物及油料作物间作、轮作，生物技术防治病虫害，种植生态防护林等多种措施，追求经济效益与生态效益的协调统一。目前，加拿大保护性耕作农业面积占总耕地面积的 70% 以上，在保护性耕作农业方面取得了很多成功经验，在减少投入、增加产出前提下达到了改良土壤和保持生态平衡的目的。

二、农业环保法律法规

20 世纪 30 年代以来，加拿大农业主产区无休止耕作以及过度开垦导致土壤侵蚀严重，大量草原植被被破坏，掠夺式开发给草原生态建设和农业生产带来难以估量的损失。为了实现农业与生态的协调发展，联邦及省政府多管齐下妥善处理农业生产和生态环境的关系。

加拿大作为一个法治国家，在制定农业环境保护法律法规过程中充分体现了人与自然和谐相处的理念。社会组织和公民向议会提出生态环境保护的相关提议，议会负责法律的制定、审核，政府在法律授权后方可实施执法权和监督权。1935 年，联邦政府制定并颁布了《草原农场复兴法》，以改善大草原区土壤质量。为了控制施用过量的化肥和农药导致的水土污染、焚烧秸秆造成的空气污染，加拿大联邦政府环境部于 1971 年正式成立，其主要职责是保证全国自然环境的优良质量以及自然资源的高效利用，政府层面的法律法规是这些职责得以落实的主要保障。1984 年起，加拿大政府将土壤保持纳入控制气候变化的政策框架中。重点包括增加免耕面积、减少夏季休耕地、在轮作中增加种草、增加永久性覆盖面积、增加防护带、改善放牧管理等措施，以控制农田和牧区温室气体的释放。1988 年，加拿大首部《环境保护法》颁布，将农业可持续发展列为终极发展目标。1999 年，加拿大将可持续发展纳入《环境保护法》的范畴，明确指出政府要履行保护环境的义务，直面农业发展对环境法的挑战。2008 年，加拿大制定了"未来增长的政策框架"，联邦和省政府共同致力于农业与生态的可持续发展。2009 年，加拿大联邦政府成立了专门的农业环境保护机构，土壤局、海洋渔业局、林业局、环境部等多部门共同负责管理农业环境保护政策的制定。新移民农场主在开展大规模农业生产前必须充分认真了解和掌握加拿大农业生态保护相关的法律法规知识，以保证从事的农业生产项目沿着可持续方向发展。

三、农地补偿机制

加拿大耕地面积占国土面积的 7%，完善的农地补偿机制保证了土地的利用效益。针对不同农地类型以及环境问题，加拿大政府构建不同的补偿计划激励农业生产者，保障了农业生产的稳定增长，使加拿大成为世界上第二大粮食援助输出国。第一，补偿目标的细化。农地补偿计划最初是根据产品的价格、收益或销售方式制定的，不利于提高产品的竞争力。在 20 世纪 90 年代，加拿大农地补偿计划做出了巨大转变，将关注点转移至农场主的综合收入。补偿计划更加注重农地的可持续发展、农民收入增加以及区域经济发展模式。第二，补偿形式和主体多样化。农地保护补偿对象涉及农业生产和经营各个环节，既包括农户与食品生产者，也包括食品经营商、政府和相关研究部门。加拿大采用激励与考核并存方式改善农业生产条件，农业生产者执行补偿计划除可直接获得现金补贴外，还可通过参与农业基础设施建设、草原管理培训、项目设备购买等方式获取间接补贴。第三，补偿区域的合理规划。加拿大农地聚集在南部与美国毗邻的狭长地带，自然条件差异造成了多类型土地，加拿大政府因地制宜地制定了不同的土地利用计划和专项补偿规划。第四，补偿规划因地制宜，以点带面。加拿大农地保护补偿机制依据不同自然条件制定补偿计划，针对草原、湿地、敏感地带等各种地形地貌制定环境计划和专项补偿；补偿激励计划是一种探索性实践，加拿大政府采取先试点，再推广，并且依据运行绩效评估再改进，螺旋上升。

四、发展保护性农业及有机农业

（一）保护性农业

1. 发展保护性耕作技术

加拿大农场的土地经营规模大，保护性耕作以装备有 GPS 系统和故障监控系统等现代高新技术集成的牵引式复式作业机具系统为主。机具操作简便、质量稳定、故障率低、作业效率高。特别是免耕播种机，开沟器以采挂式的中小型机具为主。由于受到许多因素的制约，机具现代高新技术集成应用很少，并存在通过性差、故障率高、性能不稳定、寿命短等问题。在机具的关键部件设计方面，例如免耕播种机的开沟器铲尖都镶有合金耐磨材料，播种机作业寿命长达 0.27 万公顷左右，使用中间只需更换耐磨部分即可，这样可以大大降低作业成本，提高作业效率。

2. 开展土壤保护项目

加拿大联邦和省政府相继推出了保护土壤项目：①搭建农业土壤信息服务

平台。加拿大在 20 世纪 70 年代就初步建立了农业土壤信息服务平台，目前已形成较为完善的服务体系。通过土壤采样、农业遥感等手段开发了一系列土地管理及农业发展服务。②开展草原地区的永久覆盖项目。项目最初针对艾伯塔和萨斯喀彻温两省的侵蚀性土地，随后项目覆盖范围不断扩大。

3. 控制化肥和农药的使用

为了对农业生态环境进行综合治理，加拿大控制农业污染物的使用，研究并推广了先进技术，采用了一系列的农业环境污染防治措施：①少用或者不施化肥和化学农药。用有机肥料取代化肥，运用先进的生物农药、生物防治以及精量施肥手段，实现农业生产的优质高效及生态环境的良性发展。②加强化肥和农药的使用管理。加拿大联邦、省级、市级各级政府负责农业的登记管理及执法，责任分工明确。农药的使用必须持有证书及通过农药管理委员会批准的害虫治理计划及计划实施许可证。③实施农药使用教育培训计划。至今，农药法规将农药安全使用教育培训计划列为永久性计划，目标是保证农药使用的安全高效及环境的良性发展。

4. 建立保护性农业示范农场

通过实施政府环保农场计划，鼓励农场主应用环境保护和可持续发展技术。在保护性耕作技术推广中建立全方位协作机制，政府科研机构、推广机构、农场主和农民协会之间相互融合，形成了全社会共同推进保护性农业的机制。

5. 使用轮作技术

大部分加拿大农场主对农田轮作非常重视，在谈到自己制定的轮作方案时，都显得非常兴奋和自豪，因为轮作让他们从土地中获取了更大的利益。轮作已成为加拿大农业的主要耕作方式，采用轮作可以在不增加机械设备和化肥投入的情况下，达到长期增加产量的效果。并能减少病虫害和有效控制杂草，提高土壤有机质含量，起到培肥地力的作用。进一步降低生产成本，更好地利用土地资源。加拿大农场主过去实行的是休闲耕作制度，即土地每耕种 3～5 年后要休闲 1 年，让地力得到恢复。由于这里的农场长期只耕种小麦，在播种季节，农场主必须用很短的时间完成播种作业，需要投入较多的农机具和大量人力，增大了农业生产成本。目前，在加拿大轮作制度已替代了传统的休闲耕作制度，每个农场都制定出自己的轮作方案。主要方法是把农场土地分成几大块，分别在不同的地块上进行小麦、苜蓿、油籽和豆类等作物轮作。由于各种作物的播种和收获季节不同，通过不同地块的轮作，可以将播种时间延长 2 个月左右。农场主只用 1 台播种机和很少的人力，就能完成播种作业，从而节约了大量的生产投入。

6. 发展配套机械

要实施保护性农业生产，首先要解决好配套机械问题。由于加拿大农场土地经营规模大，机具主要以大型为主，一般每个农场配备大型收获机 1 台、免耕播种机 1 台、喷雾机 1 台，每台免耕播种机的价格在 25 万美元左右，1 个农场农田作业机械的投入大约在 100 万美元以上。保护性耕作机械，以装备有 GPS 系统和故障监控系统等高新技术集成的牵引式、复式作业机具系统为主。机具操作简便、质量稳定、故障率低、作业效率高。特别是免耕播种机，开沟器采用多排多行交错布置的设计，既避免了秸秆堵塞，又解决了开沟器交叉覆土的问题，不仅提高了播种机的通过性，又保证了播种质量。在一次作业完成播种和施肥时，将种子和肥料分开，以免损伤种子的发芽和幼苗的出土，还能够均匀和浅层播种。加拿大政府农业及农业食品部门，非常重视保护性农业生产技术的试验研究和示范推广，各技术领域都有专门机构和研究人员从事研究和推广工作。一些研究人员还自发成立组织，不计报酬，常年义务从事保护性耕作的宣传和推广工作，免费为农场提供最新的保护性耕作研究成果，帮助和指导农场实施。根据加拿大环境部的报告，在保护性农业发展的 30 年里，加拿大 70% 的农田采用了保护性耕作技术，只有约 14% 农业用地易受风侵蚀和水侵蚀。

7. 推行少耕或免耕

加拿大大部分农场会将地表的秸秆打捆后用于养畜或造纸，使地表的秸秆量减少。加上机械作业工序少，土壤压实程度轻，一般对土壤不进行任何耕作，保护性耕作农业以免耕技术模式为主。也可减少耕作次数，确保有足够的作物秸秆留在土壤表面，以保护表层土壤，保证种子与土壤充分接触，确保农作物适当出苗率。据资料介绍：加拿大有一个 1965 年建立的保护性耕作试验区，这里的农地 40 多年没有进行任何耕作，而小麦产量却增加了 25%，增产和节约成本效果显著。国内外试验研究表明，对于没有进行秸秆覆盖的农田，深耕作业可以疏松土壤，也有利于天然降雨的渗入，有一定增产效果。但对于常年进行秸秆覆盖的土地，土壤结构有了很大改善，深耕的作用微乎其微。深耕会增加农机成本投入，消耗大量能源，使农业生产成本大幅度增加。加拿大研究结果显示：保护性耕作，在留有谷物残茬的土地上种植豌豆、亚麻和春小麦，其产量比传统耕作的产量分别增加7%、12.5%和7.4%。产量增长的主要原因是0～30厘米土层中的土壤水分增加了。经济分析显示，保护性耕作方式不仅产生极佳效果，而且降低了总体生产风险。

（二）有机农业

20世纪50年代，有机农业运动传入了加拿大，加拿大成为较早发展有机农业的国家之一。有机生产建立在农业可持续原则之上，运用特殊的生产及管理方法保证高质量的生态环境，是发展适应环境、与生态和谐统一的产业。进入80年代，加拿大政府对有机农业和可持续农业发展的研究项目进行资助。2001年加拿大成立了有机农业中心，为从事有机农业生产的农民提供信息交流、科研项目咨询等服务。同年6月，加拿大农业及农业食品部将农业可持续发展列为农业政策框架的最终目标，并宣布出资140万加元（1加元约合4.90元人民币）用于有机农业鉴定推广、有机农业生产者掌握市场行情、召开国际有机农业运动联合会会议及成立有机农业学院等。2009年6月加拿大联邦政府开始实施《有机产品条例》，该条例对加拿大有机产品的生产、加工、销售、认证均做了明确的规定，保证有机农业生产各个环节监督到位。2014年8月，加拿大有机联合会创建了一个汇集各界精英的有机农业产业集群。加拿大有机农业的普及不仅为市场提供了优质安全的农产品，也有利于优化农业生态环境。

加拿大有机产品品种繁多，其中有机谷类产量最大，占出口比重最多。产品主要有小麦、玉米、大豆、西洋参等大田作物，蓝莓、红莓、草莓、黑莓以及苹果、梨、葡萄等园艺作物，牛奶、肉牛、猪、羊、鸡等畜禽产品以及各类蔬菜和花卉。其中，魁北克省的有机枫糖浆、南部的有机西洋参以及有机葡萄冰酒作为加拿大的特色有机产品远销至世界各地，拥有很强的竞争优势。

加拿大农业科技发展迅速，其成熟的有机农业和有机食品加工技术居世界先进水平。特别是在有机蔬菜生产技术上形成了一整套完善的技术措施。例如，专用的有机肥料、专用的有机质（富含微生物和营养素）、创新的生态控制技术、专用的优质有机种子、植物监控系统、滴灌施肥模拟程序等。此外，加拿大凭借其严格的种子规程，育种实力在世界范围内名列前茅。例如，加拿大培育的小麦等谷物的品种可以适应烤制面包、酿造啤酒等不同用途；有机产品需求强劲。

2015 年加拿大国内市场零售额为 47 亿加元（33 亿欧元），较 2012 年增长 12 亿加元（8.5 亿欧元），增长率约为 16%。在过去 10 年中，加拿大有机市场实现了 2 位数的年增长率，增长预计会持续保持。2015 年加拿大进口了 65 种有机产品，货值高达 6.52 亿加元（4.3 亿欧元），比 2012 年增长了 37%。加拿大资源丰富，但所需水果的 90%、蔬菜的 50% 仍然依赖进口，加拿大消费的有机产品中 70%～80% 靠从国外进口；有机产品主要销往国外。2015 年加拿大有机食品销售额约为 31 亿欧元，占全球市场的 4%，排名第 5 位，但人均消费水平在全球排名第 10 位，表明加拿大有机产品主要出口销售，国内有机产品人均消费水平相对较低，有机市场开发潜力巨大。一部分原因是加拿大环境污染程度小，农作物病虫害低，普通产品也有较为严格的检验检疫系统，完全可以放心购买和食用，有机产品和常规产品相对而言没有显著的区别。

（三）典型案例——加拿大皮埃尔丰社区规划案例

皮埃尔丰社区位于加拿大魁北克省皮埃尔丰城的一片尚未开发的区域，历史上该区域一直作为农田使用，一直到现在这片肥沃的土地上仍然出产蔬菜和谷物。随着城市的扩张，基地周边已经被低密度的居住区包围，原本的农田日益被城市建设侵蚀，成为典型的城乡之间的过渡地带，为创造低密度田园生活提供了充足的建设空间，也使得集居民生活、农业生产、休闲娱乐于一体的全新城郊社区形式成为可能。

1. 社区规划与设计

社区规划的通常做法是将住宅沿基地边界布置，并尽量与基地周边建筑肌理相协调。在基地中心区域布置了社区温室和商业化的集中式农场，小型的种植空间则散布于住宅之间或之内。各种规模的有机种植可以为社区提供安全、便捷的食物，从经济上节省家庭开支，在居民的日常生活中发挥着重要的作用。

社区道路系统根据农业活动进行分级规划，主要道路围绕中央农场并向外延伸辐射，僻静的二级和三级路网则连接农田与私人住宅，使居民方便可达。为满足居民需求，社区提供了不同密度的多种住宅类型，还配备了社区广场、社区中心以及农民市场等配套服务设施，增进了人群交往与互相交流的机会。

2. 农业要素融入社区

加拿大社区规划视农业为不可或缺的关键要素，并围绕其确定相应的设计原则。在社区里，作物种植多以家庭为单位，居民们均有参与种植的机会，收获的农产品将用于补充家庭所需或在社区内交换、出售。居民们可以通过大型公共农场和小规模的家庭农地进行劳作，也可以利用屋顶农场、垂直种植、农业温室、宅旁菜园等多种种植方式来生产。社区规划适当减少了住宅占地面积，节约了更多用地用于集中布置公共农场，例如在住宅组团与组团之间、组团内部、整个社区的大型公共活动场地附近等。公共农场规模适中且与住宅毗邻，方便居民就近进行农业生产活动，为生产多样化的农副产品创造了有利条件，更多的开放空间也为各种生产方式带来更多机会。

传统农地通常考虑机械设备的进入，需要有为拖拉机等机械预留的出入口；为方便机械化耕作，作物种植需要规则地排成直线。而社区农场更倾向于家庭化的有机种植，不需要大型机械，形式更加灵活多变，居民的参与性和每户住宅的易达性成为设计的要点所在。设计中可以使更多的住宅沿着农场布置，还可将农场与社区中的公园、广场、公共绿地等其他功能区结合起来。农场形态和道路形式都可以不拘泥于规则形状，利于形成具有观赏价值的生产性景观。

（1）具有生产性的景观绿化系统。社区绿化采用以农业作物为主的生产性景观，用果树代替传统绿化树种，不但能为社区提供绿色休闲场所、满足居民的视觉审美需求，还有着可观的食物产出。

社区内沿着住宅道路种植果树，一年四季色彩变幻、鸟语花香、硕果累累，比传统行道树更具景观效果，还可为居民提供时令新鲜水果；道路上空种植架上种植的爬藤类作物可以在夏天提供良好的遮阳，冬天则完全不会阻隔阳光的投射，有效地利用了有限的空间。社区还可定期举办采摘节，居民共同收获果实，增进人与人之间的交流与感情，营造自然生态、和谐宜居的人居环境。

（2）与建筑结合的农业种植空间。除了集中式的公共农场，社区内的建筑物自身可以附加多种农业种植空间，例如温室种植、私家花园、屋顶农场、垂直种植等，使住户得到家庭农业种植的机会，有效地利用有限的空间创造最大的生产价值。除了食物产出，农业种植还会为住宅带来遮阳、挡风、调节湿度等额外效益，为社区带来勃勃生机。

其中，温室种植是最为常见的形式。通过结合现代农业生产技术，温室种植将传统农业大棚移植到社区住宅内，使得作物生长条件可调可控，不受季节的限制，并可防止不利天气的侵害，从而可以有效延长作物的生长季，只需耗费少量的电力和水源就可以获得远高于传统种植的产出。温室既可以被建造为独立的结构体，亦可成为住宅的一部分或者作为一个毗邻的附加体以获得最大的阳光照射，如常见的屋顶温室和毗邻附加温室等。经过精心设计并配备通风系统的温室不仅可以生产家庭所需的农产品，还能优化室内空气流通、辅助冬季供暖，具有良好的生产、生态效益。

第二节　退化土地恢复管理

一、退化土地的基本情况

由于人类活动与气候变化的影响，以水土流失、土地荒漠化、土壤盐碱化为主要特征的土地退化问题日益严重，已经成为严重的全球性环境问题之一，直接影响全球和区域经济、社会和文化的发展。加拿大领土总面积达997.6万平方公里，位居世界第二，大部分国土处在世界干旱、半干旱地带。由于缺少植被等覆盖物导致土壤水分蒸发，增加了土壤盐碱度和土壤风蚀、水蚀程度，加拿大一些地区出现大面积的类似荒漠景观。位于大草原地区的马尼托巴、萨斯喀彻温和艾伯塔3个草原省份土地总面积约为196万平方公里，占其国土总面积的19.6%。20世纪初期，这些地区遭到过度的垦荒和大规模开发，加上沙尘暴和旱灾的危害不断，土地遭受严重的风蚀和水蚀，受影响的干旱土地面积不断增加，土地退化问题日益严重。据估算，加拿大大草原种植地50%以上裸露在大风侵蚀之下，其土壤流失总量的58%是由于风蚀引起的，仅大草原地区的3个省份每年因风蚀就造成至少1.61亿吨表土流失，经济损失高达2.49亿加元。联合国粮农组织报告和美国地球探测卫星的数据显示，加拿大已经成为全球土地退化面积较大的国家之一。

加拿大经过多年的探索，采取成立专门机构、制定相关政策以及开展大批土地保护重点项目等措施，在土地退化防治方面取得了很大成效，积累了丰富的经验，成为世界防治荒漠化工作的典范。

二、退化土地的治理政策

（一）土地资源管理机构与协调机制

加拿大的土地资源管理涉及多个部门，联邦政府除直接管理部分国土资源外，主要是通过制定计划和政策来指导联邦土地资源的规划、利用和保护，这些政策和计划需要各部门的支持。由于土地资源管理涉及联邦和地方政府以及政府内的多个部门，为协调中央与地方政府间以及部门间的关系，加拿大组建了许多专门的政府协调机构，如联邦政府土地利用委员会、加拿大土地利用委员会等。其中，"联邦政府土地利用委员会"的工作是协调土地利用政策，加强土地资源管理；"加拿大土地利用委员会"的任务是协调联邦政府与省政府之间在土地管理上的合作关系。

（二）大草原地区农场复垦管理局

成立大草原地区农场复垦管理局的最初目的是为了应对当地频繁的沙尘暴、干旱和弃耕问题，保护土壤、控制土壤流失。大草原地区农场复垦管理局不仅是一个领导机构，而且也为应对早期沙尘暴的战役提供了大量的人力和设备。直到目前，该机构仍然开展多项加拿大土地保护项目，持续发挥防治土地退化的重要功能。

三、退化土地的治理技术及措施

1983 年，农场复垦管理局发表了一份题为《加拿大大草原地区土地退化和土壤保持问题》的报告。该报告提出，大草原地区面临的最大威胁就是风蚀、水蚀、盐碱化和土壤养分损失等问题。这项评价为该地区后来实施大批土壤保持项目奠定了基础。此后，联邦政府和省政府就启动了大批土壤保护计划和项目，综合运用优化管理方法、营造防护林、改造河岸地与草场、保护性农业耕作等实际措施恢复退化的土地，并遏止土地退化发展势头。大部分计划和项目是通过农场复垦管理局实施的，加拿大联邦政府、省级政府以及非政府组织和其他集团为此也做出了巨大贡献。

（一）公共牧场计划

公共牧场计划是农场复垦管理局在大草原地区实施的最大的计划之一，也是实施期限最长的土壤保持项目。公共牧场计划实施的主要目的是恢复受到严重侵蚀的土地，其主要原则是退耕不宜耕种的全部土地，转而发展养牛牧场。主要措施采用人工牧场和天然牧场相结合轮流放牧的方式，综合考虑牲畜数量、生态系统状况和土地承载力等因素，保证牧场的持续利用。

（二）永久保护计划

该计划出资鼓励农民在可选择利用的土地上种植适宜的农作物，大草原地区的农民承诺在一定时期内能保证采用轮作方式种植作物，进行饲草种植或造林经营。

（三）国家水土保持计划

除了一些传统的土壤方面的问题以外，该计划着重强调与水有关的各种环境问题，重点涉及河岸地改造和草场改良两大目标。为了保护人畜、野生动物以及灌溉水源，首要的问题就是制定最佳的土壤保持和河岸地管理方案。为此，在河岸地区开展了以维护或改善水质为目的的涉及牲畜和耕作管理等内容的一系列活动。大部分项目都与生产者、土地使用者以及社区直接合作实施，鼓励合作伙伴优先考虑未来水土保持项目，支持他们优先开展河岸改造项目，恢复营建河岸植被、建立灌溉系统和植被缓冲区。

（四）保护性农业耕作制度

为了应对日益严重的土地退化问题，加拿大政府开始鼓励农民进行休耕，每年都有大量的土地（超过 10 万平方公里）空闲，休耕养息、培肥地力。与此同时，也开始研究保护性农业，进行一些保护性耕作方面的技术研究与推广。保护性农业在最初的推广上非常缓慢，遇到的问题主要有土壤压实、杂草、病虫害、作物秸秆过量和土壤温度过低，缺乏适当的播种、施肥设备，除草剂的费用高于耕作费用，研究人员、工程师、推广专家与农民之间存在冲突等。加拿大保护性农业的实践经过了很多方面的努力，例如通过推广和培训为农民提供信息，在农民自己的农场上设立实验站，提倡条状种植（带状耕作），推行保留直立的残茬和残留物（有利于贮藏积雪），应用专门的除草机具（中耕除草），覆盖作物和营造防护林带，建立农业发展协会，改进土地管理方式，草原恢复和补播等。

（五）表层土壤剥离

加拿大有一套完整的资源环境保护法律法规。联邦政府和各级地方政府在环境保护、农业和食品生产、道路建设、管线建设等各个方面的立法中都有对表层土壤保护的规定，对工程建设涉及表层土壤的剥离和利用有一整套严格的规定。多部联邦层面上的法律涉及表层土壤的保护。《加拿大环境保护法》（CEPA）中有专门章节涉及土壤污染防治和联邦与土著土地保护问题。加拿大的《矿业法》从勘查开采开始到最后的复垦，都规定了矿业公司首先要进行包括资源管理、土地认识、环境污染等内容的环境评估，该项评估有时持续数年，耗资上千万加元，其中很重要的一项就是对表层土壤的测评和有关表土剥离、存放的规划。农业和食品部制定的《表土保护法》（1990），更是针对表层土壤保护的专门性法律，这项法规规定了非经土地所有者允许、未获得进行表土剥离的许可，不得移动表层土壤，反对将农地表层土壤随意剥离等，这一法律在很多城市执行，有效地规范和阻止了表土的移动。

1. 私人建设中的表土剥离

如果是在私人土地上进行建设，工程结束后，必须通过土地所有者的验收。如果土地所有者认为其表土被破坏或者表层土壤中有瓦砾石块，可以要求重新修复。这时需要找土壤专家进行鉴定，只要专家认为表土受到破坏、压实，未达到复原要求，施工单位就拿不到建设完工的合格证，必须对其进行修复，或者花钱去买相近的土壤重新置放。而一旦发生这种情况，对于施工单位来说既费时又费工。为避免这种情况出现，在施工前一般都要求进行充分的规划。在表土剥离过程中严格遵循科学的原则剥离和存放，施工结束后完好地将剥离的土层恢复原位，已经成为施工单位施工计划中必不可少的一部分工作。

2. 矿山勘查和开采复垦中的表土剥离

加拿大是矿业生产大国，采矿会打乱土地、空气、水的生态系统，当前矿业面临的最大考验是如何在把对生态系统的影响降到最低的情况下进行找矿、采矿以及生产加工。因此，加拿大的矿区恢复工作贯穿于矿山生产的任何一个阶段。在采矿活动的第一阶段（勘查阶段）中，需要进行一些确定矿物位置的活动，如探矿、钻孔等，在正确的指导下这些矿业活动可以在对土地、水、植被、野生动物影响最小的条件下进行。一旦发现了有开采价值的矿山，必须要发表环境影响声明，对环境和相关社会经济影响进行分析，给予分析结果，只有对生态环境负责的矿山活动才能够进行下去。因此在矿山开采前，必须对当时的生态环境状况进行研究并取样，获得的数据要作为采矿过程中以及采矿结束后复垦的参照，其中重要的一项内容就是土壤测评。矿山恢复计划是确保矿山开采结束后的生态恢复，恢复计划通常包括开采破坏的结构、矿山闭坑、植被再生长的稳定性、水处理等内容。

3. 管线建设中的表土剥离

加拿大管线建设中，在获得管线通行权时，需要与土地所有者协商修复工作，修复工作必须提前规划，并使其对耕地或牧草地的影响最小，当然对其他土地利用也一样。不但要对土壤的状况进行测量，还需要对土地上植被生长情况和作物产量进行测量。以加拿大 Kinder Morgan 公司的一项"穿山管线系统"建设项目为例，该计划扩展穿山管线系统，增加加拿大西部原油输送量。该管线建设中所需要的基本步骤首先就是规划表土剥离和表土存放。所有工作开始前，要分步骤剥离管线通行范围和工作区的表土。表土和管线沟渠的土壤沿着管线通行范围和临时工作区边缘储存。工人们需要小心翼翼地将表土与沟渠土分离，以备复垦时使用。剥离的最终宽度和表土处理方式需要与每个土地所有者商量。然后挖掘工人和挖掘机开始为管线挖掘沟渠。把管线铺设好后，最后一项工作是将剥离存放的表土放回土地表层，并可以播种（作物或者草籽）。

4. 道路建设中的表土剥离

由于在艾伯塔省《环境保护和改善法》中没有要求道路建设环境评估，因此专门设立了《道路建设环境保护条例》，对道路建设中的环境保护和土地保护提出了专门的规范。《道路建设环境保护条例》最初是由道路工作组起草的。道路工作组成员来自艾伯塔省环境部门，农业、食品和农村发展部门，农民利益维护者，市镇区和村联盟，道路建设产业部门等。起草的条例发给广大的不动产所有者征求意见，并对意见进行充分吸收。这个条例是一个"活文件"，需要定期对其进行回顾和评论，随着实践经验的积累，可以对条例进行必要的修改。在艾伯塔省进行道路建设，除了要遵循《道路建设环境保护条例》外，道路当局还需负责获得法律要求的所有许可，包括水资源法、公共土地法以及市政和联邦法等。《道路建设环境保护条例》规定在道路建设中有两个阶段需要进行土地复垦：一是在建设过程中，获得通行权但没有用于道路建设的工作区部分，需要覆盖合适的土壤用于种植植物；二是在道路寿命结束的时候，也就是道路被废除的时候，路面需要覆盖合适的土壤并种植植物。在道路建设中土壤抢救工作持续始终。

四、退化土地的治理效果

在加拿大退化土地管理机构、保护措施和农民的共同努力下，加拿大退化土地取得了惊人的改善，不仅为农民提供了良好的经济效益，还在保持或提高土壤质量和生产力、保持土壤水分、改善小气候环境、降低因气候恶化带来的风险、提高农业抗灾能力等方面基本实现了保护性农业的目标，人们对保护性农业的拥护程度也有了显著提高。

其中，永久保护计划由加拿大政府资助 7 400 万加元，该计划的效益远远超过原有投资。除了政府获得一定的经济效益外，也取得了非常大的社会效益，如减少土壤退化、提高水质、增加野生动物栖息地，节约地方政府用于清理公路导洪，排水系统的风积、洪积泥沙的费用等。永久保护计划证明它深受广大农民的欢迎，并得到及时扩大，现已扩大到包括不列颠哥伦比亚部分地区在内的其他地区。公共牧场计划经过数十年的实施，使草原牧场开垦的比率稳步下降，大量过渡地带的耕地已经永久性地退耕、还林还草。目前，已有 14.5 万公顷劣质地改造成了适牧草地。

第三节　矿区复垦政策

作为西方七大工业化国家之一，加拿大政府在石油、天然气、煤炭和生物质资源等能源开发方面采取了积极谨慎的态度，政府不断加强矿产资源开发的环境保护监管工作，通过制定大量的相关法律、法规和政策，对矿业活动进行约束和限制，对已经废弃的矿业用地进行恢复，防治土地退化。

一、矿区管理法规制度

（一）矿山环境管理体制

加拿大矿业管理部门分两级，即联邦和省，两级间是分工、协作关系，除环境和矿山复垦等涉及社会公众利益或省间协调的问题外，分别按各自的立法管理权限履行职责。代表联邦政府管理能源、矿产资源和森林资源的部门是自然资源部，此部下设五个局，分别是能源政策局、能源技术和计划局、矿产和金属局、地球科学局、森林服务局，其中能源政策局、能源技术和计划局、矿产和金属局分别对能源和矿产资源进行管理。

联邦矿业管理职责是具体的，包括作为核燃料使用的铀、用于核电站或矿渣中的铀，从开发到最后处理的管理，与国有企业有关的矿业活动，在国有土地或海域上的矿业活动等。各省也均设有矿业管理专门机构，但称谓上有差异，自然资源部、能源矿山部、发展部等，他们在各自管辖范围内独立行使矿产资源管理职能。

（二）矿山环境的法规与制度

按加拿大现行宪法，除铀和钍等放射性矿产由联邦政府统一管理（《核安全管理法》）外，各省政府对其管辖内的矿产资源负有所有权和制定法律并实施管理的职责。例如安大略省，三部法律构成了其矿业管理的法律框架，这三法是《矿业法》《石油、天然气和盐类资源法》和《集料资源法》。《矿业法》适用于除石油、天然气、盐类和集料矿物以外的所有金属和非金属矿产资源管理，对矿产资源从调查、圈地、勘查、开发到闭坑复垦和矿地回归政府的全流程都有详尽的规定和说明。安大略省北方发展与矿业部是《矿业法》的执行机构，下设两个分部：北方发展部和矿山与矿产部。矿山与矿产部的下属机构矿产开发与矿地局的主要职能是执行《矿业法》，实现对安大略省矿产资源从勘探、开发开采到闭坑和复垦全流程的管理，并提供相关服务。

二、复垦制度及管理

（一）完备的法律体系

加拿大是联邦制国家，联邦政府没有专门的矿业法，与矿业活动有关的法律主要有领土土地法和公共土地授权法。根据联邦宪法规定，联邦和省政府分别有自己的独立立法权限。因此各省政府都制定了专门的法律，通常要求经营者必须提交矿山复垦计划，包括矿山闭坑阶段将要采取的恢复治理措施和步骤。例如：在不列颠哥伦比亚省，有关矿山复垦方面的法规包括《矿山法》

《环境评价法》《废料管理法和水管理法》等；安大略省的矿业法中也专门有与矿山环境恢复有关的章节，规定所有生产和新建矿山必须提交包括矿山闭坑阶段将要采取的恢复治理措施和步骤等内容的恢复治理计划。

（二）完善的矿山环境评估制度

加拿大将矿山环境视为可持续发展战略的重要方面，是采矿许可证的必备部分，在矿山投产前必须提出矿山环保计划和准备采取的环保措施。根据不同的矿山开发项目，运用的评估方式有 4 种：①筛选：即对矿山提出的环保计划和措施进行筛选，适于小型矿业项目；②调解：对矿山开发可能产生的环境影响涉及当事人不多的矿业项目，由环境部指定调解人协调；③综合审查：对矿山开发可能产生的环境影响，涉及多个部门或跨几个地区的大型矿业项目，必须由联邦政府组织综合审查；④特别小组审查：适用于任何政府机构或公众要求必须包括一个独立小组的公众审查项目。

（三）矿区土地复垦工作

加拿大的矿区恢复工作贯穿矿山生产的任何一个阶段。在矿山开采前，必须对当时的生态环境状况进行研究并取样，获得数据并作为采矿过程中以及采矿结束后复垦的参照；在对矿区勘查阶段，比如开展确定矿体位置的探矿、钻孔等活动，管理部门也要正确引导，尽可能地减少这些活动对土地、水、植被、野生动物的影响；在采矿权申请阶段，矿山企业必须同时提供矿区环境评估报告和矿山闭坑复垦环境恢复方案，恢复计划通常包括开采破坏的结构、矿山闭坑、植被再生长的稳定性、水处理等内容，由政府环境、资源等有关主管部门共同组织专家论证，举行各种类型的听证会，凡对此有关系或感兴趣的公民都可以参加。

（四）实施矿山恢复保证金制度

为保证复垦方案得以落实，加拿大部分省份法律规定矿业公司从取得第一笔矿产品销售款开始，就要提取复垦基金（或保证金），即矿业公司要严格按照政府通过的矿区恢复治理方案来确保矿山闭坑后的矿区土地复垦工作，否则矿山企业缴纳的保证金将不予返还，而是另找其他公司对其破坏的环境进行修复。

由于土地复垦是一项长期而且投入费用较高的工程，对于部分矿山，很难按计划实施，因此，往往采取多种方式。①现金支付：按单位产量收费，积累资金，经营结束后返回；②资产抵押：矿山用未在别处抵押的资产进行复垦资金的抵押；③信用证：银行代表采矿公司把信用证签发给国家机构的买方，并保证它们之间合同的履行；④债券：采矿公司以购买保险的形式，由债券公司提供债券给复垦管理部门；⑤法人担保：由财政排名高过一定程度的法人担保或信用好的公司自我担保。另外在加拿大，闭坑复垦并不一定要求恢复原貌，而是因地制宜，有的把山夷平后改造成公园，原居民可回迁；有的露天大矿坑则建成水库或鱼池。

（五）建立废弃矿山信息系统

为全面掌握废弃矿山的情况，加拿大部分省份实行了建立废弃矿山信息系统的管理办法。该系统收集了所属区域所有的废弃矿山的有关情况，包括每个废弃矿山遗址地理信息、废弃矿山主要组成部分的情况描述、推荐治理恢复方案的可能成本、需要治理程度的排序等。系统中的数据资料不仅包括存储在信息系统中的数字信息，而且还有多种纸介质资料，如调查报告、各类文件和备忘录，以及已经发生治理活动的文件或偶然的治理计划。信息系统的建立有利于政府掌握废弃矿山及其对环境破坏的情况，有利于政府安排资金和组织力量对其破坏的环境统一治理。

（六）政府设立废弃矿山的恢复治理基金

由于从企业收入中提取矿山复垦基金是相关政策出台后才开始的，以前政府收回大量的废弃矿山没有专门的恢复治理费，为解决这些废弃矿山的恢复治理问题，部分省份通过政府设立废弃矿山恢复治理基金的方式加以解决。目前利用这笔基金已经成功完成了 55 个治理项目和 3 800 份评价报告，对旧废弃矿山的恢复治理起到了较好的促进作用。

三、案例分析

（一）布查德花园

诗意园林—休闲空间营造主导的矿山生态修复及旅游开发模式布查德花园

是在废墟上建起来的、位于加拿大温哥华维多利亚市的一个私家园林。100多年前，那里原是一个水泥厂的石灰场矿坑，在资源枯竭以后被废弃。布查德夫妇合力建造了这座花园，把石灰矿场纳入家居庭院美化之中，有技巧地将罕见的奇花异木糅合起来，创造出享誉全球的低洼花园，所采用的花卉植物多是夫妇俩周游世界各地时亲手收集的。

花园占地超过55英亩＊，坐落于面积达130英亩的庄园之中。与一般平平整整的花园不同，布查德夫人因地制宜，保持了矿坑的独特地形，花园1904年初步建成，之后经过几代人的努力，花园不断扩大，进而发展出玫瑰园、意大利园和日式庭院。时至今日，布查德夫妇的园艺杰作每年吸引近百万游客前来参观。

布查德花园由下沉花园、玫瑰园、日本园、意大利园和地中海园5个主要园区构成，有50多位园艺师在这里终年劳作，精心维护。每年3—10月近100万株和700多个不同品种的花坛植物持续盛开，其他月份，游客则可以观赏到枝头挂满鲜艳浆果的植物，以及精心修剪成各种形状的灌木和乔木。随着季节不同，观赏内容、主题也不同。花园内小路纵横交错，到处是花墙、树篱。不同主题由不同的专业设计师设计完成，花园的日常养护管理也是由专业园艺师负责，做到了每种花卉都能以最佳的观赏效果展示给游客。

（二）沙利文铅锌矿场

沙利文铅锌矿场位于加拿大不列颠哥伦比亚省的金伯利，曾经是座世界级的大型矿山，是世界上最大的锌、铅、银产地之一，也是加拿大最大的地下矿之一。从1909年开始生产至2001年停产，连续生产了92年。

经过92年的开采，沙利文铅锌矿场有了长达483公里地下隧道和64公里的巷道，开采出了约1.5亿吨矿石，其中的2 600万吨精矿，产生了大约价值350亿美元的铅、锌和银；而更多的则是1 000万吨的废石和1.2亿吨的尾矿，构成了危害环境的主要原因之一。在沙利文铅锌矿场主要的生态问题有两个，一是由于矿石中硫与铁的含量高，酸性岩排水系统（硫化物氧化）以及矿场巷道、废石场与尾矿积水对地表水和地下水产生影响；二是巨大的尾矿区对植被产生破坏，并降低了生物多样性。

＊ 英亩为非法定计量单位，1英亩＝4 046.856平方米。——编者注

矿场投产初期，几乎没有人意识到这些生态问题的存在。直到 20 世纪 60 年代，才开始减少废水排放量，1979 年建造了一个水处理厂，将流往酸性废石堆的溪流改道，把酸性废石堆排出的废水与井下废水、尾矿水一起加以处理，这是加拿大第一座此种类型的水处理厂。最重要的改变发生在 90 年代，拥有矿山的企业制定了详细的生态修复计划，开始在裸露的废石场上恢复植被，到了 2010 年生态修复完成。如今尾矿区已变成茂盛草甸。

（三）圣米歇尔采石场

圣米歇尔是蒙特利尔市一片山地的名字，面积约 2 平方公里。早在 1895 年，伴随着蒙特利尔成为加拿大的主要海港、铁路中枢、银行中心和工业生产重镇，圣米歇尔有了当地最大的采石场之一，开采的石灰石用于烧制水泥，参与当时城市的建设。随着蒙特利尔城市化进程的加快，城市垃圾逐渐成为一个棘手问题。1968 年，圣米歇尔采石场变成一个垃圾填埋场，这是当时各大城市处理垃圾问题的常用办法。

然而，很快周围居民就知道垃圾填埋场带来的问题比采石场严重得多，不仅各种气味难闻的气体飘散在空中，含有有害物质的污水也会直接渗入地下水。在居民的不断抗议及环保组织的多次示威下，1984 年蒙特利尔市政府接管了这个垃圾填埋场，制定了一系列规章，努力将垃圾填埋纳入安全控制范围。1995 年，圣米歇尔陆陆续续在开采石料形成的坑洞里充填了 4 000 万吨垃圾，深度达 60 多米。圣米歇尔成为"北美最大的垃圾填埋场"，被市民视为"蒙特利尔血淋淋的伤疤"。同年，蒙特利尔市政府下决心要对圣米歇尔进行改造。

最初的改造主要针对沼气，先建立了一个沼气发电厂；环境改善之后，又建立了污水处理系统。在治理的过程中，蒙特利尔市政府对圣米歇尔的未来愿景更为积极，要把环境负债变成正资产。并制定了宏大的目标：修复已被破坏的土壤，培育大片的森林绿地，修建一些教育、休闲和文化活动的设施，保留这里的历史背景等。

第十五章 CHAPTER 15
加拿大都市农业与休闲农业 ▶▶▶

　　都市农业是集中于城市内部的将城市环境与农业生产和农业休闲体验相结合，满足城市居民体验农业生产过程和休闲娱乐的需求，为城市提供农产品以及自然生态和环境资源的一种新型产业。与都市农业有所不同，休闲农业主要集中于市郊以及乡村地区，以乡村文化、乡村生态、乡村生活以及农业生产为基础，为游客提供享受田园风光、学习乡村文化、体验乡村美食、感悟乡愁的一种农业与旅游相结合的新型交叉产业。

第一节　都市农业

一、都市农业概况

　　为适应现代化都市生存与发展的需要，1996 年起，加拿大政府开始了对都市农业的研究和探索，其中在部分地区将都市农业的发展与政策相结合，在此期间，加拿大都市农业发展所遇到的阻碍越来越少。1998 年，发展落后的多伦多市社区斯道普在其公园内建立了第一个都市农业园，发展成为一个可持续粮食系统的教育基地，鼓励社区居民在社区种植蔬菜以及谷物，并在社区进行售卖，提倡社区居民食用健康的本地食物。这片土地非常适合种植粮食，政府将其列为城市重建计划的重要部分。2003 年，由加拿大、秘鲁以及拉丁美洲多个城市的可持续发展组织在巴西的瓦拉达里斯正式启动都市农业项目，并于 2003 年底颁布法律，对于都市农业活动给出了详细的说明，并作出详尽的规定。自 2004 年起在加拿大的城市逐渐确立了都市农业的合法地位，承担起了城市复兴中的责任，加拿大都市农业进入快速发展阶段。

最新统计数据显示，2019 年加拿大人口总数达到 3 758.93 万人，从城乡结构上看，城镇人口数量为 3 062.85 万人，农村人口数量为 696.08 万人，2019 年加拿大城镇化率为 81.48%。由此数据可以看出，加拿大人口主要集中在城市当中，对于城市生活以及城市生态的需求也在不断提升。都市农业作为城市发展的重要一环，将逐渐受到欢迎。

二、都市农业发展模式

（一）从社会作用角度分类

1. 家庭式都市农业

家庭式都市农业是指贫穷家庭为了获取基本食物，满足生存需要而进行的都市农业活动。在加拿大地区，一般在家庭内部、社区公共区域、学校以及厂区的公共园地或城市空地进行。产品主要包括粮食作物以及用于装饰、美化环境的植物。从事家庭式都市农业活动的家庭除了可以满足自己家庭的粮食需求以外，如果还有产品剩余，也可以通过出售从中获益。这种类型的农业活动以家庭为单位，在加拿大安大略、魁北克、不列颠哥伦比亚三大人口大省普遍存在。但在政府看来，家庭式都市农业类型直接获得的经济效益并不显著，但是具有为贫困市民提供充足日常所需基本食物、增加城市绿地、改善居住区域景观的重要作用。

2. 经济型都市农业

经济型都市农业活动的运作主体大多是一些从事农业活动的公司或大型连锁企业。经济型都市农业甚至会吸引一些其他领域的大公司参与到这一产业链中，从事货物运输、农副食品加工、精品时尚营销等工作。其产品主要包括新鲜蔬菜、蛋类、奶制品及其加工产品、花卉、装饰绿植等农业的直接和间接产品。经济型都市农业活动对城市经济具有较大的贡献，生产的产品可以直接面向城市市场以及国外市场。这种大规模的都市农业活动规模不断扩大，其产生的负面影响也将更加明显，稍有不当，将会导致直接影响城市环境，因此经济型都市农业活动对化学原料的使用、种植地点的选择以及产品消毒措施的要求也将更为严格。目前加拿大地区经济型都市农业活动主要存在于多伦多、温哥华等大都市。

3. 生态型都市农业

生态型都市农业除了生产农作物外，更为重要的是调节和改善城市的环境。同时利用农业可以将城市中的垃圾废料进行进一步的消化和吸收，使其转换成具有利用价值的有机肥料；生态型都市农业还可以循环利用水资源，在节约资源的基础上，改善城市生态环境，为都市居民提供农耕体验以及休闲娱乐场所。生态型的都市农业与经济型都市农业不同，其不以营利为目的，但农业的产出性使生态型都市农业仍然能够带来一定的经济价值。

三、都市农业的特点

（一）功能多种多样

加拿大都市农业起源于城郊型农业，随着城郊人口逐渐向城市迁移，其生产经营重心也逐渐由市郊转向城市，直接为城市发展和居民生产、生活服务做出巨大贡献，并取得一定的经济效益。随着城市和居民需求的多样性变化，都市农业不仅要广泛利用城市提供的现代科技成果和基础设施从事农产品生产，为城市提供更多的名、特、优、新农副产品，获得更高的经济效益，发挥都市农业的生产、经济功能，而且要具有为城市居民提供休闲娱乐场所、旅游观光的场所、优美的自然生态环境，满足居民科普求知、文化教育以及提供工作岗位等多方面功能。例如在加拿大安大略省建有集农业生产、农产品消费和休闲旅游于一体的城市公园。景色宜人的"自然休养村"和满足退休老人需要的"银发族公园"等都市农业都具有多样性功能。

（二）集约化发展趋势凸显

都市农业一般位于城市内部地区，其将农业与都市资源相结合，较于一般的乡村农业，其条件十分优越，农业经营表现出资本、技术、劳动力的高度集约化趋势，加上都市农业与城市之间在经济、技术、人才、信息方面的紧密联系，都市农业的生产经营，在要素投入、技术特性、产品的结构及功能等方面，要受到城市的影响和制约。在经济利益的驱使下，随着都市农业地域上经济地租的攀升，都市农业已经呈现出向资本、技术密集型和土地节约型发展的趋势，农业生产方式表现为高度设施化、工厂化、专业化、基地化、产业化和市场化，实现产加销一条龙、贸工农一体化，为大中城市提供新鲜、安全、健康的高质量农产品和服务。

（三）市场化趋势快速发展

当前，都市农业的地域主要集中于城市内部，在城市中可以充分利用信息灵敏、市场发达、交通便利的特点，以满足城市市场和国际市场为出发点，跨越地域，开展农产品生产和交易，实现农产品大流通，这是都市农业发展的方向和生命力所在。通过国内外市场网络，把都市型农民与国内外消费者紧密地结合在一起，迅速有效地根据市场需求、竞争态势等信息合理组织农业资源的配置。因此，都市型农业是一种市场化农业。

（四）脆弱性特征明显

都市农业是位于都市内部的农业，在城市当中，土地作为一种资源显得尤为稀缺，在城市发展的过程中，都市农业与工业、商业以及居住用地相比，在经济效益上竞争力明显不足，这使得都市农业呈现出一种不稳定的发展趋势，常常被其他经济效益高的活动所替代。同时，城市环境污染以及城市生活垃圾的排放会直接破坏农作物的生长环境，使得都市农业生产效率下降。

第二节 休闲农业

一、休闲农业概况

20 世纪 30 年代，由于过度开垦耕地和对草原的过度利用，加拿大的草场沙化严重，致使气候开始变得恶劣，沙尘暴频发。环境的恶化为加拿大人民敲响了警钟，自 20 世纪 50 年代加拿大就开始了保护性耕作的试验研究工作，在几十年的不懈努力后，2000 年左右保护性耕作农业面积在总耕地面积中的占比已经达到了 70％以上。

曾经的教训使得加拿大对于保护自然生态的重视程度要强于很多国家，而贯彻得极为彻底的可持续政策也收到了切实的成效。与大部分国家不同，加拿大具有优异而独特的自然环境条件，因此加拿大的休闲农业发展依托其地理环境、气候条件和传统及现代化的耕作方法等自然因素，以"感受自然"等亲近自然生态的绿色理念大力发展乡土民俗体验型休闲农业项目。

在休闲农业规划方面加拿大政府也做了不少文章,充分利用资源与产品的异质性,让休闲农业经营地与客源地保持相当的距离,可增加旅客的逗留时间。此外,《加拿大休闲农业发展质量标准》等一系列法律法规、规章制度以及支持政策也对保护环境与生态平衡作出了规定,为休闲农业的健康稳步发展保驾护航。在休闲农业建设过程中加拿大很好地利用了当地的资源要素,美食之旅与休闲农业的有机结合就是一个典型的例子,成为加拿大休闲农业的突破点。将美食品尝环节设置在游览过程之中,通过食材搜寻、美味溯源等别样乡村探索之旅丰富了休闲农业旅行项目的文化内涵,安大略省的"地区美酒之路"、魁北克省的"果汁之路"等都是其中的代表。此外,加拿大还有"荒野行"、动植物研究及观鸟之旅,游客不仅能欣赏到美丽的风景,还能了解当地的人文历史、地质条件以及动植物的分布状况等。

二、休闲农业发展模式

(一)农家乐型

农家乐模式是指农民利用自家庭院、自己生产的农产品及周围的田园风光、自然景观,以低廉的价格吸引游客前来进行吃、住、玩、游、娱、购等旅游活动。农家乐模式休闲农业规模不大,主要类型有农业观光农家乐、民俗文化农家乐、民居型农家乐、休闲娱乐农家乐、食宿接待农家乐、农事参与农家乐。位于 Bridge Lake 的 Montana Hill Guest Ranch 就是一个典型例子。这家农家乐可以提供餐厅、共用休息室和花园,并配有免费私人停车位。客人可以在周边地区体验徒步、骑行和桌球等活动。另外,DVD 播放机,带微波炉、冰箱和炉灶的小厨房,带休息区和用餐区的起居室,1 间卧室以及 1 间带热水浴池和淋浴设施的浴室等现代科技产品一应俱全,能够满足城市居民的各种现代生活需求。

(二)休闲农场型

随着加拿大城市化进程的加快和居民生活水平的提高,城市居民已不满足于简单的逛公园休闲方式,而是寻求一些回归自然、返璞归真的生活方式。利用节假日到郊区去体验现代农业的风貌、参与农业劳作和进行垂钓、休闲娱乐等现实需求,对农业观光和休闲的社会需求日益上升,使众多农业科技园区由单一的生产示范功能，逐渐转变为兼有休闲和观光等多项功能的休闲农场。

（三）村镇旅游型

在农村快速发展的新形势下，加拿大许多地区出现了很多将休闲农业开发与古村古镇相结合的、以古村镇宅院建筑和当地特色为旅游吸引物及开发、观光、旅游为一体的休闲农业。丘吉尔镇就是这样的一个典型。丘吉尔镇靠近北极圈，独特的地理位置使它成为观北极光和北极熊的一个很好的地方。世界上能看到极光的地方很多，不过像丘吉尔镇一年之内有 300 多天都能看见极光的地方却很少。除了可以追逐神秘瑰丽的极光，这里还是"北极熊的首都"。由于丘吉尔镇坐落在北极熊南北迁徙路线的中间，每年 10—11 月，1 000 多头北极熊聚集在哈得孙湾丘吉尔镇海边，而当地常住居民只有 800 多人。在这里，北极熊比人还多，吸引了大量游客慕名前来。

（四）产业带动型

休闲农业中经常见到产业相互带动现象。旅游业除带动特色农产品的生产和销售外，还带动当地一系列的其他商业活动。例如位于加拿大不列颠哥伦比亚省的维多利亚市郊的远近闻名的世界第二大花园——布查德花园，游客们在这里除了可以欣赏优美的风景，还可以购买园区内种植的花卉。园内的春之序曲室内花园和餐厅还可以接受 60 人以下的婚宴预订和举办婚礼、招待会及宴会。这些商业活动与休闲农业相辅相成，进一步带动了景区的发展。

三、休闲农业的特点

（一）乡土气息浓厚

不同于一般印象中科技含量极高且自动化显著的北美现代农业整体印象，无论是加拿大的休闲农业所倚仗的观光休闲农场，还是地方气息浓厚的古村古镇，都非常重视对自然生态环境以及原有人文景观的保护。富有浓厚区域历史人文色彩，同时又具有浓郁乡村风情的吉安娜大乡村风情的村落景观，就以此作为吸引游客的核心资源点。为了保证其原真性，该休闲农业区进行区域规划建设时有意避免大体量建筑群的建造，区域内以步行为主要旅游交通方式，服务设施也尽可能小型化，最大限度地降低休闲娱乐与旅游观光对自然景观的影响。提出"留下的只有脚印，带走的只有照片"等口号，并设置了一系列解读自然环境知识的旅游标识系统，让游客在愉悦的观光休闲体验中不知不觉地增强了原生态保护意识，使休闲农业区域成为普及环保理念的自然学堂。

（二）重视居民需求

休闲农业由农业从业者（多数为当地居民）供给休闲娱乐资源，以满足城市游客的休闲度假需求，突出的是休闲娱乐与轻松旅游。所以，虽然近年来境外客源不断增加，主要客源市场仍然来自国内居民，尤其以休闲农业项目周边城市的居民居多，而相关从业者等供给主体多为乡村地区的农民和当地居民。在深入乡村的休闲农业项目中，来访游客多数是依照"就近原则"而非以国外游客为主。据加拿大旅游调查局资料，半数以上休闲农业旅游者的行程在100英里*以上、洲际范围以内，故乡村游的客源主要来自附近区域内的本地居民。

旅游研究者 Aramberri 指出，对于加拿大而言，国际旅游的地位在国内旅游之下。换言之，加拿大休闲农业的发展主要是由附近城市居民所推动的。由此附近城市居民的需求被加拿大政府置于首位。加拿大当地政府部门通过积极的宣传工作，让农民和当地居民了解休闲农业在促进经济、扩大就业等社会发展方面的积极作用，从而促使他们积极主动地参与休闲农业的产业建设，当农民与本地居民的思想有了转变后，他们的需求也会优先得到政府部门与行业协会的扶持。从业者为游客提供当地独特的自然文化资源以及衣、食、住、行等必要服务，加拿大各级政府制定了相应扶持政策来推动境内休闲农业的发展，再辅之以加拿大国家乡村旅游基金等非营利性组织对于项目策划、经济援助、宣传工作等方面的积极配合，为休闲农业从业者与当地居民解决了大量的实际困难。

（三）类型多样化

加拿大的乡村休闲农业旅游自进入黄金期后呈现出"百花齐放"的多样化发展态势。从休闲农业的类型与内容上，观光农场、市民农园、休闲农场、度假农庄、乡村民宿、民俗村落、自然生态之旅等休闲农业的典型模式都得到了长足的发展。通过开展农耕美味品尝、农业文化参观游览、乡村传统节庆活

---

* 英里为非法定计量单位，1英里＝1 609.344米。——编者注

动、主题农业之旅、民宿、骑马等多样的休闲娱乐活动，类型多样的加拿大休闲农业备受游客青睐。

（四）信息化程度高

信息化程度与休闲农业产业的科学技术含量相关，而加拿大农业的特色之一就是高度技术普及与信息化。信息化技术对于休闲农业的对外宣传和市场推广以及内部系统的管理有着重要意义，是休闲农业发展的重要推动因素。从推广的角度来看，"分而弱、聚则强"，独立的农户所起到的作用可以说是微乎其微，因此在加拿大，对外宣传和市场推广主要是通过协会与地方政府的网络活动来实现的。通过网络可以便捷地向任何对休闲农业感兴趣的人提供最及时且反馈方便的信息，同时也便于管理。加拿大的休闲农业还设有先进的网上服务系统，游客可提前在网上预约行程，节约时间并做到心中有数。

第三节　重点案例分析

一、都市农业重点案例——蒙特利尔路法农场

加拿大蒙特利尔路法农场是由穆罕默德·哈格建立。他提出农场建设的构想，并召集了一个包括研究种植和植物科学的劳伦拉思·麦尔、为项目贡献几十年营销经验的库尔特琳恩以及监督建设工程的叶海亚·巴德兰等人在内的创始团队。

2010年路法农场开始建设第一个屋顶温室——阿瀚特西可温室，于2011年2月建成，占地2 972.9平方米。同年4月，阿瀚特西可作为世界上第一个商业的屋顶温室收获了第一批农作物，并向400名蒙特利尔市民正式开放。随着效益的不断增加，2013年路法农场完成了第二个屋顶温室——拉瓦勒温室的建设，占地3 994.83平方米，并在同年推出了在线市场。拉瓦勒温室论证了大型屋顶农业是可能的。蒙托尼集团和久保（日本学者）协力完成了该温室的内装式检流计，最大限度地节约了温室能源，创造了一个作物生长的最佳环境，每年年产量达到120吨，成功带动了现代都市农业的革命热潮。

路法农场首席执行官穆罕默德·哈格提出："我们在人们生活的地方种植粮食，并使它可持续地发展。这意味着我们没有新的土地可供种植；要捕获雨

水，循环100％的灌溉水和营养物质，减少能源消耗，堆肥绿色垃圾，使用生物控制代替合成杀虫剂、除草剂和杀菌剂，以及在收获的第一时间将产品传递给客户。这一切都意味着要开发专业知识和技术，来使这种类型的农业高效，数据驱动并有可扩展性。在获得成功的同时，我们证明了大城市和城郊的屋顶农场是一种商业上可行的养活城市的方式。我们的愿景是支持和促进当地粮食系统。这意味着我们寻求的合作农场和食品生产商，要能接受我们提供新鲜的、本地的、负责的和手工的产品给城市居民的准则。事实证明，我们的城市温室、当地的合作伙伴、电子商务平台和操作方法可以共同构成一个持续喂养全球城市的综合解决方案。"

温室主任劳伦拉思·麦尔指出："我们知道，人不能只吃西红柿，所以我们建立了一个当地的食物引擎，从一些最棒的农民和食品工匠那获得来源。我们所有的合作伙伴能接受我们提供新鲜的、本地的和负责的产品的准则。除了屋顶种植的蔬菜，你也可以在市场上找到许多其他农场的新鲜产品如乳制品、肉类，烘焙食品和厨房主食。"

这些说法表明，路法农场提出"为更好的未来耕种"这一理念，其内涵就是循环用水、优化能源利用、不使用任何合成杀虫剂、除草剂或杀真菌剂，且具有可持续性。路法农场通过循环100％的灌溉水和收集雨水的方法节约水源，以避免增加城市供水需求，不给市政排水系统增加负担，其植物营养物也不会排放到湖泊河流当中。另外他们采用的水培法，比不实行循环利用的农场节约50％～90％的水资源。他们建设的缓冲系统还可以大大降低未收集的雨水流入城市下水道的概率。

路法农场采用生物防治的方法对付害虫，使产品不受人工合成杀虫剂、除草剂和杀真菌剂的侵害，并生产既安全又营养的食品。他们的做法是引进有益的昆虫进入温室打击对农作物有害的虫子。例如瓢虫被引入温室帮助控制以树液为食并伤害植物的蚜虫，他们甚至开发了生物防治的软件，以确保将健康、美味的产品送到客户手中。

二、休闲农业重点案例——创意休闲农业

加拿大农业以生态环境保护为基本准则，以融合传统与现代为主要特色，这决定了加拿大创意农业思维的方向，造就了其独具特色的集自然资源、传统

文化、现代思维于一体的创意休闲农业。

突出传统文化保护的农业创意。安大略省多伦多北约克区有一个黑溪先祖村，是加拿大传统村落的代表。该村的农场、房屋、道路、公共设施等均保留19世纪60年代的风格，村内杂货店、铁匠铺、鞋匠铺、缝纫店、学校、邮局、印刷社、法院等应有尽有。现在村中生活和工作的人们仍保持那个时代的着装风格和生活习惯。游客步入黑溪先祖村，会有穿越时空的感觉，那种维多利亚时代的乡村气息迎面而来，给人以恍若隔世的奇妙体验。

突出特色资源开发的农业创意。加拿大很多地区盛产当地特有农产品，为了充分利用这一资源，加拿大人发展出美食品尝、动植物观赏、产业文化展示等休闲项目。比如，加拿大的美食之旅，就是利用美食资源作为休闲农业的卖点，将美食品尝环节与休闲观光有机衔接，通过食材搜寻等活动丰富了农业休闲项目的文化内涵。不列颠哥伦比亚省奥肯纳根湖区是著名的葡萄产地，拥有加拿大西岸最大、最多的葡萄酒庄园，这里出产的红葡萄酒、白葡萄酒、冰酒屡获国际大奖。依托丰富的葡萄酒资源和文化积淀，葡萄酒旅游成为当地的特色产业，一年四季各具韵味。春、夏两季欣赏自然风光，秋天体验葡萄采摘的乐趣，冬天观看冰酒制作表演并体验酿造过程，还可品尝酸甜可口、风味独特的冰酒。除此之外，酒庄还为游客提供葡萄酒的品尝服务和葡萄酒知识的培训。

突出生态保护的农业创意。加拿大鱼类资源丰富，盛产三文鱼、鲈鱼、太阳鱼等，多伦多郊区钓鱼对当地人和游客来说是一种享受。出于环保考虑，加拿大对钓鱼这种休闲项目有严格的法律规定：一是钓鱼人必须在规定鱼期内垂钓，不同种类的鱼有不同的时间段。如钓鲈鱼在每年的6月15日至9月底。二是只能用一钩、扎钩或箭射方式钓鱼。另外，想钓鱼的人要先去领取《钓鱼许可证》。对于特定种类的鱼，每本《钓鱼许可证》一次最多只能拿回3条鱼。

加拿大休闲农业充分而有节制地利用乡村自然资源、历史人文资源、传统农业资源，合理组合原有资源，并在此基础上积极开发新的可用资源，使传统种植、养殖农业拓展出新的功能。

第十六章 CHAPTER 16
加拿大农村社会公共服务与保障 ▶▶▶

一、农村医疗发展现状

在农村医疗卫生领域，加拿大地方政府的权力和效力均大于中央政府，无论健康保险政策还是法律均以中央和地方商议协调后制定，健康保险制度遵循政府主导强制自上而下的变迁路径，制度存在基础源自政府行为。

加拿大宪法额外授权各省可在部分领域内自行制定法律，这些领域包括：建立、维持和管理除海军医院外的任何医院、精神病院、救济院以及其他慈善机构。而中央政府的管理权限被限制在疫情隔离区，印第安人、因纽特人和移民聚居区的医疗卫生服务。

生活在加拿大农村和边远地区的居民健康水平较低，发病率和死亡率高于大都市居民，并且加拿大无专门的农村医疗保险而是统一的医疗保险，加拿大许多省农村的医疗服务和医院委托机构早期均为准公共机构，与政府部门相分离，但各地为方便资金使用和管理，逐步将省立医院和医疗机构整合，直接将农村医院和农村医疗机构划归省级卫生部门管理。通过统一计划，每个加拿大公民都可以享受多层次的治疗保险和医院保险，也无须抵扣或者缴纳共同保险费。

二、农村医疗发展模式

（一）全国实行统一的医疗保健计划

加拿大实行统一的医疗保健计划，医疗保险制度以公费医疗为主，即由政府出资和管理的私营医院或医生提供医疗服务。这种制度的特点是，在全国 10 个省和 3 个地区实行一整套相互联系的医疗保险计划。所有的加拿大居民都可以享受全面的公费医疗，包括医院和私人医生为患者提供的住院（住院保险）和门诊医疗（医疗保健）服务。

加拿大实施全民健康保险制度，全体公民公平地享有医疗保障。每位国民都享有广泛的住院服务保险和医生门诊服务保险，个人直接支出的医疗费用很低，个人不会因医疗费用支出而降低生活水准。医疗保险制度由住院保险和医疗保健两项公共福利计划组成。1984 年，国会通过的《加拿大卫生法》包括全民、全面、便利、转移和公共管理五项主要原则。其医疗保障制度以公费医疗为主，由私人医院和医生提供医疗服务。医疗保险总开支的 68.7% 左右由各级政府负责，大约 31.3% 的费用来源于私人或独立医疗保险计划，或由就医者直接掏腰包。

（二）努力增加农村医生和病床数量

政府这方面的做法有：免费或者低价提供医院和诊所的用房；向农村医务人员提供低价和优惠的生活用房和家庭用房；给予在农村服务的医生以各种类型的经济津贴。

（三）加强城乡卫生机构的联系网络

政府这方面的做法有：建立了以城市医疗中心为中心的网络；针对全国三大死亡率最高的疾病（心脏病、癌症和脑卒中），国家对一些城市医疗中心和某些农村社区医院进行投资，以促进不同的城乡医院在医学科研上进行协作与联合。

（四）全民医疗保险制度

该制度是指在政府财政资助下，由私人提供具体医疗保健服务的医疗保障体系。各个省份及自治区各自独立的医疗保障系统相互辅佐构成了加拿大全民医疗保障系统。在所提供的全体公民综合性的医疗服务项目中，包括必需的医院内、外诊疗及家庭医生所提供的日常医疗保健服务。

加拿大全国医疗保障系统有以下特点：①系统管理的公众性。强调系统的管理者必须是一个能代表公众利益的、非营利性组织。②医疗保健项目的全面性。要求全部必要的医疗保健项目都应包括在系统服务的范围内。③覆盖人群的广泛性。全体居民（包括加拿大公民、永久居民，以及持有特定的居留身份的非永久性居民等）都有享受此系统的权利，并都能得到服务的保证。④系统使用的无障碍性。任何公民对系统的享用权不因种族、经济、身体健康等原因而受到制约。⑤系统使用权的可携带性。鉴于国家体制的联邦性，各个省及自治区拥有各自系统的管理权，但要求各省区的保障体系是相互辅助和通用的。

第二节　农村社会救助

一、农村社会救助发展现状

农村社会救助，是指由国家和社会通过立法，对因各种原因而生活在贫困线以下或者最低生活标准以下的农村社会成员个人及其家庭给予物质援助，以维持其最低生存需要。加拿大是保障式的社会救助模式，起步很晚，主要从省政府实施的救助开始。加拿大农村社会救助模式是中央和地方政府分担模式，社会救助的事权和财权在中央和地方政府间分担，加拿大主要公共救助计划可分为三类：联邦政府资助和管理的计划；联邦政府或联邦与州政府共同资助但由州政府管理的计划；州或地方政府资助并管理的计划。中央和地方政府间根据不同的救助项目采取按比例分担支出的形式。加拿大的农村社会救助法律制度完善、覆盖范围广、补贴种类多、补助标准高。除此之外，加拿大关于农村社会救助还有明确规定：申请农村社会救助，个人必须居住在农村、急需资金支付食物和住房的费用，并且愿意参加一系列有助于个人求职的活动。

（一）农村最低生活保障

针对低收入家庭的不同情况，设有税收减免补贴、儿童福利金、养老保障收入补贴、住房补贴等各种个性化救助项目，同时该计划以政府财政为支付保障，鼓励社会力量参与，基本实现了对低收入人群的全面救助。

（二）自然灾害救助

加拿大于1988年成立应急准备局，并且使之成为一个独立的公共服务部门，执行和实施应急管理办法。加拿大应急管理局的职责是：为制定各省应急计划和建立适当的应急机构，与省进行协商；为减少突发自然灾害带来的影响以及满足公众要求，提前向公众提供信息、实施顾问和施行计划；协调各联邦机构制订应急计划。

（三）农村医疗救助现状

加拿大农村医疗救助的主要做法是构建农村医疗卫生网，医疗卫生网是农村民众看病就医的有效形式，使得农村患者可以得到有效、及时的救治。

加拿大以福利型医疗救助为主，主要针对 65 岁以上老年人和贫困人群，包括农村社区医疗服务、住院医疗服务、医疗保健服务、免费药品、家庭护理和长期护理保健。资金来源主要是财政预算，由联邦政府承担 1/3，省政府承担 2/3，还有特别捐税补助。

二、农村社会救助体系及运行机制

（一）农村社会救助制度设计

1. 救助目标

为单亲家庭、老年人、残疾人以及丧失劳动能力的人提供现金救助或非现金救助，以保障他们生活的最低要求。

2. 救助方式

加拿大的农村救助方式，具体分为现金救助和非现金救助两大类项目。现金救助主要包括补充性保障收入和贫困家庭临时援助两个项目。非现金救助类似于专项救助，主要由食品券、医疗补助、住房补助、儿童营养、就业与培训、贫困家庭子女教育等项目组成。

3. 救助项目

①抚养子女补助。政府以现金资助单亲有子女家庭，或父母失业和丧失劳动能力的家庭。②特困人员收入补助。包括老人、残疾人、收入和资本有限的盲人、残疾儿童以及从来就没有工作的成年人。③儿童营养补助。主要是为哺乳期的母亲、婴儿、5 岁以下儿童而设立的，每年都有数千名妇孺享受这种补助。④食品券补助。食品券是政府发行的专供购买食品的有价证券，以解决贫困阶层的基本生活。⑤免费医疗。免费医疗服务的范围很宽，从住院到门诊，从检查到手术治疗，大部分都不用自己花钱。

（二）农村社会救助运行机制

1. 农民收入保护法

加拿大联邦政府于 1990 年颁布了《农民收入保护法》，这是一种与收入相关联的自愿性"全基金积累"制度。在这个制度中，农民的储蓄和政府给予的配套补贴是退休金发放的基础。采用的是确定缴费模式，即经过预测，确定一个相对稳定的年金缴费标准，然后按这个标准缴纳养老保险基金（包括农民个人和政府两部分供款）并完全或部分存入农民的个人账户。

2. 农民年金制度

加拿大建立了独立的农民年金制度，政府为每一位老年人提供均一水平的养老金，以保障最低生活水平的需要。加拿大的这种全民福利型养老保险计划有助于保障老年人生活、防止老年贫困、缓解社会矛盾。加拿大政府于 1996 年进行了改革，并已于 2001 年实施，主要内容是改变以往单纯按年龄发放养老金方式，还要考虑老年夫妇二人的收入。加拿大的农民年金制度是专门以农村雇佣劳动者和自营劳动者为对象，属于地域性保障制度，与城市工人、公务员及其他团体的以不同职业为特点的保障体系相对应，它是加拿大在大幅度削减政府对农产品的价格补贴，改革政府农业保护政策的背景下，实施各种直接的稳定农民收入计划的结果，同时也是为了解决农场主退休后的养老保障问题，现已成为农村养老保障体系的一个重要支柱。

3. 收入保证计划

加拿大的"收入保证计划"又被称为"生活状况调查津贴"的农村社会救助，是针对农村没有收入来源或收入较低、财产较少者给予较高标准年金补助的带有社会救济色彩的年金计划，是农民养老及生活保障的最后一道防线，其主要资金来源是财政融资，民间的自愿捐赠也占有相当比例。

4. 公共救助计划

加拿大的公共救助计划是最早的社会保障形式之一，它是由政府负责筹资和管理，资金来源于政府税收，通过收入转移的方式，对低收入家庭和个人进行补贴，使他们的生活能维持最低生活水平。以家庭调查为基础的社会救助计划也是自由主义福利体制国家的一个悠久传统。加拿大秉承地方自治传统，其公共救助计划由各省负责，但是大部分社会救助支出的费用都是由联邦政府所承担的，通过财政转移支付的方式分配到各省和地区，如加拿大救助计划

（CAP）公共救助水平并不固定，它通常是由一个家庭生活必需品和必要服务的价格计算出来的结果。

<h1 style="text-align:center">第三节　农业保险</h1>

农业保险的基本形式有补给保险机构和补给投保农民两种，无论是采取暗补或明补方式，都起到了有效化解农业风险的作用。

一、农业保险发展现状

（一）农业保险发展历程

1. 初期的纯私人型的农业保险

早在 20 世纪 20 年代，加拿大的私人企业就举办过农作物的自愿保险，后来发展到私人农作物保险公司。由于农业受灾后赔款大大超过保费收入，导致私人农作物保险公司停办。

2. 第二阶段的政府资助型的农业保险

20 世纪 30 年代和 40 年代，联邦政府对农作物保险给予资助，是灾害救济性质的初级形式的农作物保险。加拿大农业保险模式的运作可以概括为"联邦政府为首牵头，联邦、省两级政府共同掌管，省级政府机构直接运营"。

3. 现阶段是纯政府型的农业保险

加拿大农业保险都是由各省级政府成立的农业保险公司进行垄断经营，不允许其他任何商业保险机构或合作互助保险组织参与。

（二）农业保险现状

加拿大农业保险非常发达，且农业保险覆盖率非常高；农业保险的农场主参保率全国平均为 68％。以加拿大最为主要的两种作物——谷物和油菜籽为例，农业保险面积覆盖率全国平均为 77％，部分省份如马尼托巴省覆盖率达到了 95％。加拿大目前农业保险产品主要有三类：第一种为主流的是作物产量多灾害险，约占农业保险总保费收入的 80％；第二种保险产品是冰雹保险，该产品完全是商业性的，约占农业保险保费收入的 20％；第三种保险产品是近年推出的西部畜牧价格指数保险，该产品作为一种农业保险创新，主要是为了解决加拿大本土没有期货市场、降低汇率和基差风险，为生猪和肉牛养殖农场提供类似于看跌期权的价格风险保障而设立的，但目前市场规模非常有限。

分区域看，虽然加拿大农业保险已覆盖全部 10 个省份，但主要集中在萨斯喀彻温省、艾伯塔省、安大略省和马尼托巴省，这 4 个省份是加拿大最主要的农业保险市场，占全国农业保险总保额的 86.6%。

加拿大农业保险的经营成本很低，根据加拿大联邦政府农业及农业食品部提供的数据，加拿大农业保险的年均经营成本费是 1.01 亿加元，约为同期年均 11.24 亿加元总保费的 8.96%。在加拿大，政府方面用于农业保险的办公经费基本包含在农业保险项目的经营成本之中，所以，农业保险项目的政府成本有三项：保费补贴、经营成本和超赔支出。

（三）农业保险概况分析

加拿大种植业保险的农民参与率为 50%～55%，面积承保率为 65%～70%。在几十种保险作物中，承保率在 50% 以上的有 48 种，在 90% 以上的有 10 种。加拿大联邦政府保险法规定加拿大的保险产品为产量保险，政府有 3 项支出分别是：保费补贴、经营成本和超赔支出。对于农户的产量保险的保费补贴水平有 50%、60%、70% 和 80% 4 个档次。

二、农业保险的运作机制

加拿大农业保险主要是由联邦政府和省政府共同管理的，但是各省的农业保险业务是由皇家农业保险公司垄断经营。联邦政府的职责主要是：①监督各省农业保险运营；②提供保费、经营管理费补贴和再保险支持；③对省级保险公司的精算结果进行审核和批准。省政府的职责主要是：①具体监管本省农业保险运营；②提供保费补贴和经营管理费补贴；③雇佣精算团队对农业保险费率厘定方法进行评估和修改；④评估本省农业保险的可持续发展能力。

加拿大农业保险虽然是由国有的保险公司具体运营的，但联邦政府和省政府不会干预公司的日常经营，只是根据双方的合同协议对农业保险开展情况进行监管，确保农业保险惠民可持续。

三、农业保险的现行做法

加拿大联邦政府在开展农作物保险的长期实践中形成了一套行之有效的办法，取得很多成功经验。

（一）实行农作物保险立法

加拿大重视农作物保险立法，以法律保障农作物保险顺利开展。通过了新的联邦《农作物保险条例》，明确了政府对农作物保险的资助方法、联邦和省的农作物再保险制度及农作物保险的具体经营方式等。

（二）实行农业保险计划

自 1957 年《农业保险法》实施以来，加拿大始终将农业保险计划作为其农业政策的重要组成部分。加拿大的农业保险实际上是在各省政府直接控制下由一些非营利性保险公司来参与运营的，各省的农业保险公司在参与之前应当和加拿大联邦政府签订相关协议。在双方的责任划分上，联邦政府和各省政府应当共同承担起对农户参保的保费补贴。加拿大的农业保险计划具有一定的特殊性，采取全国性的"三方缔约"，也是联邦、省和农户之间的缔约。

（三）在政府部门设立农作物保险机构

加拿大联邦政府在农业及农业食品部设立了农作物保险局，各省也在农业厅设立了农作物保险局，联邦和省同时受《农作物保险法》和《农作物保险条例》的制约。联邦农业及农业食品部农作物保险局的主要职责是：开展农作物保险的政策研究，对省农保机构支付各项应负担的保费、行政开支和应分担的保险赔偿金，对保险费和保险金额进行研究和统计分析，帮助省保险机构开发、修订农作物保险计划，推动农作物的保险计划的实施。省政府农业厅的农作物保险局下设四个保险部门：一是项目开发部；二是调整部，负责对各项农作物损失报告和资料等情况进行审核，并确定赔偿金额；三是营业部，负责将各项保险信息传递给农民并进行咨询服务，向农民推销农作物保险；四是行政管理部。省之下是由省政府农业厅农作物保险局派出的办事处。

（四）政府在资金上大力支持农作物保险

加拿大政府为发展农作物保险事业提供了大量的资金支持。除农业保险机构行政经费外，还有保费和再保险的资金支持。加拿大政府对农作物保险的资金支持是由联邦政府和省政府两级分别承担的。保费联邦政府负担 25%，省政府负担 25%，其余 50%由投保的农民交纳，从而减轻农民的保费负担。对再保险基金也是由两级政府按保费收入的 15%筹集。另外，省政府农业保险局在遇到重灾时可以向联邦无息借款，数额可达到赔偿金与保费收入差额部分的 75%。如果联邦农业再保险基金不足以支付规定的金额，则由联邦的其他种类的再保险基金的盈余支付，无盈余则由联邦财政支付。

（五）建立农作物再保险机制

加拿大的省级政府主导成立公司进行经营，宪法规定商业型保险公司不能参与经营农业保险项目，联邦政府为省级政府提供一级再保险服务。联邦政府还成立了"农作物保险基金"，由省级机构缴纳保费，受灾时请求再保险援助。灾害发生后，省级保险储备金率先支付，超过能力范围时要向农作物保险基金申请再保险援助。如果费用巨大还不能完成赔付，还可以向联邦政府申请不计息贷款，但须尽快偿还。

（六）产量和保险费率等方面采取一系列科学方法

1. 投保实行自愿和法定相结合

明确农户与保险部门的投保与承保的关系。只有实际的农业生产者才能申请农作物保险，土地所有者不能直接申请农作物保险。

2. 产量保险和保险费率的确定

加拿大农作物有产量保险、纯收入保险（市场价格保险）等，不实行成本保险。产量减少要保收入，财产损失要保更新，对农产品产量一般用三种方法确定：第一种是以全省的产量水平作为标准产量；第二种是以风险程度相近的同一类地区的产量水平作为标准产量；第三种是以单个农户或有典型代表性的一组农户的产量水平作为标准产量。

3. 保费收取

通常保费的交纳方式是实行欠款单，从农作物收获后销售收入中扣除，并不是在签订保险证书（合同）时交纳。

4. 受灾减产勘测

由农民先报告收获产量，政府保险部门派保险公证服务机构（中介机构）的专家按区通过大量统计数据，调查产量损失程度，或收获后到每户农场主家落实产量，最后由政府保险部门决定准确产量数。

5. 理赔

加拿大规定，产量损失低于 20％免赔；产量全部损失情况下，最高理赔 80％。就赔付率来说，加拿大实行低赔付。

6. 电子化管理和其他保证措施相配合

加拿大的农业保险部门全面实行计算机管理，建立了计算机网络体系，有完善严密的农业保险管理软件和数据库，为农业保险提供了可靠的资料，提高了农业保险工作的效率和质量。

第十七章 CHAPTER 17
中国与加拿大农业合作历程 ▶▶▶

第一节　双方合作初始阶段（1970—1996）

一、合作伊始与探索阶段

1970 年 10 月 13 日中国和加拿大正式建立外交关系，中加两国友好关系稳步发展，双方领导人曾经多次互访。1973 年，中加两国就互设领事馆、商标注册互惠、家庭团聚、民航、互派留学生、简化签证手续分别签订协议或达成谅解。1974 年 11 月，中国在温哥华设立总领事馆。自 1973 年签订第一个贸易协定以来，双边贸易额增长较快。1979 年，双方签订了经济合作议定书。从 1980 年起，加拿大对中国实行普惠税待遇。此外，中加两国在农业领域的科技交流与经济合作发展迅速。特别是 80 年代，农业的科技交流与合作已发展到各个方面，形式和内容也多种多样，促进了两国农业的发展。1983 年 10 月，中国和加拿大两国政府签署关于发展合作总协定，从此中国农业部与加拿大国际开发署开展了很好的合作。自 1982 年开始选择、计划项目至 1987 年，共确定执行了 8 个项目，主要包括农业教育、草场改良、家畜繁育、种子加工、动物检疫、人才培训、肥料示范和马铃薯生产等，在双方共同努力下都比较圆满地完成。

二、农业合作范围和领域逐步扩大

20 世纪 80 年代以来，中国与加拿大在农业方面逐步建立了相对健全的合作机制，以及深化各领域的合作关系。1987 年以后，结合"七五"期间中国

农业发展的重点，突出了改善中国人民食物构成的畜牧项目。1991 年正式加入亚洲太平洋经济合作组织（APEC）后，中国与加拿大经贸关系在亚洲太平洋经济合作组织（APEC）所提倡的贸易与投资自由化情形中迅速发展。1993 年以来两国领导人互邀进行双方国事访问，加强两国互信，共同加强双方合作。

（一）建立中加农业联委会

1985 年，两国农业部建立了农业联委会机制，迄今已召开了 12 次会议。第 12 次会议于 2017 年 2 月 20 日在加拿大渥太华召开，由中国农业部国际合作司隋鹏飞司长和加拿大农业及农业食品部司长共同主持。

（二）农业各领域项目合作

1990 年 12 月两国政府正式签署谅解备忘录。以备忘录为基础，陆续开展了一系列项目合作，包括奶牛综合育种项目、旱地农业项目、瘦肉型猪项目等，农业合作范围不断扩大。

1. 奶牛综合育种项目

该项目于 1993 年 1 月开始执行。该项目包括三个项目点，分别是上海市牛奶公司、杭州市牛奶公司和陕西省畜牧局。主要致力于遗传基因的改良、改善奶牛场的管理、培训和推广有关技术等，重点在于增加牛奶单产量、质量和效率，加强遗传基因管理。

2. 旱地农业项目

该项目是中加两国的一个合作研究项目，项目期为 5 年，1991 年开始执行。中方的项目执行单位是河北省农业科学院，项目实验区在河北省衡水市，加方的项目执行机构是加拿大农业及农业食品部研究局烈桥研究站。项目的主要目标是应用系统理论，把区域气候、水土资源和农作物生产视为相互关联的整体系统，以提高区域水效益为核心，以种植业为重点，以粮棉油为主体，综合研究水分优化调控技术，实现资源高效利用，促进农业生产持续增长。项目推进过程中，双方科研人员从土壤、肥力、耕作、农机、农艺、气象、水文、育种和生理等 12 个课题着手，开展了系列研究。

3. 瘦肉型猪项目

该项目于 1993 年 1 月开始执行。包括三个合作试点，分别是河北省玉田县、四川省内江市和浙江省金华市。项目通过育种技术、饲料标准、分析和配方技术、猪肉分割和胴体分级技术和相应的培训，一定程度上提高了生猪生产和销售的效率。

三、与加拿大国际发展研究中心的合作

1980 年中国正式与加拿大国际发展研究中心签署了合作谅解备忘录。从 1982 年开始，中国农业部正式与该机构合作，先后开展了包括钾肥效益示范、油菜育种、耕作制度、生物防治、农业信息、海水和淡水养殖、农业经济和饲料配方等合作研究在内的一系列合作项目，取得较大进展。

第二节　双方合作高速发展阶段（1997—2015）

一、高层互访助推合作层次不断提升

1997 年 11 月，应加拿大总督的邀请，中国国家主席在出席温哥华 APEC 领导人非正式会议之后，对加拿大进行国事访问，这是自 1985 年以来中国国家主席首次访加。两国领导人就进一步发展中加关系及共同关心的国际和地区问题进行深入探讨，取得了广泛共识。双方一致同意建立"中加面向 21 世纪的全面合作伙伴关系"。此次领导人会晤签署了《中国政府与加拿大政府领事协定》《中国国家旅游局与加拿大旅游委员会旅游合作谅解备忘录》《中加关于发展援助的三个谅解备忘录和中加相互增设总领事馆的换文》。访问达到了加深了解、增进友谊、面向未来、发展合作的目的，为进一步发展面向 21 世纪长期稳定、友好相处、全面合作的中加关系奠定了坚实的基础。

1999 年 4 月，应加拿大总理的邀请，中国国务院总理对加拿大进行正式访问，两国签署了《中国从加进口动物制品》《中加政府关于环境合作的行动计划》，以及《中加政府关于打击犯罪的合作谅解备忘录》三项议定书。访问加深了双边贸易合作，促进了双方贸易额的增长，达到了加深了解、扩大共识、增进友谊、发展合作的目的，取得了圆满成功。1999 年 11 月，中加就中国加入世界贸易组织（WTO）达成双边协议，标志着两国经贸关系翻开了新

篇章。

2001 年 2 月，加拿大总理率"加拿大国家队"访华。双方签署了《中华人民共和国国家发展计划委员会和加拿大自然资源部关于能源领域合作的谅解备忘录》《中华人民共和国政府和加拿大政府在环境与气候变化、司法改革、西部大开发和加入世界贸易组织领域的中加发展合作项目意向书》《中加学者交换项目谅解备忘录》。此外，双方签署了总值约 57 亿加元的协议、商业合同及意向书，为进一步巩固中加合作现有成果和中加合作开创新局面奠定了基础。

2003 年 12 月，中国国务院总理对加拿大进行正式访问，其间与加拿大总理举行会谈，并会见总督、候任总理、参议长、众议长等。双方签署了在奶业、动植物检疫等领域的合作文件，为两国农业相关产业合作发展提供了坚实基础。

2005 年 1 月，应中国国务院总理邀请，加拿大总理对中国进行正式访问。双方发表了《中加联合声明》《中加战略工作组共同文件》和《二十一世纪能源合作声明》，签署了《中华人民共和国政府和加拿大政府文化协定》以及资源、能源、农业科研、教育等领域合作的一系列协定和谅解备忘录。

二、战略伙伴关系确立持续挖掘合作潜力

2005 年，两国政府签署了《中国教育部与加拿大农业及农业食品部关于在农业和农业食品领域开展科研合作与人才培养的谅解备忘录》《中华人民共和国国家质量监督检验检疫总局与加拿大食品检验署关于食品安全和动植物卫生合作谅解备忘录》和《中华人民共和国国家质量监督检验检疫总局与加拿大食品检验署关于鸭梨出口植物检疫要求工作计划》。

2005 年 9 月，应加拿大总督邀请，中国国家主席对加拿大进行国事访问，先后访问了渥太华、多伦多，双方一致同意将中加关系提升为战略伙伴关系。双方商定推动两国开展全方位、多领域的合作，更广泛地涵盖政治、经贸、科技、文教、卫生、环保等各个领域；按照市场经济原则开展互利合作，扩大双方投资领域，加强经贸合作，到 2010 年使双边贸易额达到 300 亿美元；建立双方长期稳定的合作机制，充分利用中加战略工作组和经贸、

农业联委会等现有各种合作机制，深入挖掘互利合作潜力；加强双方在重大国际和地区问题上的磋商和协调，共同为维护世界和平、促进共同发展做出更大的贡献。

2009年，双方同意有必要在现有水平上促进双边贸易进一步增加，扩大在能源资源、基础设施、电讯交通、先进技术、旅游、农业、金融服务等各领域的货物和服务贸易。签署《中华人民共和国教育部和加拿大农业及农业食品部关于科学技术合作与人才培养的谅解备忘录》，加深了两国农业科技合作的进程。

2010年4月12日，中国农业部部长韩长赋和加拿大农业及农业食品部部长共同签署了《中加农业领域合作谅解备忘录》。在备忘录框架下，双方设立了害虫管理、知识与人员交流、农产品质量安全、畜牧生产与改良工作组。

三、农业合作领域全方位拓展

应中华人民共和国国务院总理的邀请，加拿大总理于2012年2月7日至11日对中国进行正式访问，并出席第五届中加经贸合作论坛。

双方宣布了一系列重要共识。两国领导人重申2009年《中加联合声明》确立的指导原则和对加强中加战略伙伴关系的承诺。双方同意本着相互尊重、平等互利原则，保持密切高层交往，增进政治互信，拓展务实合作，扩大人文交流，加强在国际和地区问题上的磋商与合作；通过改善双边投资机制将中加经济伙伴关系推向新水平；深化经贸合作，扩大在油气、核能、可再生能源、林产品、矿产等能源和其他自然资源领域的合作，拓展在农业、高科技、清洁技术、环保、生命科学、生物医药、民航、金融服务、中小企业等领域的合作，培育互利合作新的增长点；将教育提升为中加关系新的战略重点；在平等和相互尊重的基础上就人权问题加强对话与交流，按照《联合国宪章》和国际人权文书促进和保护人权。

双方签署了包括《中加投资促进和保护协定》《中加避免双重征税协定》《加拿大向中国出口工业用牛油脂的检疫和卫生要求议定书》《中加关于检验检疫准入问题的合作安排》《中加关于油菜茎基溃疡病菌风险控制合作计划谅解备忘录》，同意早日签署《中加渔业合作谅解备忘录》《中国科学院与加拿大自然资源部关于自然资源可持续发展合作的谅解备忘录》《中国国家林业局与加拿大公园管理局关于保护地事务合作的谅解备忘录》等一系列有关合作文件。开创了中国对加拿大农业投资规模稳步增长、增速稳步提高的局面。

2012 年 4 月，中加双方农化工作组成员通过视频就农药使用和管理的合作框架、内容和方式等进行了探讨，商定了合作内容与目标。其中，农药领域的合作包括小宗作物农药登记使用管理、农药抗性监测与治理、农药安全使用技术和降低农药使用风险技术研究等 6 方面内容。2012 年 9 月，两国签署《关于促进和相互保护投资的协定》，2015 年 3 月，北美首个离岸人民币清算中心在多伦多揭牌成立，两国企业可直接使用人民币交易，为农业投资提供便利条件。

中国农业科学院北京畜牧兽医研究所以原有的"中加奶业联合实验室"为基础，与加拿大、美国、澳大利亚等国家筹建了"奶业国际联合研究中心"。加方主要合作伙伴包括加拿大奶农协会、马尼托巴大学和圭尔夫大学。2009 年 5 月，牧医所成功召开了第一届"奶牛营养与牛奶质量"国际研讨会。2017 年 5 月，第五届"奶牛营养与牛奶质量"国际研讨会在中国召开。

2012 年 5 月，中国农业科学院院长访问了加拿大农业及农业食品部，并签署了《中国农业科学院和加拿大农业及农业食品部关于农业科学研究与人才交流合作的协议》。中国农科院与加拿大农业及农业食品部圭尔夫食品研究中心在多糖领域积极开展了大量合作。2012 年双方共同申请国家科技合作与交流专项"农副产品中功能成分制备关键技术合作"，2013 年正式成立中国农科院—加拿大农业及农业食品部食品多糖研究中心，多次邀请专家来访，开展技术培训，拓展多糖领域的国际科技合作。

中国农科院烟草研究所与加拿大圭尔夫大学签署了《中加烟草病虫害监测与综合治理联合实验室合作协议》。2013 年 12 月，联合实验室在中国农科院烟草所成立。2013 年 11 月，双方签署《加强农业和农业食品行业合作的谅解备忘录》，就共同推动双方在农业科技、农产品质量安全、畜产品可追溯系统等领域的合作达成一致。

2014 年 11 月 7 日，中国—加拿大科技合作联委会和农业食品与生物制品优先领域联合工作组第三次工作会在北京顺利召开。双方一致同意进一步完善中加科技联委会农业领域联合工作组的沟通交流机制，在掌握各子领域动态的基础上，提交双方的年度工作总结和下一步工作计划；依托两国的五年计划提出符合两国优先发展方向且操作性强的合作项目建议书；加强双向人才交流，特别是开展一线科研人员中长期交流活动。双方还就 2015 年工作会设想、农业科技领域前沿技术等交换了意见。

2015 年 5 月，中国农科院麻类所与加拿大麦克马斯特大学签署了关于共建植物病原菌分子生态学联合实验室的合作协议。双方依托科技优势与平台资源，围绕植物病害流行、病原—寄主互作等内容开展合作研究、专家互访和人员培训，并积极筹备共同申报国际、区域性科研项目。

第三节　双方合作成熟阶段（2016 年至今）

一、合作领域基本稳定

2016 年以来，经过长期探索与合作，中加两国之间的合作进入成熟阶段，主要表现在合作领域基本稳定，对华农产品出口力度加大，技术合作进一步增多。

2016 年 9 月 21 日至 24 日，中国国务院总理对加拿大进行正式访问并举行两国总理首次年度对话，这是中国总理 13 年来首次访加。此前 8 月 30 日至 9 月 6 日，加拿大总理正式访华并出席二十国集团领导人杭州峰会。在两次访问中，两国领导人就新时期中加关系发展达成重要和广泛共识，签署了《中国农业部与加拿大农业及农业食品部农业合作行动计划（2016—2020 年）》《中国国家粮食局和加拿大谷物委员会合作谅解备忘录》、双方就中加油菜籽贸易签署了谅解备忘录以及双方认识到农业和就动植物健康采取必要防范措施以及食品安全问题对双方的重要性，同意将新增加拿大带骨牛肉对华市场准入，并推进相关重要措施，支持加拿大牛肉和猪肉、牛种质资源以及中国梨、含馅粮食制品的双边贸易等合作文件近 50 项。这是两国总理在短短一个月内实现互访，开创了中加关系新的"黄金时代"。

二、农业科技领域合作持续深化

2018 年 10 月 17 日，中加农业与渔业合作论坛在加拿大首都渥太华举行。论坛重点讨论了两国在农业和渔业技术、投资和贸易方面的合作。来自中国粮油食品总公司、中化农业股份有限公司等大型国有企业及来自北京、内蒙古、辽宁、江苏、福建、深圳等省市科研院所、中加农业与渔业合作组织，如中加牛肉产业联盟、中加海洋与渔业伙伴关系、加拿大农业及农业食品部、渔业海洋和海岸警卫部、加拿大协会及公司，如加拿大油菜理事会和加拿大猪肉国际协会，以及亚洲投资基金等国际和地区金融机构在内的 54 个实体的约 110 名代表出席了论坛，论坛签署了《中国加拿大海洋与渔业合作意向书》和《中加农业与渔业技术示范区（筹备）》等 5 个农业和渔业合作项目。项目涉及农业、渔业、农用化学品和农业投资等领域，巩固了两国合作的基础。开幕式后，韩长赋部长与加拿大农业及农业食品部部长以及渔业海洋和海岸警卫部长就促进中加农业和渔业合作举行了双边会谈。本次论坛是两国农业和渔业企业、协会和科研院所之间有效沟通的机制，进一步推动了两国农业和渔业务实合作，开创了双方农业合作的新纪元。

三、中加双方签订的农业合作文件

1970 年中加建交后，中加双方恢复了贸易往来，并签署了一系列重要农业合作文件。

1998 年，中加双方签订了《中加关于中国可持续发展农业营养管理与战略项目的谅解备忘录》《中华人民共和国国家林业局和加拿大自然资源部关于林业合作的谅解备忘录》。

1999 年，双方签署了《中国从加拿大进口动物制品议定书》。

2003 年，两国政府签署了《中华人民共和国国家质量监督检验检疫总局与加拿大关于出入境植物检疫合作的谅解备忘录》《中华人民共和国政府和加拿大政府关于在司法和牲畜健康推广服务领域中加发展合作项目意向书》《中华人民共和国科技部与加拿大农业及农业食品部奶业科学技术合作谅解备忘录》。

2005 年，两国政府签署了《中国教育部与加拿大农业及农业食品部关于在农业和农业食品领域开展科研合作与人才培养的谅解备忘录》《中华人民共和国国家质量监督检验检疫总局与加拿大食品检验署关于食品安全和动植物卫生合作谅解备忘录》《中华人民共和国国家质量监督检验检疫总局与加拿大食品检验署关于鸭梨出口植物检疫要求工作计划》。

2007年，中国—加拿大农业联委会第九次会议在北京召开，双方就签署新的农业合作谅解备忘录、设立联委会秘书处和工作组等事宜进行磋商并达成了共识。

2010年，中国农业部与加拿大农业及农业食品部签署了《中加农业部农业及相关领域合作谅解备忘录》。

2012年，双方签署《中加关于油菜茎基溃疡病菌风险控制合作计划谅解备忘录》。

第十八章 CHAPTER 18
中国与加拿大农产品贸易情况 ▶▶▶

第一节　中国与加拿大农产品贸易形势

一、中加农产品贸易概况

近 20 年来中国与加拿大农产品贸易总额持续增长，呈现波动上升趋势，由 1999 年的 8.16 亿美元增加至 2018 年的 108.91 亿美元，增幅达 1 234.88%，增长速度较快，年均递增 13.83%。其中 2014 年略有下降，由 79.98 亿美元降至 72.67 亿美元，之后 5 年贸易总额持续增加（图 18-1）。

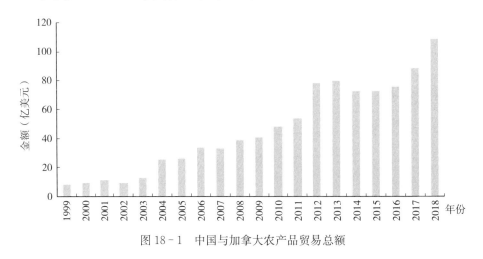

图 18-1　中国与加拿大农产品贸易总额

尽管从长期来看，中国与加拿大农产品贸易规模呈现出较强的增长趋势，但两国农产品贸易规模仍相对较小。目前中国与加拿大农产品贸易规模仅占中国农产品外贸总额的 2.6%，占加拿大农产品外贸总额的 10.1%，仅是美国和加拿大农产品贸易规模的 10% 左右。此外，分析近

2 年两国的农产品贸易额发现，2018 年加拿大向中国出口的农产品、农业食品和海产品共计 91 亿加元，而 2019 年则下降至 51 亿加元，减少了 44.0％，几乎呈现断崖式下降，农产品贸易状况受国际环境扰动影响较为明显。

二、加拿大农产品出口中国概况

近年来，中国与加拿大在广泛的互补性基础上建立了紧密的农业贸易关系，两国深化双向农业和食品贸易和投资潜力巨大。加拿大出口中国农产品贸易总额由 1999 年的 5.64 亿美元增加到 2018 年的 89.22 亿美元，年均增长 14.81％，增幅达 1 481.91％。加拿大农产品出口中国贸易总额在 2012 年大幅增长，突破 60 亿美元。2014—2018 年出口农产品贸易总额逐年平稳增长，由 54.54 亿美元增加至 89.22 亿美元（图 18－2）。

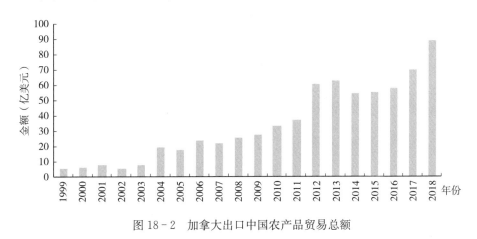

图 18－2 加拿大出口中国农产品贸易总额

三、加拿大进口中国农产品概况

1999—2018 年，加拿大进口中国农产品贸易总额波动上升，由 2.52 亿美元增加到 19.69 亿美元，年均增长 10.82％，增幅达 681.35％。1999—2013 年稳步提升，2014 年后略有下降，2015—2018 年农产品进口额仍处于增长状态（图 18－3、表 18－1）。

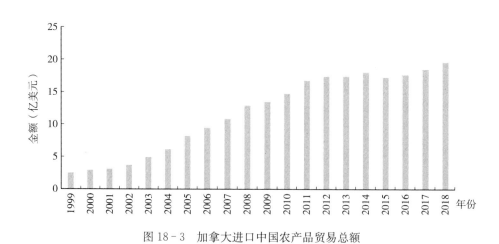

图 18-3 加拿大进口中国农产品贸易总额

表 18-1 加拿大对中国农业贸易统计

单位：亿美元、%

年份	贸易总额	出口总额	进口总额	差额
1999	8.16	5.64	2.52	3.12
2000	9.30	6.31	2.99	3.32
2001	11.22	8.08	3.14	4.94
2002	9.41	5.65	3.76	1.89
2003	13.01	8.04	4.97	3.07
2004	25.57	19.35	6.22	13.13
2005	26.11	17.85	8.26	9.59
2006	33.48	23.96	9.52	14.44
2007	33.31	22.30	11.01	11.29
2008	38.76	25.72	13.04	12.68
2009	40.90	27.49	13.41	14.08
2010	48.35	33.50	14.85	18.65
2011	53.91	37.13	16.78	20.35
2012	78.13	60.65	17.48	43.17
2013	79.98	62.52	17.46	45.06
2014	72.67	54.54	18.12	36.42
2015	72.52	55.22	17.30	37.92
2016	75.57	57.88	17.69	40.19
2017	88.43	69.91	18.52	51.39
2018	108.91	89.22	19.69	69.53

数据来源：UNComtrade 网站。

第二节　加拿大农产品出口中国情况

一、进口总体状况及变动

从加拿大农产品出口中国的总体状况来看，1999—2018 年加拿大农产品出口中国总额由 5.64 亿美元增长至 89.22 亿美元，年均递增 14.8%，增长速度较快。2011—2012 年加拿大农产品出口中国总额大幅提高，由 37.13 亿美元增长至 60.65 亿美元。2014 年出口贸易总额有所下降，之后开始回升。2014—2018 年加拿大农产品出口中国处于增长趋势，由 54.54 亿美元增长至 89.22 亿美元，农产品出口占比由 9.11% 增加至 14.67%。

表 18-2　中国进口加拿大农产品出口贸易状况

单位：亿美元、%

年份	加拿大农产品出口额	加拿大出口中国农产品总额	加拿大出口中国农产品占比
2014	598.71	54.54	9.11
2015	569.37	55.22	9.70
2016	560.48	57.88	10.33
2017	590.78	69.91	11.83
2018	608.37	89.22	14.67

数据来源：UNComtrade 网站。

二、出口的农产品结构

根据乌拉圭回合农业协议界定，加拿大出口的农产品范围（HS 产品口径）包括谷物、棉麻丝、油籽、植物油、饮品类、蔬菜、水果、畜产品、水产品等 20 大类。近 20 年出口中国状况见表 18-3。

1999—2018 年加拿大出口中国农产品贸易结构以油籽、植物油、畜产品、水产品、谷物、干豆（不含大豆）、饼粕、粮食（薯类）、水果、蔬菜、饮品类、坚果、糖料及糖类、棉麻丝、药材、粮食制品、精油、花卉、调味香料等为主。

表 18 - 3 加拿大农产品出口中国结构

单位：万美元

年份	谷物	棉麻丝	油籽	植物油	糖料及糖类	饮品类	蔬菜	水果	坚果	花卉
1999	6 836.69	7.03	29 223.51	2 529.36	7.20	7.55	98.56	102.14	10.19	0.69
2000	13 225.22	36.08	20 398.87	720.62	220.90	18.14	247.95	43.42	23.83	7.50
2001	19 579.31	33.21	24 682.24	216.71	436.87	20.06	490.94	155.19	15.51	17.80
2002	4 997.85	226.85	1 739.09	525.08	748.86	124.15	870.12	172.52	55.79	1.81
2003	4 754.58	159.40	8 606.65	5 218.20	736.26	65.65	1 125.22	262.64	133.25	29.62
2004	59 036.97	135.42	9 273.86	19 570.63	221.09	177.57	867.99	1 036.63	281.66	58.09
2005	31 139.85	409.45	10 078.32	7 670.36	163.46	112.44	1 322.16	1 278.62	751.19	129.05
2006	10 830.22	369.44	16 255.90	4 463.83	283.62	226.86	1 520.89	1 571.05	1 241.80	97.30
2007	9 599.28	417.54	35 112.93	21 916.03	358.19	317.54	1 938.53	1 777.71	1 402.65	35.54
2008	5 415.89	492.86	83 907.90	25 794.98	525.57	298.12	1 257.96	1 687.97	1 006.67	31.80
2009	15 348.13	415.95	137 148.34	35 120.42	332.61	520.86	840.15	1 860.59	727.21	15.81
2010	16 345.35	542.53	82 009.59	93 166.19	585.70	1 014.41	1 138.26	2 614.28	996.55	6.32
2011	11 772.29	598.82	92 607.15	70 541.35	601.05	1 281.87	1 642.00	3 396.57	1 603.87	8.93
2012	27 539.95	752.87	246 150.74	122 601.05	1 186.30	1 890.40	2 063.05	3 879.82	1 527.62	1.75
2013	38 549.87	832.16	228 151.14	103 243.80	1 254.74	2 310.04	2 657.06	4 880.63	1 691.86	0.00
2014	27 822.91	1 326.54	250 779.07	44 787.85	1 619.73	1 883.14	4 703.35	6 433.05	1 781.91	0.97
2015	50 059.13	1 306.32	223 758.52	43 795.36	1 685.38	2 602.58	3 639.93	7 053.52	1 285.63	0.00
2016	34 675.69	747.35	233 534.37	43 797.73	1 183.75	2 047.90	3 287.00	6 912.65	1 032.73	2.26
2017	44 912.31	1 089.46	293 171.72	52 076.48	1 942.89	2 323.17	2 535.98	7 184.72	1 431.43	1.31
2018	86 716.84	928.94	361 305.11	87 447.60	2 215.76	2 087.79	3 212.61	10 733.42	2 207.70	0.00

年份	饼粕	干豆（不含大豆）	水产品	畜产品	调味香料	精油	粮食制品	粮食（薯类）	药材	其他农产品
1999	0.00	335.10	6 479.33	4 946.07	0.00	5.97	15.08	0.00	210.22	5 561.18
2000	3.44	1 382.30	7 817.52	6 365.38	0.00	0.12	5.71	0.00	380.16	12 242.81
2001	0.00	1 862.46	7 687.16	6 356.70	0.00	187.96	100.42	0.00	905.53	18 048.91
2002	0.00	1 275.22	14 123.88	8 709.22	1.55	8.12	44.69	1.96	344.90	22 570.09
2003	3.22	503.36	19 044.66	8 027.46	2.97	69.54	198.91	0.00	740.11	30 691.95
2004	3.69	1 136.93	23 727.93	9 356.30	4.31	56.17	414.98	0.00	606.50	67 573.80
2005	2.03	4 282.90	27 318.18	15 714.66	2.87	29.93	278.02	3.39	348.87	77 457.32
2006	1.39	5 228.81	25 025.54	17 475.08	8.72	34.99	217.06	77 460.71	348.95	76 934.19
2007	7.94	7 236.04	23 618.27	17 654.41	4.16	57.88	60.31	0.00	217.32	101 235.95

(续)

年份	饼粕	干豆（不含大豆）	水产品	畜产品	调味香料	精油	粮食制品	粮食（薯类）	药材	其他农产品
2008	26.32	6 693.45	25 732.61	19 740.57	4.12	32.94	21.45	0.00	505.10	84 045.65
2009	613.50	9 361.07	21 014.48	17 026.71	3.48	6.33	17.74	0.00	317.28	34 234.89
2010	18 404.64	16 711.40	29 787.05	27 879.11	1.32	7.75	31.76	0.83	56.48	43 690.24
2011	14 143.32	27 118.67	39 225.43	52 851.61	3.66	9.16	67.63	4.53	271.43	53 543.05
2012	8 313.44	23 369.04	47 646.69	63 556.56	6.36	8.69	58.11	0.00	109.05	55 817.27
2013	0.03	39 108.64	46 751.61	82 951.28	4.32	9.42	84.34	13.63	538.06	72 182.27
2014	769.26	28 723.13	49 550.82	62 215.77	2.17	10.07	311.35	0.00	207.99	62 506.22
2015	0.42	25 322.80	53 620.63	75 882.55	0.00	25.22	498.50	0.00	382.43	61 330.40
2016	16 440.51	33 809.05	60 156.78	80 193.75	2.43	10.75	606.09	0.00	677.90	59 667.32
2017	28 287.41	35 616.73	76 426.30	76 496.11	14.17	25.39	359.81	0.00	736.53	74 485.77
2018	38 983.95	56 007.14	93 686.25	71 350.66	1.57	44.31	276.66	0.31	783.50	74 181.46

数据来源：UNComtrade 网站。

（一）油籽

1999—2018 年，油籽出口总额位列第一。出口总额由 29 223.51 万美元增加至 361 305.11 万美元，始终呈现波动上涨的趋势。2010 年油籽的出口总额开始下降，由 137 148.34 万美元减少了 82 009.59 万美元。2012 年出口总额大幅提高，由 92 607.15 万美元增长至 246 150.74 万美元，增幅达 165.8%。2015—2018 年，由 223 758.52 万美元增长至 361 305.11 万美元，年均递增 7.58%，增幅为 44.07%（表 18-4、图 18-4）。

表 18-4 加拿大油籽出口中国贸易总额

单位：万美元

年份	出口额	年份	出口额
1999	29 223.51	2006	16 255.90
2000	20 398.87	2007	35 112.93
2001	24 682.24	2008	83 907.90
2002	1 739.09	2009	137 148.34
2003	8 606.65	2010	82 009.59
2004	9 273.86	2011	92 607.15
2005	10 078.32	2012	246 150.74

(续)

年份	出口额	年份	出口额
2013	228 151.14	2016	233 534.37
2014	250 779.07	2017	293 171.72
2015	223 758.52	2018	361 305.11

数据来源：UNComtrade 网站。

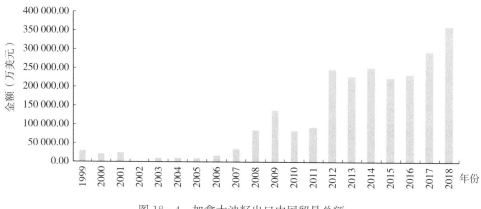

图 18-4 加拿大油籽出口中国贸易总额

(二) 植物油

1999—2018 年，加拿大出口中国的植物油贸易总额由 2 529.36 万美元增加至 87 447.60 万美元，位列第二位。2012 年植物油的出口总额突破 120 000 万美元并达到 122 601.05 万美元的最高值，之后开始下降。2013—2014 年减少了 58 455.95 万美元，降幅达 56.62%。2014—2017 年略有上涨，2017—2018 年大幅增加，由 52 076.48 万美元增长至 87 447.60 万美元（表 18-5、图 18-5）。

表 18-5　加拿大植物油出口中国贸易总额

单位：万美元

年份	出口额	年份	出口额
1999	2 529.36	2004	19 570.63
2000	720.62	2005	7 670.36
2001	216.71	2006	4 463.83
2002	525.08	2007	21 916.03
2003	5 218.20	2008	25 794.98

(续)

年份	出口额	年份	出口额
2009	35 120.42	2014	44 787.85
2010	93 166.19	2015	43 795.36
2011	70 541.35	2016	43 797.73
2012	122 601.05	2017	52 076.48
2013	103 243.80	2018	87 447.60

数据来源：UNComtrade 网站。

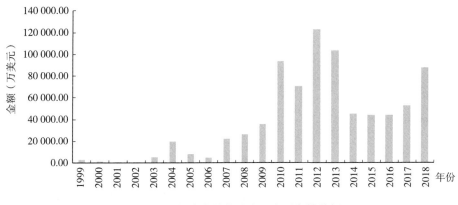

图 18-5 加拿大植物油出口中国贸易总额

（三）其他农产品

加拿大出口中国贸易总额第三的农产品为其他农产品，1999—2018 年由 5 561.18 万美元增加至 74 181.46 万美元。2007 年其他农产品的出口总额突破 100 000 万美元并达到最高值，为 101 235.95 万美元，之后有所下降。2008—2009 年其他农产品的出口总额减少了 49 810.76 万美元，降幅达 59.27%。2014—2018 年，其他农产品的出口总额虽波动上涨，由 62 506.22 万美元增长至 74 181.46 万美元，但增速较慢，年均递增 3.48%（表 18-6、图 18-6）。

表 18-6 加拿大其他农产品出口中国贸易总额

单位：万美元

年份	出口额	年份	出口额
1999	5 561.18	2002	22 570.09
2000	12 242.81	2003	30 691.95
2001	18 048.91	2004	67 573.80

（续）

年份	出口额	年份	出口额
2005	77 457.32	2012	55 817.27
2006	76 934.19	2013	72 182.27
2007	101 235.95	2014	62 506.22
2008	84 045.65	2015	61 330.40
2009	34 234.89	2016	59 667.32
2010	43 690.24	2017	74 485.77
2011	53 543.05	2018	74 181.46

数据来源：UNComtrade 网站。

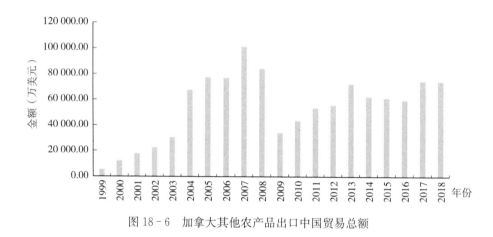

图 18-6　加拿大其他农产品出口中国贸易总额

（四）畜产品

1999—2018 年加拿大出口中国贸易总额第四的农产品为畜产品，由 4 946.07 万美元增加至 71 350.66 万美元。2013 年畜产品的出口总额突破 80 000 万美元并达到最高值，为 82 951.28 万美元。2014—2018 年畜产品的出口总额再次波动上升，由 62 215.77 万美元增长至 71 350.66 万美元，年均递增 2.78%，增幅为 14.68%（表 18-7、图 18-7）。

表 18-7　加拿大畜产品出口中国贸易总额

单位：万美元

年份	出口额	年份	出口额
1999	4 946.07	2002	8 709.22
2000	6 365.38	2003	8 027.46
2001	6 356.70	2004	9 356.30

（续）

年份	出口额	年份	出口额
2005	15 714.66	2012	63 556.56
2006	17 475.08	2013	82 951.28
2007	17 654.41	2014	62 215.77
2008	19 740.57	2015	75 882.55
2009	17 026.71	2016	80 193.75
2010	27 879.11	2017	76 496.11
2011	52 851.61	2018	71 350.66

数据来源：UNComtrade 网站。

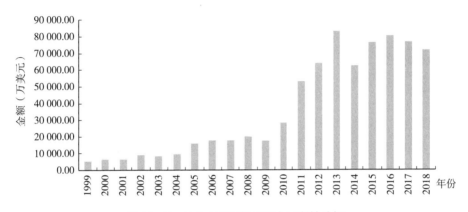

图 18-7　加拿大畜产品出口中国贸易总额

（五）水产品

加拿大出口中国贸易总额位列第五的农产品为水产品，1999—2018 年水产品的出口总额整体呈现上涨趋势，由 6 479.33 万美元增加至 93 686.25 万美元。2009 年后上涨趋势较为明显。2014—2018 年，水产品的出口总额由 49 550.82 万美元增加至 93 686.25 万美元，年均递增 13.59%，增幅达 89.07%（表 18-8、图 18-8）。

表 18-8　加拿大水产品出口中国贸易总额

单位：万美元

年份	出口额	年份	出口额
1999	6 479.33	2002	14 123.88
2000	7 817.52	2003	19 044.66
2001	7 687.16	2004	23 727.93

（续）

年份	出口额	年份	出口额
2005	27 318.18	2012	47 646.69
2006	25 025.54	2013	46 751.61
2007	23 618.27	2014	49 550.82
2008	25 732.61	2015	53 620.63
2009	21 014.48	2016	60 156.78
2010	29 787.05	2017	76 426.30
2011	39 225.43	2018	93 686.25

数据来源：UNComtrade 网站。

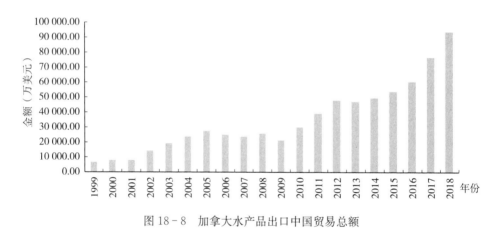

图 18-8　加拿大水产品出口中国贸易总额

（六）谷物

谷物在加拿大出口中国农产品贸易总额中位列第六，1999—2018 年由 6 836.69 万美元增加至 86 716.84 万美元。从表 18-9 和图 18-9 可见，谷物的出口总额出现两个顶峰。首先在 2004 年第一次出现顶峰，相比 2003 年增加了 54 282.39 万美元，之后谷物的出口总额开始下降，直到 2009 年回升之后开始波动上涨，2018 年谷物的出口总额突破 80 000 万美元，相较于 2017 年增加 41 804.53 万美元。近五年来年均递增 25.53%，增幅达 211.67%。

表 18-9　加拿大谷物出口中国贸易总额

单位：万美元

年份	出口额	年份	出口额
1999	6 836.69	2001	19 579.31
2000	13 225.22	2002	4 997.85

（续）

年份	出口额	年份	出口额
2003	4 754.58	2011	11 772.29
2004	59 036.97	2012	27 539.95
2005	31 139.85	2013	38 549.87
2006	10 830.22	2014	27 822.91
2007	9 599.28	2015	50 059.13
2008	5 415.89	2016	34 675.69
2009	15 348.13	2017	44 912.31
2010	16 345.35	2018	86 716.84

数据来源：UNComtrade 网站。

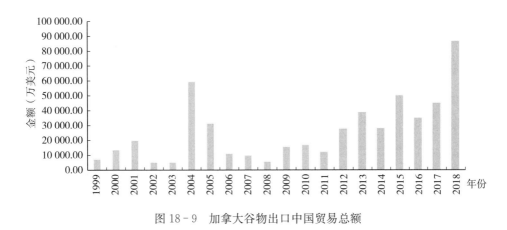

图 18 - 9　加拿大谷物出口中国贸易总额

（七）干豆（不含大豆）

加拿大出口中国贸易总额第七的农产品为干豆（不含大豆），1999—2018年由 335.10 万美元增加至 56 007.14 万美元。从表 18 - 10 和图 18 - 10 可见，2005 年之前，干豆（不含大豆）的出口贸易额较低，之后增长较为明显，2013 年接近 40 000 万美元。2014—2015 年出口贸易额略有下降，2015—2018年持续上涨，年均递增 14.29%，增幅达 94.99%。

表 18 - 10　加拿大干豆（不含大豆）出口中国贸易总额

单位：万美元

年份	出口额	年份	出口额
1999	335.10	2001	1 862.46
2000	1 382.30	2002	1 275.22

(续)

年份	出口额	年份	出口额
2003	503.36	2011	27 118.67
2004	1 136.93	2012	23 369.04
2005	4 282.90	2013	39 108.64
2006	5 228.81	2014	28 723.13
2007	7 236.04	2015	25 322.80
2008	6 693.45	2016	33 809.05
2009	9 361.07	2017	35 616.73
2010	16 711.40	2018	56 007.14

数据来源：UNComtrade 网站。

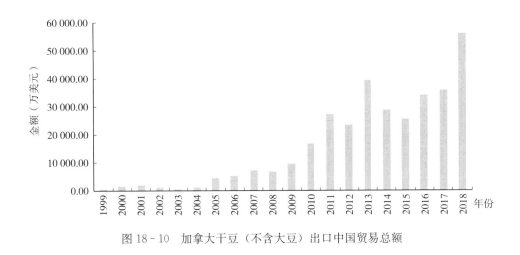

图 18 - 10　加拿大干豆（不含大豆）出口中国贸易总额

（八）饼粕

加拿大出口中国贸易总额第八的农产品为饼粕，1999—2018 年从零出口增加至 38 983.95 万美元。从表 18 - 11 和图 18 - 11 可见，2009 年前饼粕的出口总额非常少，之后出口总额有所增加，但增幅不大，由于出口基数较低，2013 年和 2015 年饼粕的出口总额仍然较少，仅有不到 0.5 万美元。2016 年起开始大幅增加，由 0.42 万美元增加至 16 440.51 万美元，直到 2018 年饼粕的出口总额达到 38 983.95 万美元。

表 18－11　加拿大饼粕出口中国贸易总额

单位：万美元

年份	出口额	年份	出口额
1999	0.00	2009	613.50
2000	3.44	2010	18 404.64
2001	0.00	2011	14 143.32
2002	0.00	2012	8 313.44
2003	3.22	2013	0.03
2004	3.69	2014	769.26
2005	2.03	2015	0.42
2006	1.39	2016	16 440.51
2007	7.94	2017	28 287.41
2008	26.32	2018	38 983.95

数据来源：UNComtrade 网站。

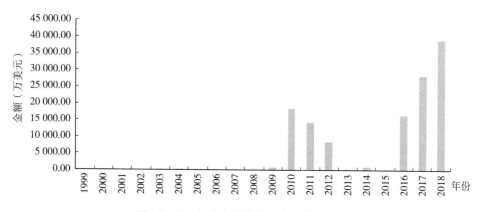

图 18－11　加拿大饼粕出口中国贸易总额

（九）粮食（薯类）

加拿大出口中国贸易总额第九的农产品为粮食（薯类），1999—2018 年共 77 485.34 万美元的出口额。从表 18－12 和图 18－12 可见，该产品的出口额较为特殊，仅在 2006 年有较高出口额，为 77 460.71 万美元，占粮食（薯类）出口总额的 99.97%。

表 18－12　加拿大粮食（薯类）出口中国贸易总额

单位：万美元

年份	出口额	年份	出口额
1999	0.00	2001	0.00
2000	0.00	2002	1.96

（续）

年份	出口额	年份	出口额
2003	0.00	2011	4.53
2004	0.00	2012	0.00
2005	3.39	2013	13.63
2006	77 460.71	2014	0.00
2007	0.00	2015	0.00
2008	0.00	2016	0.00
2009	0.00	2017	0.00
2010	0.83	2018	0.31

数据来源：UNComtrade 网站。

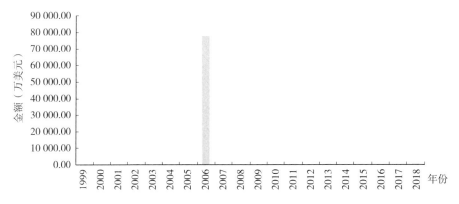

图 18 - 12　加拿大粮食（薯类）出口中国贸易总额

（十）水果

加拿大出口中国贸易总额第十的农产品为水果，1999—2018 年由 102.14 万美元增加至 10 733.42 万美元。从表 18 - 13 和图 18 - 13 可见，该农产品出口总额总体呈现上升趋势，但增长趋势始终较为平缓，直到 2018 年才开始大幅提升，突破 10 000 万美元。2014—2018 年，水果的出口总额由 6 433.05 万美元增加至 10 733.42 万美元，年均递增 10.78%，增幅达 66.85%。

表 18 - 13　加拿大水果出口中国贸易总额

单位：万美元

年份	出口额	年份	出口额
1999	102.14	2001	155.19
2000	43.42	2002	172.52

（续）

年份	出口额	年份	出口额
2003	262.64	2011	3 396.57
2004	1 036.63	2012	3 879.82
2005	1 278.62	2013	4 880.63
2006	1 571.05	2014	6 433.05
2007	1 777.71	2015	7 053.52
2008	1 687.97	2016	6 912.65
2009	1 860.59	2017	7 184.72
2010	2 614.28	2018	10 733.42

数据来源：UNComtrade 网站。

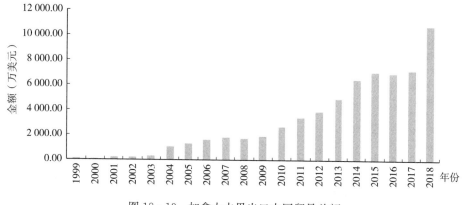

图 18-13　加拿大水果出口中国贸易总额

（十一）蔬菜

加拿大出口中国贸易总额第十一的农产品为蔬菜，1999—2018 年由 98.56 万美元增加至 3 212.61 万美元。从表 18-14 和图 18-14 可见，蔬菜的出口总额呈现波动上涨的态势。2009—2014 年出现较为明显的增长趋势，由 840.15 万美元增加至 4 703.35 万美元。之后五年有所下降，年均递降 7.34%，降幅为 31.7%。

表 18-14　加拿大蔬菜出口中国贸易总额

单位：万美元

年份	出口额	年份	出口额
1999	98.56	2001	490.94
2000	247.95	2002	870.12

（续）

年份	出口额	年份	出口额
2003	1 125.22	2011	1 642.00
2004	867.99	2012	2 063.05
2005	1 322.16	2013	2 657.06
2006	1 520.89	2014	4 703.35
2007	1 938.53	2015	3 639.93
2008	1 257.96	2016	3 287.00
2009	840.15	2017	2 535.98
2010	1 138.26	2018	3 212.61

数据来源：UNComtrade 网站。

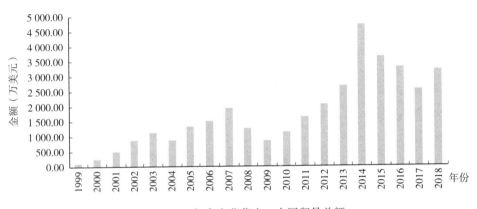

图 18-14　加拿大蔬菜出口中国贸易总额

（十二）饮品类

加拿大出口中国贸易总额第十二的农产品为饮品类，1999—2018 年由 7.55 万美元增加至 2 087.79 万美元。从表 18-15 和图 18-15 可见，自 2010 年起出口总额增长幅度加大，2015 年更是突破 2 500 万美元达到顶峰。之后呈现波动下降，由 2 602.58 万美元减少至 2 087.79 万美元，年均递减 5.36%，降幅为 19.78%。

表 18-15　加拿大饮品类出口中国贸易总额

单位：万美元

年份	出口额	年份	出口额
1999	7.55	2001	20.06
2000	18.14	2002	124.15

（续）

年份	出口额	年份	出口额
2003	65.65	2011	1 281.87
2004	177.57	2012	1 890.40
2005	112.44	2013	2 310.04
2006	226.86	2014	1 883.14
2007	317.54	2015	2 602.58
2008	298.12	2016	2 047.90
2009	520.86	2017	2 323.17
2010	1 014.41	2018	2 087.79

数据来源：UNComtrade 网站。

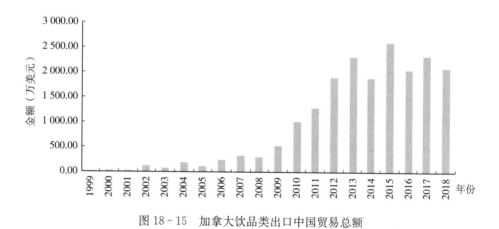

图 18－15　加拿大饮品类出口中国贸易总额

（十三）坚果

加拿大出口中国贸易总额第十三的农产品为坚果，1999—2018 年由 10.19 万美元增加至 2 207.70 万美元。从表 18－16 和图 18－16 可见，坚果的出口总额总体呈现波动上涨。2014—2018 年由 1 781.91 万美元增加至 2 207.70 万美元，年均递增 4.38%，增幅为 23.9%。

表 18－16　加拿大坚果出口中国贸易总额

单位：万美元

年份	出口额	年份	出口额
1999	10.19	2002	55.79
2000	23.83	2003	133.25
2001	15.51	2004	281.66

（续）

年份	出口额	年份	出口额
2005	751.19	2012	1 527.62
2006	1 241.80	2013	1 691.86
2007	1 402.65	2014	1 781.91
2008	1 006.67	2015	1 285.63
2009	727.21	2016	1 032.73
2010	996.55	2017	1 431.43
2011	1 603.87	2018	2 207.70

数据来源：UNComtrade 网站。

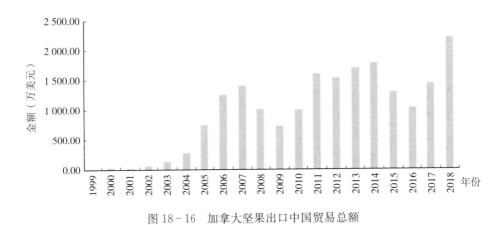

图 18-16　加拿大坚果出口中国贸易总额

（十四）糖料及糖类

　　加拿大出口中国贸易总额第十四的农产品为糖料及糖类，1999—2018 年由 7.2 万美元增加至 2 215.76 万美元。从表 18-17 和图 18-17 可见，该农产品出口总额总体呈现波动上涨。2014—2018 年由 1 619.73 万美元增加至 2 215.76 万美元，年均递增 6.47%，增幅为 36.8%。

表 18-17　加拿大糖料及糖类出口中国贸易总额

单位：万美元

年份	出口额	年份	出口额
1999	7.20	2003	736.26
2000	220.90	2004	221.09
2001	436.87	2005	163.46
2002	748.86	2006	283.62

（续）

年份	出口额	年份	出口额
2007	358.19	2013	1 254.74
2008	525.57	2014	1 619.73
2009	332.61	2015	1 685.38
2010	585.70	2016	1 183.75
2011	601.05	2017	1 942.89
2012	1 186.30	2018	2 215.76

数据来源：UNComtrade 网站。

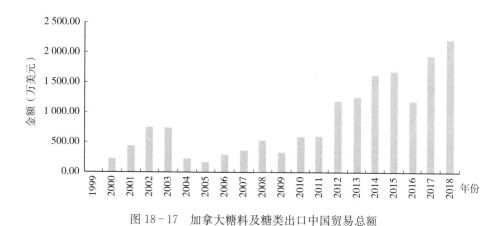

图 18 - 17　加拿大糖料及糖类出口中国贸易总额

（十五）棉麻丝

加拿大出口中国贸易总额第十五的农产品为棉麻丝，1999—2018 年由 7.03 万美元增加至 928.94 万美元。从表 18 - 18 和图 18 - 18 可见，棉麻丝的出口总额呈现波动上涨，2014 年后有所下降。2014—2018 年由 1 326.54 万美元减少至 928.94 万美元，年均递减 6.88％，降幅为 29.97％。

表 18 - 18　加拿大棉麻丝出口中国贸易总额

单位：万美元

年份	出口额	年份	出口额
1999	7.03	2004	135.42
2000	36.08	2005	409.45
2001	33.21	2006	369.44
2002	226.85	2007	417.54
2003	159.40	2008	492.86

(续)

年份	出口额	年份	出口额
2009	415.95	2014	1 326.54
2010	542.53	2015	1 306.32
2011	598.82	2016	747.35
2012	752.87	2017	1 089.46
2013	832.16	2018	928.94

数据来源：UNComtrade 网站。

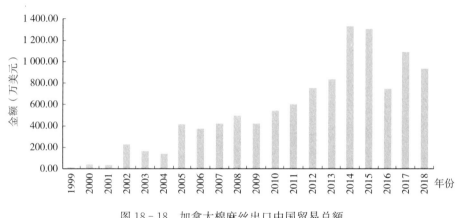

图 18-18　加拿大棉麻丝出口中国贸易总额

（十六）药材

加拿大出口中国贸易总额第十六的农产品为药材，1999—2018 年由
210.22 万美元增加至 783.50 万美元。从表 18-19 和图 18-19 可见，药材的
出口总额波动幅度较大。2001 年达到 905.53 万美元的最高值后大幅下降。
2003—2007 年逐年下降，由 740.11 万美元减少至 217.32 万美元。2008 年有
所回升后继续下降，直到 2013 年药材的出口总额才呈现出较为明显的上涨趋
势。2014—2018 年，出口总额由 207.99 万美元增加至 783.50 万美元，年均递
增 30.38%，增幅达 276.69%。

表 18-19　加拿大药材出口中国贸易总额

单位：万美元

年份	出口额	年份	出口额
1999	210.22	2001	905.53
2000	380.16	2002	344.90

（续）

年份	出口额	年份	出口额
2003	740.11	2011	271.43
2004	606.50	2012	109.05
2005	348.87	2013	538.06
2006	348.95	2014	207.99
2007	217.32	2015	382.43
2008	505.10	2016	677.90
2009	317.28	2017	736.53
2010	56.48	2018	783.50

数据来源：UNComtrade 网站。

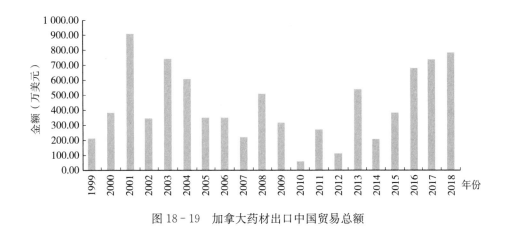

图 18-19　加拿大药材出口中国贸易总额

（十七）粮食制品

加拿大出口中国贸易总额第十七的农产品为粮食制品，1999—2018 年由 15.08 万美元增加至 276.66 万美元。从表 18-20 和图 18-20 可见，粮食制品的出口总额波动幅度较大，并出现两个峰值。2004 年突破 400 万美元后开始下降。2004—2009 年粮食制品由 414.98 万美元降低至 17.74 万美元。2009 年之后开始上升。2009—2016 年由 17.74 万美元增加至 606.09 万美元，之后 2 年又有所下降。2014—2018 年，粮食制品的出口总额年均递减 2.33%，降幅为 11.14%。

表 18 - 20   加拿大粮食制品出口中国贸易总额

单位：万美元

年份	出口额	年份	出口额
1999	15.08	2009	17.74
2000	5.71	2010	31.76
2001	100.42	2011	67.63
2002	44.69	2012	58.11
2003	198.91	2013	84.34
2004	414.98	2014	311.35
2005	278.02	2015	498.50
2006	217.06	2016	606.09
2007	60.31	2017	359.81
2008	21.45	2018	276.66

数据来源：UNComtrade 网站。

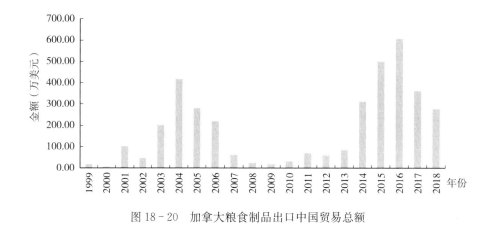

图 18 - 20   加拿大粮食制品出口中国贸易总额

（十八）精油

加拿大出口中国贸易总额第十八的农产品为精油，1999—2018 年由 5.97 万美元增加至 44.31 万美元。从表 18 - 21 和图 18 - 21 可见，精油的出口总额整体呈现递减趋势。20 年间仅在 2001 年突破 100 万美元。2009 年后 10 年的出口总额整体低于 10 年前。2014 年后开始小幅波动上涨，2014— 2018 年由 10.07 万美元增加至 44.31 万美元，年均递增 34.49%，增幅为 340%。

表 18 - 21　加拿大精油出口中国贸易总额

单位：万美元

年份	出口额	年份	出口额
1999	5.97	2009	6.33
2000	0.12	2010	7.75
2001	187.96	2011	9.16
2002	8.12	2012	8.69
2003	69.54	2013	9.42
2004	56.17	2014	10.07
2005	29.93	2015	25.22
2006	34.99	2016	10.75
2007	57.88	2017	25.39
2008	32.94	2018	44.31

数据来源：UNComtrade 网站。

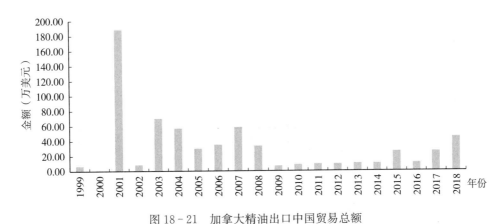

图 18 - 21　加拿大精油出口中国贸易总额

（十九）花卉

加拿大出口中国贸易总额第十九的农产品为花卉。从表 18 - 22 和图 18 - 22 可见，该产品的出口总额集中于 1999—2008 年，其中 2005 年突破 100 万美元 并达到最高值，2009 年后花卉的出口总额较低，2018 年时甚至为 0 美元。

表 18 - 22　加拿大花卉出口中国贸易总额

单位：万美元

年份	出口额	年份	出口额
1999	0.69	2001	17.80
2000	7.50	2002	1.81

(续)

年份	出口额	年份	出口额
2003	29.62	2011	8.93
2004	58.09	2012	1.75
2005	129.05	2013	0.00
2006	97.30	2014	0.97
2007	35.54	2015	0.00
2008	31.80	2016	2.26
2009	15.81	2017	1.31
2010	6.32	2018	0.00

数据来源：UNComtrade 网站。

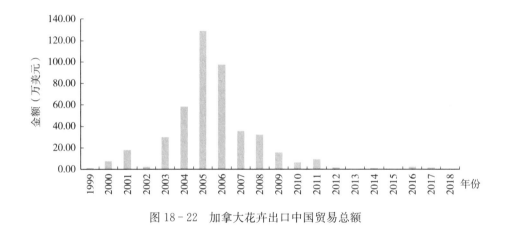

图 18 - 22　加拿大花卉出口中国贸易总额

(二十) 调味香料

加拿大出口中国贸易总额最低的农产品为调味香料。从表 18 - 23 和图 18 - 23 可见，1999—2018 年共出口 68.18 万美元，2017 年首次突破 10 万美元。总体而言调味香料的出口总额较低，出口竞争力较弱。

表 18 - 23　加拿大调味香料出口中国贸易总额

单位：万美元

年份	出口额	年份	出口额
1999	0.00	2003	2.97
2000	0.00	2004	4.31
2001	0.00	2005	2.87
2002	1.55	2006	8.72

（续）

年份	出口额	年份	出口额
2007	4.16	2013	4.32
2008	4.12	2014	2.17
2009	3.48	2015	0.00
2010	1.32	2016	2.43
2011	3.66	2017	14.17
2012	6.36	2018	1.57

数据来源：UNComtrade 网站。

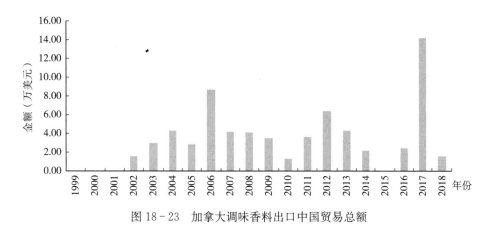

图 18-23　加拿大调味香料出口中国贸易总额

第三节　加拿大进口中国农产品情况

一、进口总体状况及变动

从加拿大农产品进口中国的总体状况来看（表 18-24），2014—2018 年加拿大进口中国农产品总额处于增长趋势，由 18.12 亿美元增加至 19.69 亿美元，农产品进口占比由 3.5% 增加至 3.73%，加拿大对中国农产品进口贸易总额低于加拿大对中国农产品出口贸易总额，两国农产品贸易结构呈现出一定的互补性。

表 18-24　加拿大对中国农产品进口贸易状况

单位：亿美元、%

年份	加拿大农产品进口额	加拿大对中国农产品进口额	农产品进口占比
2014	518.04	18.12	3.50
2015	498.62	17.30	3.47

（续）

年份	加拿大农产品进口额	加拿大对中国农产品进口额	农产品进口占比
2016	493.01	17.69	3.59
2017	511.19	18.52	3.62
2018	528.25	19.69	3.73

数据来源：UNComtrade 网站。

二、进口农产品结构

根据乌拉圭回合农业协议界定，加拿大进口农产品范围（HS 产品口径）包括谷物、棉麻丝、油籽、植物油、饮品类、蔬菜、水果、畜产品、水产品等 20 大类。1999—2018 年进口中国农产品状况见表 18-25。

分析加拿大进口中国农产品贸易结构可知，1999—2018 年加拿大进口农产品依次为水产品、蔬菜、其他农产品、水果、油籽、坚果、粮食制品、糖料及糖类、饮品类、畜产品、药材、调味香料、干豆（不含大豆）、粮食（薯类）、植物油、谷物、棉麻丝、花卉、饼粕、精油。

表 18-25 加拿大对中国农产品进口贸易状况

单位：亿美元、%

年份	谷物	棉麻丝	油籽	植物油	糖料及糖类	饮品类	蔬菜	水果	坚果	花卉
1999	59.68	51.16	1 098.75	259.49	710.46	444.06	4 559.14	3 074.83	1 457.17	76.16
2000	103.20	48.85	1 057.56	175.55	785.20	483.67	6 186.63	4 005.29	1 552.03	78.63
2001	84.36	96.60	1 735.35	139.98	982.91	504.53	5 500.54	3 988.40	1 968.89	86.99
2002	114.11	142.83	1 644.41	88.50	999.39	661.89	6 327.40	5 011.58	1 941.16	171.04
2003	168.22	126.65	3 220.46	199.27	1 228.52	756.51	8 327.21	5 720.05	2 490.87	207.08
2004	197.62	188.17	2 802.07	176.10	1 364.16	896.31	10 143.42	6 930.82	2 832.75	165.27
2005	186.62	177.59	4 823.76	191.46	1 951.63	1 277.29	12 755.25	9 823.97	4 044.63	105.19
2006	192.55	124.81	4 508.79	241.47	2 679.89	1 810.37	14 969.38	12 114.04	4 597.09	149.89
2007	1 013.13	186.83	6 480.68	438.59	3 044.39	2 096.27	20 864.12	14 257.32	5 260.43	184.54
2008	429.27	227.76	9 220.74	347.32	3 420.13	2 386.51	25 095.09	18 409.87	7 749.27	250.04
2009	279.39	402.88	9 284.04	338.46	3 399.05	2 334.30	23 735.62	16 995.56	8 632.07	206.89
2010	290.95	570.09	9 509.66	334.01	4 253.42	2 691.25	27 449.27	16 757.65	8 410.17	265.72
2011	348.34	413.57	10 254.30	524.15	4 777.82	3 055.89	30 379.02	19 677.69	9 072.96	288.98

（续）

年份	谷物	棉麻丝	油籽	植物油	糖料及糖类	饮品类	蔬菜	水果	坚果	花卉
2012	335.55	414.56	11 856.11	658.49	4 402.06	3 526.71	32 018.89	22 083.56	9 736.80	258.56
2013	326.93	273.70	10 232.15	533.12	4 435.37	4 113.60	30 975.79	20 603.22	9 680.34	274.96
2014	486.08	336.96	9 763.16	528.43	5 034.53	4 020.95	31 692.17	18 827.93	10 073.52	276.52
2015	568.85	385.58	9 288.43	1 654.52	5 545.82	4 061.41	30 523.31	17 299.04	9 966.44	306.71
2016	590.61	766.56	9 642.45	1 377.45	5 028.78	4 101.19	32 063.87	17 733.95	9 535.70	296.67
2017	694.12	369.22	10 015.54	536.44	5 576.20	4 532.14	35 173.49	18 660.95	9 654.79	336.36
2018	925.97	329.88	10 860.48	575.24	5 756.32	5 375.28	34 406.48	21 341.68	10 620.09	310.30

年份	饼粕	干豆（不含大豆）	水产品	畜产品	调味香料	精油	粮食制品	粮食（薯类）	药材	其他农产品
1999	0.00	214.54	6 311.80	1 283.61	184.20	57.44	1 257.05	157.81	800.94	3 152.41
2000	0.36	214.75	7 704.56	1 278.64	282.43	45.49	1 231.44	204.15	812.28	3 612.16
2001	6.58	323.23	8 476.25	1 280.75	260.06	42.17	1 320.03	223.13	847.74	3 529.31
2002	8.98	546.74	10 924.85	1 190.27	275.68	48.57	1 557.76	233.28	1 174.65	4 492.09
2003	14.17	283.13	15 773.39	1 182.71	323.15	63.75	2 010.57	239.55	1 341.52	6 030.61
2004	1.20	293.98	22 747.16	1 966.93	751.61	82.26	2 167.35	274.70	1 337.33	6 840.24
2005	18.49	459.19	30 756.77	1 969.27	655.24	103.42	2 378.57	407.88	1 544.04	8 970.99
2006	14.80	494.13	35 578.80	1 549.37	493.30	100.08	2 996.94	506.78	1 955.46	10 122.74
2007	27.63	580.01	36 614.60	1 903.87	633.78	124.48	3 479.41	506.78	1 288.57	11 136.27
2008	46.55	725.77	37 470.84	2 053.03	915.06	120.25	4 235.07	609.33	1 744.97	14 955.62
2009	7.56	699.44	40 223.15	2 279.67	942.95	123.66	4 495.22	687.92	1 791.38	17 217.30
2010	38.48	803.61	44 952.19	2 736.18	1 516.69	162.59	4 934.06	683.05	2 001.24	20 155.30
2011	51.81	1 100.40	51 887.25	2 876.19	1 233.05	209.87	5 782.56	681.10	2 264.40	22 903.57
2012	258.43	1 048.60	50 435.87	2 927.38	1 011.77	254.34	6 076.66	775.25	2 175.69	24 564.78
2013	266.53	798.14	51 515.10	2 629.95	1 657.94	331.82	6 190.83	841.08	2 251.05	26 619.42
2014	607.16	961.20	55 191.40	3 967.93	3 168.93	439.96	6 945.00	747.52	2 201.13	25 963.54
2015	801.64	1 108.12	49 116.51	3 439.01	1 930.58	268.03	7 574.02	848.77	2 862.18	25 450.80
2016	779.78	1 123.36	52 758.24	4 190.32	1 396.51	282.53	7 199.56	894.41	2 399.26	24 711.13
2017	637.08	1 459.20	54 608.52	2 978.17	2 132.02	471.58	6 238.74	984.40	1 997.06	28 143.14
2018	644.69	1 076.49	56 158.51	2 954.28	2 347.26	613.21	6 468.48	999.25	1 922.54	33 222.26

数据来源：UNComtrade 网站。

（一）水产品

在 1999—2018 年这 20 年间，水产品进口总额位列第一。从表 18-26 和图 18-24 可见，水产品的进口总额由 6 311.80 万美元增加至 56 158.51 万美元，进口总额逐年递增。1999—2011 年，水产品的进口总额始终处于上涨的状态，2011 年后略有波动。2015—2018 年水产品的进口总额开始回升，由 49 116.51 万美元增长至 56 158.51 万美元，年均递增 1.14%，增幅为 14.34%，增长速度较为缓慢。

表 18-26　加拿大水产品进口中国贸易总额

单位：万美元

年份	进口额	年份	进口额
1999	6 311.80	2009	40 223.15
2000	7 704.56	2010	44 952.19
2001	8 476.25	2011	51 887.25
2002	10 924.85	2012	50 435.87
2003	15 773.39	2013	51 515.10
2004	22 747.16	2014	55 191.40
2005	30 756.77	2015	49 116.51
2006	35 578.80	2016	52 758.24
2007	36 614.60	2017	54 608.52
2008	37 470.84	2018	56 158.51

数据来源：UNComtrade 网站。

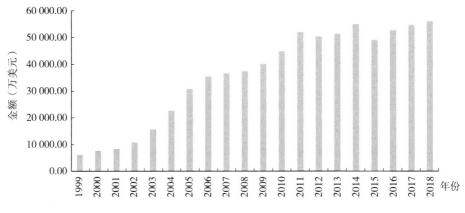

图 18-24　加拿大水产品进口中国贸易总额

（二）蔬菜

加拿大进口中国贸易总额第二的农产品为蔬菜，20 年间由 4 559.14 万美元增加至 34 406.48 万美元。从表 18 - 27 和图 18 - 25 可见，蔬菜的进口总额总体呈现上升趋势。2001—2008 年蔬菜的进口总额由 5 500.54 万美元增加至 25 095.09 万美元。2008 年后蔬菜的进口总额略有下降，之后开始波动上涨。2014—2018 年，蔬菜的进口总额由 31 692.17 万美元增加至 34 406.48 万美元，年均递增 1.66%，增幅为 8.56%。

表 18 - 27　加拿大蔬菜进口中国贸易总额

单位：万美元

年份	进口额	年份	进口额
1999	4 559.14	2009	23 735.62
2000	6 186.63	2010	27 449.27
2001	5 500.54	2011	30 379.02
2002	6 327.40	2012	32 018.89
2003	8 327.21	2013	30 975.79
2004	10 143.42	2014	31 692.17
2005	12 755.25	2015	30 523.31
2006	14 969.38	2016	32 063.87
2007	20 864.12	2017	35 173.49
2008	25 095.09	2018	34 406.48

数据来源：UNComtrade 网站。

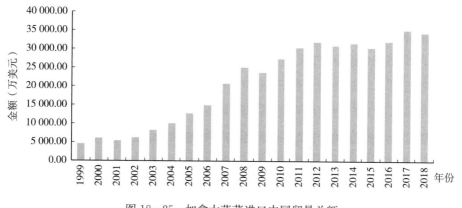

图 18 - 25　加拿大蔬菜进口中国贸易总额

（三）其他农产品

加拿大进口中国贸易总额第三的农产品为其他农产品，20 年间由
3 152.41 万美元增加至 33 222.26 万美元。从表 18-28 和图 18-26 可见，其
他农产品的进口总额呈现逐年增长的趋势。2001—2013 年其他农产品的进口
总额持续增加，由 3 529.31 万美元增加至 26 619.42 万美元。2013—2016 年
其他农产品的进口总额有所下降，由 26 619.42 万美元减少至 24 711.13 万美
元。2016 年后其他农产品的进口总额开始回升，由 28 143.14 万美元增加至
33 222.26 万美元。

表 18-28　加拿大其他农产品进口中国贸易总额

单位：万美元

年份	进口额	年份	进口额
1999	3 152.41	2009	17 217.30
2000	3 612.16	2010	20 155.30
2001	3 529.31	2011	22 903.57
2002	4 492.09	2012	24 564.78
2003	6 030.61	2013	26 619.42
2004	6 840.24	2014	25 963.54
2005	8 970.99	2015	25 450.80
2006	10 122.74	2016	24 711.13
2007	11 136.27	2017	28 143.14
2008	14 955.62	2018	33 222.26

数据来源：UNComtrade 网站。

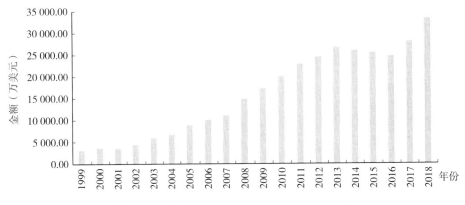

图 18-26　加拿大其他农产品进口中国贸易总额

（四）水果

加拿大进口中国贸易总额第四的农产品为水果，20 年间由 3 074.83 万美元增加至 21 341.68 万美元。从表 18-29 和图 18-27 可见，水果的进口总额呈现波动上涨的趋势。2001—2008 年水果的进口总额逐年增加，由 3 988.40 万美元增加至 18 409.87 万美元，之后 10 年波动上涨。2014—2018 年，水果的进口总额由 18 827.93 万美元增加至 21 341.68 万美元，年均递增 2.54%，增幅为 13.35%。

表 18-29　加拿大水果进口中国贸易总额

单位：万美元

年份	进口额	年份	进口额
1999	3 074.83	2009	16 995.56
2000	4 005.29	2010	16 757.65
2001	3 988.40	2011	19 677.69
2002	5 011.58	2012	22 083.56
2003	5 720.05	2013	20 603.22
2004	6 930.82	2014	18 827.93
2005	9 823.97	2015	17 299.04
2006	12 114.04	2016	17 733.95
2007	14 257.32	2017	18 660.95
2008	18 409.87	2018	21 341.68

数据来源：UNComtrade 网站。

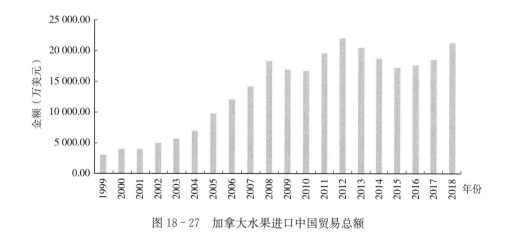

图 18-27　加拿大水果进口中国贸易总额

（五）油籽

加拿大进口中国贸易总额第五的农产品为油籽，20 年间由 1 098.75 万美元增加至 10 860.48 万美元。从表 18-30 和图 18-28 可见，油籽的进口总额呈现波动上涨的趋势。2012 年油籽的进口总额达到最高值，接近 12 000 万美元。2013—2015 年油籽的进口总额有所下降，由 10 232.15 万美元减少至 9 288.43 万美元。2015 年后油籽的进口总额有所提升，由 9 288.43 万美元增加至 10 860.48 万美元，年均递增 3.99%，增幅为 16.92%。

表 18-30　加拿大油籽进口中国贸易总额

单位：万美元

年份	进口额	年份	进口额
1999	1 098.75	2009	9 284.04
2000	1 057.56	2010	9 509.66
2001	1 735.35	2011	10 254.30
2002	1 644.41	2012	11 856.11
2003	3 220.46	2013	10 232.15
2004	2 802.07	2014	9 763.16
2005	4 823.76	2015	9 288.43
2006	4 508.79	2016	9 642.45
2007	6 480.68	2017	10 015.54
2008	9 220.74	2018	10 860.48

数据来源：UNComtrade 网站。

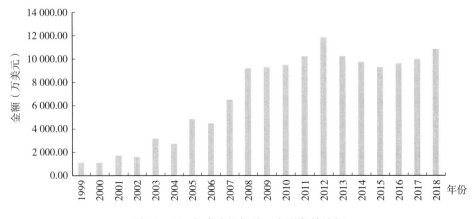

图 18-28　加拿大油籽进口中国贸易总额

（六）坚果

加拿大进口中国贸易总额第六的农产品为坚果，20 年间由 1 457.17 万美元增加至 10 620.09 万美元。从表 18-31 和图 18-29 可见，坚果的进口总额呈现上涨趋势。但是 2010—2017 年，坚果的进口总额增长缓慢，仅增加了 1 244.62 万美元。2017—2018 年增长幅度较大，由 9 654.79 万美元增加至 10 620.09 万美元。

表 18-31　加拿大坚果进口中国贸易总额

单位：万美元

年份	进口额	年份	进口额
1999	1 457.17	2009	8 632.07
2000	1 552.03	2010	8 410.17
2001	1 968.89	2011	9 072.96
2002	1 941.16	2012	9 736.80
2003	2 490.87	2013	9 680.34
2004	2 832.75	2014	10 073.52
2005	4 044.63	2015	9 966.44
2006	4 597.09	2016	9 535.70
2007	5 260.43	2017	9 654.79
2008	7 749.27	2018	10 620.09

数据来源：UNComtrade 网站。

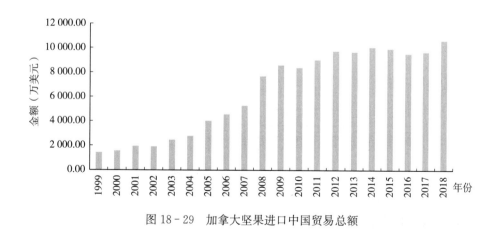

图 18-29　加拿大坚果进口中国贸易总额

（七）粮食制品

加拿大进口中国贸易总额第七的农产品为粮食制品，20 年间由 1 257.05

万美元增加至 6 468.48 万美元。从表 18-32 和图 18-30 可见，1999—2015 年粮食制品的进口总额持续增加，2015 年达到最高值后有所下降。2015—2018 年粮食制品的进口总额由 7 574.02 万美元减少至 6 468.48 万美元，年均递减 3.87%，降幅为 14.6%。

表 18-32　加拿大粮食制品进口中国贸易总额

单位：万美元

年份	进口额	年份	进口额
1999	1 257.05	2009	4 495.22
2000	1 231.44	2010	4 934.06
2001	1 320.03	2011	5 782.56
2002	1 557.76	2012	6 076.66
2003	2 010.57	2013	6 190.83
2004	2 167.35	2014	6 945.00
2005	2 378.57	2015	7 574.02
2006	2 996.94	2016	7 199.56
2007	3 479.41	2017	6 238.74
2008	4 235.07	2018	6 468.48

数据来源：UNComtrade 网站。

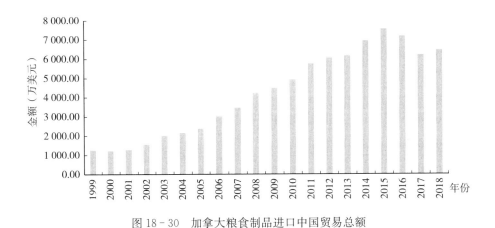

图 18-30　加拿大粮食制品进口中国贸易总额

(八) 糖料及糖类

加拿大进口中国贸易总额第八的农产品为糖料及糖类，20 年间由 710.46 万美元增加至 5 756.32 万美元。从表 18-33 和图 18-31 可见，糖料及糖类的进口总额波动上升。2014—2018 年，糖料及糖类的进口总额由 5 034.53 万美元增加至 5 756.32 万美元，年均递增 2.72%，增幅为 14.34%。

表 18 - 33　加拿大糖料及糖类进口中国贸易总额

单位：万美元

年份	进口额	年份	进口额
1999	710.46	2009	3 399.05
2000	785.20	2010	4 253.42
2001	982.91	2011	4 777.82
2002	999.39	2012	4 402.06
2003	1 228.52	2013	4 435.37
2004	1 364.16	2014	5 034.53
2005	1 951.63	2015	5 545.82
2006	2 679.89	2016	5 028.78
2007	3 044.39	2017	5 576.20
2008	3 420.13	2018	5 756.32

数据来源：UNComtrade 网站。

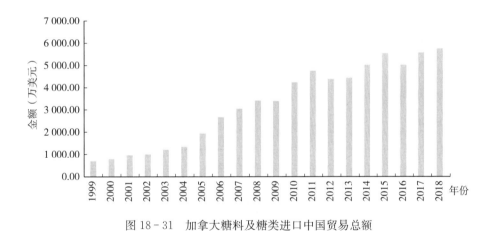

图 18 - 31　加拿大糖料及糖类进口中国贸易总额

（九）饮品类

加拿大进口中国贸易总额第九的农产品为饮品类，20 年间由 444.06 万美元增加至 5 375.28 万美元。从表 18 - 34 和图 18 - 32 可见，饮品类的进口总额逐年增加。2013 年，饮品类的进口总额突破 4 000 万美元，达到 4 113.60 万美元。2013—2017 年，饮品类的进口总额增长较为缓慢，由 4 113.60 万美元增加至 4 532.14 万美元。2018 年饮品类的进口总额大幅增加，相较于 2017 年增加了 843.14 万美元，增加了 18.60%。

表 18 - 34　加拿大饮品类进口中国贸易总额

单位：万美元

年份	进口额	年份	进口额
1999	444.06	2009	2 334.30
2000	483.67	2010	2 691.25
2001	504.53	2011	3 055.89
2002	661.89	2012	3 526.71
2003	756.51	2013	4 113.60
2004	896.31	2014	4 020.95
2005	1 277.29	2015	4 061.41
2006	1 810.37	2016	4 101.19
2007	2 096.27	2017	4 532.14
2008	2 386.51	2018	5 375.28

数据来源：UNComtrade 网站。

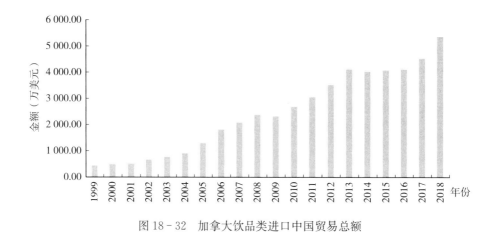

图 18 - 32　加拿大饮品类进口中国贸易总额

（十）畜产品

加拿大进口中国贸易总额第十的农产品为畜产品，20 年间由 1 283.61 万美元增加至 2 954.28 万美元。从表 18 - 35 和图 18 - 33 可见，2006—2012 年，畜产品的进口总额逐年增加，由 1 549.37 万美元增加至 2 927.38 万美元。2013 年畜产品的进口总额有所下降，2014 年开始大幅提高，由 2 629.95 万美元增加至 3 967.93 万美元。2016 年畜产品的进口总额达到最高值，为 4 190.32 万美元。之后 2 年又开始下降，由 4 190.32 万美元减少至 2 954.28 万美元。

表 18-35 加拿大畜产品进口中国贸易总额

单位：万美元

年份	进口额	年份	进口额
1999	1 283.61	2009	2 279.67
2000	1 278.64	2010	2 736.18
2001	1 280.75	2011	2 876.19
2002	1 190.27	2012	2 927.38
2003	1 182.71	2013	2 629.95
2004	1 966.93	2014	3 967.93
2005	1 969.27	2015	3 439.01
2006	1 549.37	2016	4 190.32
2007	1 903.87	2017	2 978.17
2008	2 053.03	2018	2 954.28

数据来源：UNComtrade 网站。

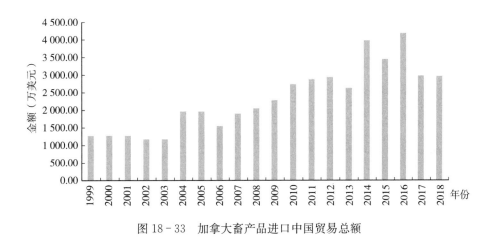

图 18-33 加拿大畜产品进口中国贸易总额

（十一）药材

加拿大进口中国贸易总额第十一的农产品为药材，20 年间由 800.94 万美元增加至 1 922.54 万美元。从表 18-36 和图 18-34 可见，2015 年之前，药材的进口总额呈现波动上涨的趋势，并且 2015 年药材的进口总额达到最高值为 2 862.18 万美元。2015 年后，药材的进口总额开始下降，由 2 862.18 万美元减少至 1 922.54 万美元，年均递减 9.47%，降幅为 32.83%。

表 18 - 36　加拿大药材进口中国贸易总额

单位：万美元

年份	进口额	年份	进口额
1999	800.94	2009	1 791.38
2000	812.28	2010	2 001.24
2001	847.74	2011	2 264.40
2002	1 174.65	2012	2 175.69
2003	1 341.52	2013	2 251.05
2004	1 337.33	2014	2 201.13
2005	1 544.04	2015	2 862.18
2006	1 955.46	2016	2 399.26
2007	1 288.57	2017	1 997.06
2008	1 744.97	2018	1 922.54

数据来源：UNComtrade 网站。

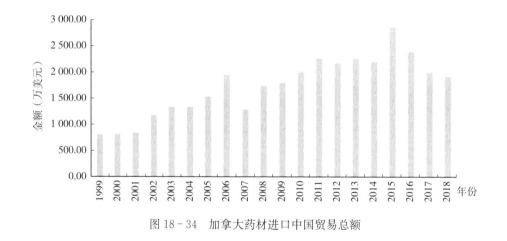

图 18 - 34　加拿大药材进口中国贸易总额

（十二）调味香料

加拿大进口中国贸易总额第十二的农产品为调味香料，20 年间由 184.20 万美元增加至 2 347.26 万美元。从表 18 - 37 和图 18 - 35 可见，调味香料的进口总额虽然呈现增长趋势，但是 2009 年前，调味香料的进口总额较少，始终未超过 1 000 万美元。2014 年调味香料的进口总额超过 3 000 万美元达到顶峰，为 3 168.93 万美元。2014—2016 年调味香料的进口总额大幅减少，由 3 168.93 万美元减少至 1 396.51 万美元。2016 年后调味香料的进口总额开始回升，由 1 396.51 万美元增加至 2 347.26 万美元，年均递增 18.9%，增幅达 68.08%。

表 18 - 37 加拿大调味香料进口中国贸易总额

单位：万美元

年份	进口额	年份	进口额
1999	184.20	2009	942.95
2000	282.43	2010	1 516.69
2001	260.06	2011	1 233.05
2002	275.68	2012	1 011.77
2003	323.15	2013	1 657.94
2004	751.61	2014	3 168.93
2005	655.24	2015	1 930.58
2006	493.30	2016	1 396.51
2007	633.78	2017	2 132.02
2008	915.06	2018	2 347.26

数据来源：UNComtrade 网站。

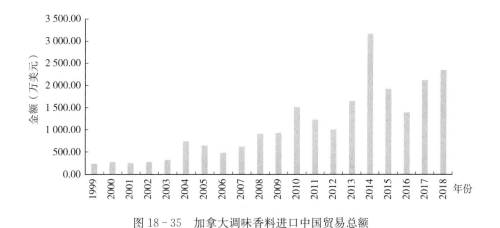

图 18 - 35 加拿大调味香料进口中国贸易总额

（十三）干豆（不含大豆）

加拿大进口中国贸易总额第十三的农产品为干豆（不含大豆），20 年间由 214.54 万美元增加至 1 076.49 万美元。从表 18 - 38 和图 18 - 36 可见，干豆（不含大豆）的进口总额呈现波动上涨的趋势。2011—2013 年，干豆（不含大豆）的进口总额有所下降，由 1 100.40 万美元减少至 798.14 万美元。2013—2017 年干豆（不含大豆）的进口总额开始增加，由 798.14 万美元增加至

1 459.20 万美元。2018 年干豆（不含大豆）的进口总额开始大幅减少，由 1 459.20 万美元减少至 1 076.49 万美元，减少了 26.23%。

表 18 - 38　加拿大干豆（不含大豆）进口中国贸易总额

单位：万美元

年份	进口额	年份	进口额
1999	214.54	2009	699.44
2000	214.75	2010	803.61
2001	323.23	2011	1 100.40
2002	546.74	2012	1 048.60
2003	283.13	2013	798.14
2004	293.98	2014	961.20
2005	459.19	2015	1 108.12
2006	494.13	2016	1 123.36
2007	580.01	2017	1 459.20
2008	725.77	2018	1 076.49

数据来源：UNComtrade 网站。

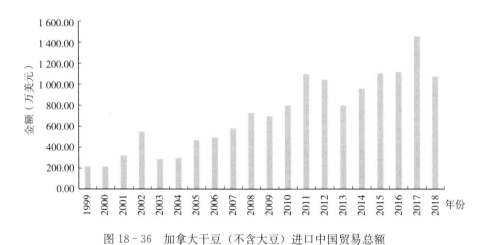

图 18 - 36　加拿大干豆（不含大豆）进口中国贸易总额

（十四）粮食（薯类）

加拿大进口中国贸易总额第十四的农产品为粮食（薯类），20 年间由 157.81 万美元增加至 999.25 万美元。从表 18 - 39 和图 18 - 37 可见，粮食（薯类）的进口总额呈现波动上涨的趋势。2014—2018 年，粮食（薯类）的进口总额持续上涨，由 747.52 万美元增加至 999.25 万美元，年均递增 5.98%，增幅为 33.67%。

表 18 - 39 加拿大粮食（薯类）进口中国贸易总额

单位：万美元

年份	进口额	年份	进口额
1999	157.81	2009	687.92
2000	204.15	2010	683.05
2001	223.13	2011	681.10
2002	233.28	2012	775.25
2003	239.55	2013	841.08
2004	274.70	2014	747.52
2005	407.88	2015	848.77
2006	506.78	2016	894.41
2007	506.78	2017	984.40
2008	609.33	2018	999.25

数据来源：UNComtrade 网站。

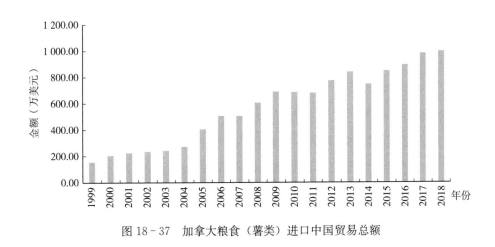

图 18 - 37 加拿大粮食（薯类）进口中国贸易总额

（十五）植物油

加拿大进口中国贸易总额第十五的农产品为植物油，20 年间由 259.49 万美元增加至 575.24 万美元。从表 18 - 40 和图 18 - 38 可见，1999—2014 年，植物油的进口总额波动较为平缓。2015 年大幅提高并达到顶峰，为 1 654.52 万美元。2015—2018 年植物油的进口总额开始下降，由 1 654.52 万美元减少至 575.24 万美元，年均递减 23.21%，降幅达 65.23%。

表 18 - 40　加拿大植物油进口中国贸易总额

单位：万美元

年份	进口额	年份	进口额
1999	259.49	2009	338.46
2000	175.55	2010	334.01
2001	139.98	2011	524.15
2002	88.50	2012	658.49
2003	199.27	2013	533.12
2004	176.10	2014	528.43
2005	191.46	2015	1 654.52
2006	241.47	2016	1 377.45
2007	438.59	2017	536.44
2008	347.32	2018	575.24

数据来源：UNComtrade 网站。

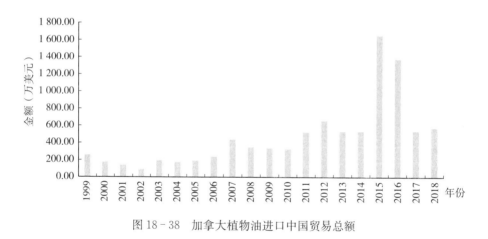

图 18 - 38　加拿大植物油进口中国贸易总额

（十六）谷物

　　加拿大进口中国贸易总额第十六的农产品为谷物，20 年间由 59.68 万美元增加至 925.97 万美元。从表 18 - 41 和图 18 - 39 可见，谷物的进口总额出现两个峰值。1999—2006 年，谷物的进口总额增长缓慢，直到 2007 年突破 1 000 万美元，谷物的进口总额达到 1 013.13 万美元。之后开始大幅减少，谷物的进口总额降低至 429.27 万美元。2009—2013 年，谷物的进口总额开始缓慢增长，2013 年之后进口总额逐年增加。2014—2018 年谷物的进口总额由 486.08 万美元增加至 925.97 万美元，年均递增 13.76%，增幅达 90.50%。

表 18 - 41　加拿大谷物进口中国贸易总额

单位：万美元

年份	进口额	年份	进口额
1999	59.68	2009	279.39
2000	103.20	2010	290.95
2001	84.36	2011	348.34
2002	114.11	2012	335.55
2003	168.22	2013	326.93
2004	197.62	2014	486.08
2005	186.62	2015	568.85
2006	192.55	2016	590.61
2007	1 013.13	2017	694.12
2008	429.27	2018	925.97

数据来源：UNComtrade 网站。

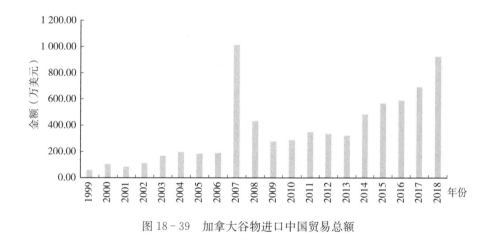

图 18 - 39　加拿大谷物进口中国贸易总额

（十七）棉麻丝

加拿大进口中国贸易总额第十七的农产品为棉麻丝，20 年间由 51.16 万美元增加至 329.88 万美元。从表 18 - 42 和图 18 - 40 可见，棉麻丝的进口总额出现两个峰值。2006—2010 年棉麻丝的进口总额持续增加，并于 2010 年突破 500 万美元，之后 3 年有所下降。2013 年起棉麻丝的进口总额开始回升，直到 2016 年达到 766.56 万美元。之后棉麻丝的进口总额开始大幅减少，由 766.56 万美元减少至 329.88 万美元。

表 18－42　加拿大棉麻丝进口中国贸易总额

单位：万美元

年份	进口额	年份	进口额
1999	51.16	2009	402.88
2000	48.85	2010	570.09
2001	96.60	2011	413.57
2002	142.83	2012	414.56
2003	126.65	2013	273.70
2004	188.17	2014	336.96
2005	177.59	2015	385.58
2006	124.81	2016	766.56
2007	186.83	2017	369.22
2008	227.76	2018	329.88

数据来源：UNComtrade 网站。

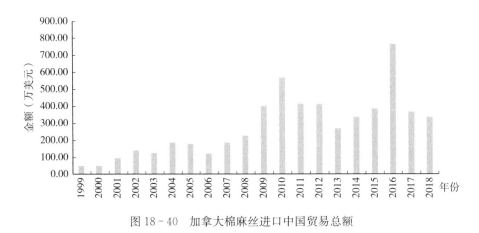

图 18－40　加拿大棉麻丝进口中国贸易总额

（十八）花卉

加拿大进口中国贸易总额第十八的农产品为花卉，20 年间由 76.16 万美元增加至 310.30 万美元。从表 18－43 和图 18－41 可见，花卉的进口总额波动上涨，但增速较慢。2014—2018 年，花卉的进口总额由 276.52 万美元增加至 310.30 万美元，年均递增 2.33％，增幅为 12.22％。

表 18－43　加拿大花卉进口中国贸易总额

单位：万美元

年份	进口额	年份	进口额
1999	76.16	2001	86.99
2000	78.63	2002	171.04

（续）

年份	进口额	年份	进口额
2003	207.08	2011	288.98
2004	165.27	2012	258.56
2005	105.19	2013	274.96
2006	149.89	2014	276.52
2007	184.54	2015	306.71
2008	250.04	2016	296.67
2009	206.89	2017	336.36
2010	265.72	2018	310.30

数据来源：UNComtrade网站。

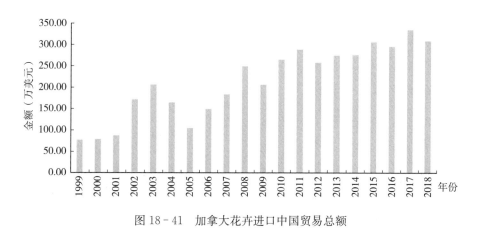

图 18-41　加拿大花卉进口中国贸易总额

（十九）饼粕

加拿大进口中国贸易总额第十九的农产品为饼粕，20 年间从贸易进口增加至 644.69 万美元。从表 18-44 和图 18-42 可见，2011 年前，饼粕的进口总额较少，2011 年之后开始增加。2011—2015 年，饼粕的进口总额由 51.81 万美元增加至 801.64 万美元。2015 年后饼粕的进口总额开始减少，由 801.64 万美元减少至 644.69 万美元，年均递减 5.30%，降幅为 19.58%。

表 18-44　加拿大饼粕进口中国贸易总额

单位：万美元

年份	进口额	年份	进口额
1999	0.00	2001	6.58
2000	0.36	2002	8.98

(续)

年份	进口额	年份	进口额
2003	14.17	2011	51.81
2004	1.20	2012	258.43
2005	18.49	2013	266.53
2006	14.80	2014	607.16
2007	27.63	2015	801.64
2008	46.55	2016	779.78
2009	7.56	2017	637.08
2010	38.48	2018	644.69

数据来源：UNComtrade 网站。

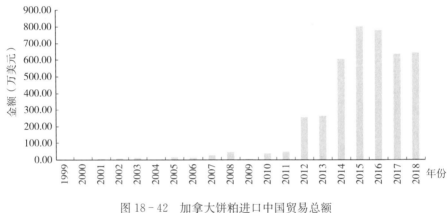

图 18 - 42 加拿大饼粕进口中国贸易总额

(二十) 精油

加拿大进口中国贸易总额最少的农产品为精油，20 年间由 57.44 万美元增加至 613.21 万美元。从表 18 - 45 和图 18 - 43 可见，2008—2014 年精油的进口总额持续增加，由 120.25 万美元增加至 439.96 万美元。2014 年后精油的进口总额开始大幅减少，由 439.96 万美元减少至 268.03 万美元。2015 年后精油的进口总额开始增加，由 268.03 万美元增加至 613.21 万美元，年均增长 22.99%，增幅达 128.78%。

表 18 - 45 加拿大精油进口中国贸易总额

单位：万美元

年份	进口额	年份	进口额
1999	57.44	2001	42.17
2000	45.49	2002	48.57

（续）

年份	进口额	年份	进口额
2003	63.75	2011	209.87
2004	82.26	2012	254.34
2005	103.42	2013	331.82
2006	100.08	2014	439.96
2007	124.48	2015	268.03
2008	120.25	2016	282.53
2009	123.66	2017	471.58
2010	162.59	2018	613.21

数据来源：UNComtrade 网站。

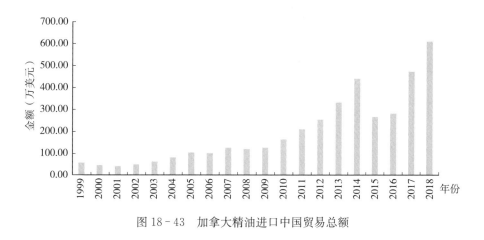

图 18-43 加拿大精油进口中国贸易总额

第四节 中国在加拿大农产品对外贸易中的地位

中国与加拿大都是农业及农产品生产与出口大国，双方各自拥有独特的供给和需求领域。一方面，中国是世界上最大的农业国和农产品消费国，自2001 年中国加入世界贸易组织以来，中国农产品贸易迅速增长，当前，中国既是农产品的主要进口国，也是农产品的主要出口国，2011 年中国第一次超过美国，成为全球最大农产品进口国。另一方面，加拿大也是传统农业强国，农业产业多样性强，其农业生产的 45％销售到海外市场，是一个农业净出口国，近年来农产品出口额增长显著，2018 年农产品出口总额 608.37 亿美元，较十年前增长了 134.89 亿美元。目前，中国是加拿大农产品出口的第二大市场，进口的第二大来源国，而加拿大是中国农产品进口的第八大供应国。

一、贸易总额

加拿大对外农产品贸易进出口总额和加拿大对中国农产品贸易进出口总额皆呈现增长趋势。加拿大对中国农产品贸易进出口总额占比由 2.26％ 增加至 9.58％。但是从表 18 - 46 和图 18 - 44 可以看出，加拿大对中国农产品贸易进出口总额仅占加拿大对外农产品贸易进出口总额中很少的一部分。2003 年之前加拿大对中国农产品贸易进出口总额占比未超过 3％。2004—2011 年，加拿大对中国农产品贸易进出口总额占比始终徘徊于 4％～5％，未超过 6％。2012 年后，贸易额波动上涨，由 7.53％ 增加至 9.58％。

表 18 - 46　加拿大对外贸易与对中国贸易总额的对比

单位：亿美元、%

年份	加对外贸易总额	加对中贸易总额	差额	占比
1999	360.96	8.16	352.80	2.26
2000	383.49	9.30	374.19	2.43
2001	408.47	11.22	397.25	2.75
2002	415.70	9.41	406.29	2.26
2003	456.35	13.01	443.34	2.85
2004	516.54	25.57	490.97	4.95
2005	560.58	26.11	534.47	4.66
2006	626.65	33.48	593.17	5.34
2007	726.36	33.31	693.06	4.59
2008	844.91	38.76	806.15	4.59
2009	753.04	40.90	712.14	5.43
2010	841.58	48.35	793.23	5.75
2011	979.14	53.91	925.23	5.51
2012	1 037.49	78.13	959.36	7.53
2013	1 072.60	79.98	992.62	7.46
2014	1 116.75	72.67	1 044.08	6.51
2015	1 067.99	72.52	995.47	6.79
2016	1 053.49	75.57	977.92	7.17
2017	1 101.97	88.43	1 013.53	8.02
2018	1 136.62	108.91	1 027.71	9.58

数据来源：UNComtrade 网站。

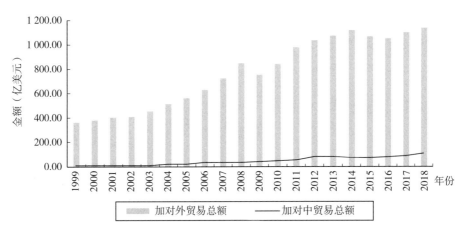

图 18-44　加拿大对外贸易总额与对中国贸易总额

二、出口贸易

加拿大对外农产品贸易出口总额和加拿大对中国农产品贸易出口总额皆呈现增长趋势。但是，加拿大对中国农产品贸易出口总额占比由 2.82% 增加至 14.66%。从表 18-47 和图 18-45 可以看出，加拿大对中国农产品贸易出口总额占比较少，2012 年后有所提高。在 2003 年之前加拿大对中国农产品贸易出口总额占比未超过 5%。2004—2011 年，加拿大对中国农产品贸易出口总额占比始终徘徊于 5%～7%，未超过 8%。2012 年后，贸易额波动上涨，由 10.84% 增加至 14.66%。

表 18-47　加拿大对外贸易与对中国贸易出口总额的对比

单位：亿美元、%

年份	加对外出口总额	加对中出口总额	差额	占比
1999	199.87	5.64	194.24	2.82
2000	214.28	6.31	207.96	2.95
2001	232.30	8.08	224.22	3.48
2002	229.93	5.65	224.28	2.46
2003	248.36	8.04	240.32	3.24
2004	291.31	19.35	271.96	6.64
2005	308.71	17.85	290.86	5.78
2006	341.71	23.96	317.75	7.01

（续）

年份	加对外出口总额	加对中出口总额	差额	占比
2007	396.26	22.30	373.96	5.63
2008	473.48	25.72	447.76	5.43
2009	398.81	27.49	371.32	6.89
2010	448.24	33.50	414.74	7.47
2011	526.20	37.13	489.07	7.06
2012	559.67	60.65	499.02	10.84
2013	574.71	62.52	512.19	10.88
2014	598.71	54.54	544.17	9.11
2015	569.37	55.22	514.15	9.70
2016	560.48	57.88	502.60	10.33
2017	590.78	69.91	520.87	11.83
2018	608.37	89.22	519.15	14.66

数据来源：UNComtrade 网站。

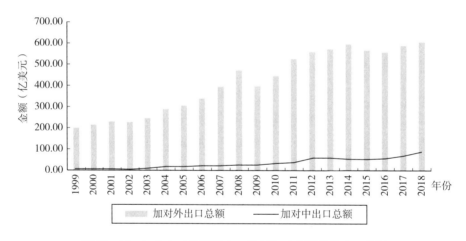

图 18-45 加拿大对外贸易出口总额与对中国贸易出口总额

三、进口贸易

加拿大对外农产品贸易进口总额和加拿大对中国农产品贸易进口总额皆呈现增长趋势。但是，加拿大对中国农产品贸易进口总额占比与出口总额占比相比较，差距较为明显，且加拿大对中国农产品贸易进口总额占比较少且增长速度较为缓慢。从表 18-48 和图 18-46 可以看出，加拿大对中国农产品贸易进口总额占比 20 年间由 1.57%增加至 3.73%，始终未突破 4%。

表 18 - 48　加拿大对外贸易与对中国贸易进口总额

单位：亿美元、%

年份	加对外进口总额	加对中进口总额	差额	占比
1999	161.08	2.52	158.56	1.57
2000	169.22	2.99	166.23	1.76
2001	176.17	3.14	173.03	1.78
2002	185.77	3.76	182.01	2.02
2003	207.99	4.97	203.02	2.39
2004	225.23	6.22	219.01	2.76
2005	251.88	8.26	243.62	3.28
2006	284.94	9.52	275.42	3.34
2007	330.10	11.01	319.09	3.34
2008	371.43	13.04	358.39	3.51
2009	354.23	13.41	340.82	3.79
2010	393.35	14.85	378.50	3.78
2011	452.94	16.78	436.16	3.70
2012	477.82	17.48	460.34	3.66
2013	497.89	17.46	480.43	3.51
2014	518.04	18.12	499.92	3.50
2015	498.62	17.30	481.32	3.47
2016	493.01	17.69	475.32	3.59
2017	511.19	18.52	492.67	3.62
2018	528.25	19.69	508.56	3.73

数据来源：UNComtrade 网站。

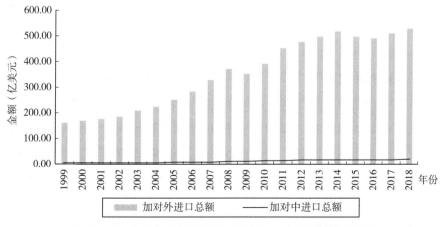

图 18 - 46　加拿大对外贸易进口总额与对中国贸易进口总额

第十九章 CHAPTER 19

中国在加拿大农业投资情况及 ▶▶▶ 案例分析

加拿大在农业投资、农业政策制度、生产种植、营销管理等环节都形成了比较成熟严谨的系统，在新技术的科研与应用、设备的开发与改良、结构的配比与优化、产品的质量与多样化等方面处在国际领先地位。中国对加拿大农业投资不但增强了中国农产品国际来源保障，为加拿大农产品提供了稳定市场，也为双边农业合作积累了经验。

第一节　中国在加拿大投资概况

自 2000 年中国实行"走出去"政策以来，中国对外投资进入快速增长期。一是在全球外国直接投资中的影响力不断扩大。据联合国贸发会议（UNCTAD）《2020 世界投资报告》显示，在全球外国直接投资连续 3 年下滑后，2019 年全球外国直接投资流出流量 1.31 万亿美元，同比增长 33.2％。其中，中国对外直接投资流量 1 369.1 亿美元，虽然同比下降 4.3％，流量规模低于日本的 2 266.5 亿美元，但仍然蝉联全球第二位；以 2019 年全球对外直接投资年末存量 34.57 万亿美元为基数计算，2019 年中国对外直接投资分别占全球当年流量和存量的 10.4％和 6.4％，流量和存量分别位列全球国家（地区）排名的第二和第三位；以年份来看，2019 年中国对外投资流量是 2002 年的 51 倍，占全球比重连续 4 年超过一成，2002—2019 年中国对外投资的年均增长速度高达 26％，2013—2019 年累计流量达 10 110.3 亿美元，占对外直接投资存量规模的 46％。二是投资领域不断扩大。2019 年中国企业对外投资并购涉及制造业、信息传输/软件和信息技术服务业、电力/热力/燃气及水的生产和供应业等 18 个行业大类。

虽然中国对外投资进入快速增长期，但是中国对加拿大的农业投资尚处于起步阶段，投资规模不大。根据 2018 年 12 月《中国企业对外投资意向调查》公布的最新调查结果显示，中国企业在农业方面的投资仅为 9.2%；从并购金额上看，农业仅为 11 亿美元，位居投资领域的第七位。尽管中国农业对外投资份额占总对外投资的份额较低，但投资势头好，近年来呈快速上涨态势。中国对加拿大农业投资的主力军包括中粮集团、中国农业发展集团总公司及其下属的中国农垦集团等大型央企、零售连锁商等，投资领域集中在大豆、油菜籽种植和仓储物流等农业生产、农产品加工和农产品流通领域。2019 年末，中国在发达经济体的直接投资存量 2 494.6 亿美元，占 11.4%，其中在加拿大直接投资金额为 140.9 亿美元，占中国对外直接投资的 5.7%，比 2018 年增长 5.9%，排在中国企业对外投资主体的第四位。

第二节　投资环境分析

一、优势分析

（一）经济持续稳定，市场化程度高

加拿大是工业国。作为一个相对成熟的经济体，加拿大的 GDP 比较稳定。2018 年国内生产总值（GDP）达到 20 634 亿加元，同比增长 1.8%，人均国内生产总值为 5.51 万加元。加拿大经济基础整体扎实，据世界经济论坛《2015—2016 年全球竞争力报告》显示，加拿大在全球最具竞争力的 140 个国家和地区中排第 13 位，经济规模排名全球第 11 位；加拿大市场化程度较高，制造业、高科技产业、服务业发达，资源工业、初级制造业和农业是国民经济的重要支柱。

（二）农业资源丰富，农业生产率高

加拿大地域辽阔，农业资源丰富，可耕地面积约占国土面积 16%，其中已耕地面积约 6 800 万公顷，占国土面积 7.4%，淡水和水力资源丰富，林业资源居世界前列，农业生产集中的南部省区土壤肥沃，气候条件非常适宜粮食等作物的生产。

以家庭农场和高度发达的机械化相结合是加拿大农业的突出特点。目前加

拿大共有农场25.4万个，平均每个农场的土地面积为170公顷，500公顷以上的大型农场占总数的10％，主要种植小麦、大麦、亚麻、燕麦、油菜籽、玉米、饲料用草等作物，各种大型和高功率农机形成了相互配套格局；农业生产区域化和专业化程度高。如安大略省的玉米产量占全国总产的75％以上，形成了专业化和区域化布局。在行业上实行比较严格的分工，生产环节上进行了细致的专业化分解，建立了各种特色鲜明的产业带。

（三）农产品贸易规模大，产品结构和市场结构相对集中

加拿大是世界上最重要的农产品贸易国之一，农产品产量约一半用于出口，进口额、出口额分别居世界第九位和第七位。加拿大农业与国际市场紧密联系，国际市场的农产品价格和汇率波动会对其农业生产和贸易产生重大影响。2015年加拿大农产品贸易额占世界农产品贸易总额的3.1％。其中农产品出口额368.5亿美元，占全球农产品出口总额的2.7％；农产品进口额482.5亿美元，为全球农产品进口总额的3.6％。

加拿大进出口农产品结构较为集中。主要出口油籽、谷物、畜产品和水产品，主要进口饮品类、水果、蔬菜和畜产品。2015年，油籽、谷物、畜产品和水产品四类产品出口额占加拿大农产品出口总额的49.2％，饮品类、水果、蔬菜和畜产品四类产品的进口额占加拿大农产品进口总额的56.4％；农产品市场结构相对集中。加拿大农产品出口市场的前五位分别为美国、中国、日本、墨西哥和印度，合计占全部农产品出口总额的73.59％。其中，美国是加拿大农产品最重要的出口对象，占加拿大农产品出口额的一半以上。加拿大农产品前五大进口来源地为美国、墨西哥、中国、意大利和法国，合计占进口总额的71.1％，其中从美国的农产品进口占加拿大进口总额的近60％。

（四）水资源丰富，水产品出口比例高

加拿大特殊的地形地貌造就了发达的渔业。加拿大75％的渔产品出口，是世界上最大的渔产品出口国。2018年加拿大农、林、渔业总产值406亿加元，占国内生产总值的2％。加拿大国土辽阔，东临大西洋，西临太平洋，北靠北冰洋，三面环海，而内陆也是江河湖泊纵横交错。加拿大的海岸线占世界海岸线全长的25％。加拿大广阔的国土上还覆盖着755 000平方公里的净水资源，占全球净水面积的16％，并拥有世界最大的4个湖泊。

加拿大重视水环境保护。优质的水质成为开展高品质水产养殖的理想条件，优质、纯净的水资源培育了超过 160 种海鱼和淡水鱼类以及贝类。渔业资源的周边地区遍布着大量初加工厂和深加工厂，构成了加拿大完善的水产业链条。理想的地理环境及气候因素，以及与美国毗邻的距离优势令加拿大的水产业极具竞争力。

近年来，中国和加拿大两国间的水产品贸易正逐年递增。在未来 15 年，加拿大水产领域的总经济价值将超过 50 亿美元。

（五）农业支持政策全面，产业安全性高

目前，商业风险管理（BRM）框架是加拿大农业支持政策中最为核心的部分，该框架由 5 个计划组成，其中前 4 个最为重要。一是农业稳定计划。该计划类似于全农场收入保险，保障的是全农场的经营收益或利润，当农场的利润降幅超过 30％时，政府开始进行补偿，补偿金额等于利润降幅的 70％。二是农业投资计划（农场收入支持计划）。为了保证农场经营的现金流动性，政府将存入银行特定账户的占农场经营净收入一定比例（最大 1％）的资金进行等额配套。三是农业保险计划。对农作物因不良天气而遭受的生产风险和损失进行赔偿。四是农业恢复计划。这是一个事后的灾后援助计划，类似于中国的政府灾害救济计划。五是农业风险支持计划。该计划是专门用于支持研究和创新项目试点的计划，如加拿大的西部畜牧价格保险计划就是这个计划在提供资助。

二、劣势与挑战

（一）劳动力成本高

为保证外来投资能创造国内就业机会，加拿大移民法规定，除加拿大公民和永久居民外，任何其他人在未取得工作许可前不得在加拿大受雇。通常加拿大的雇主若需雇佣外国劳工，首先应先在加拿大的人事资源局确认聘用函，但前提是人事资源局必须先确定没有任何一个加拿大公民或永久居民能够胜任工作。在经济不景气、失业率居高不下期间，人事资源局通常不愿意给外国劳工发聘用函。除极少量的管理人员和技术人员可以来自投资方外，一般不允许外国投资企业雇用外国工人。这极大提高了企业的用工成本。另外加拿大各省都

规定了最低工资，并且提高最低工资标准的频率较频繁，这使得劳动力成本迅速提升。

据 2019 年世界银行人口统计显示，2019 年加拿大劳动力总数为 2 058.38 万人，比上年增长了 23.89 万人，虽然加拿大就业人口呈现上升趋势，但因为加拿大人口总量稀少且随着加拿大经济过去两年全速运行，就业岗位虽增加，但失业率大幅下降，再加上人口老龄化和婴儿潮一代退休等原因，导致劳动力短缺形势严重。2019 年男性劳动力参与率为 69.42%，比上年减少了 23%；女性劳动力参与率为 60.84%，比上年减少了 14.50%。劳动力成本提高和劳动力短缺的相互叠加，加上即使人口短缺，依然有限度接收海外移民的政策，外国投资企业不得不提高工资，从而导致企业成本大幅提高。

（二）税收体系复杂税率高

加拿大是高福利、高税赋国家，实行联邦、省和地方三级课税制度，主要税种包括个人所得税及附加税、公司所得税及附加税、社会保障税、商品与劳务税、消费税、关税、特别倾销税、资源税、土地和财产税、资本税等。每项税种中又分不同细类，且联邦政府与各省政府间、不同省份间及各地方政府间在税种划分及税率上又有所不同。加拿大的高税率对企业在加投资造成了巨大影响。目前通过设计多项税收优惠，扶助小型企业和制造行业。如加拿大联邦规定的公司所得税基本税率是 28%，实行小型企业税率可将联邦公司税率降低至 13%，如果能够获得"制造及生产行业税收优惠"，则可将联邦公司所得税率再降低 8%。

（三）贸易壁垒严重

一是在进口控制方面。根据《进出口许可法》，加拿大进出口控制局负责按照进口控制清单对进口产品实行监控。进口控制清单中列明产品需要获得进口许可。目前，实行进口控制的产品主要是各种农产品（家禽、蛋以及奶制品）、纺织品及服装类、特定的钢铁产品以及武器及军需品。进口的农渔产品、食品、动植物等必须符合《食品和药物法》，进口商负责确保此类产品获得加拿大食品检验局的检验标准。

二是在进口配额方面。加拿大自 1995 年起对农产品实行关税配额管理制度。加拿大农产品关税配额占总农产品关税税目的 9%，主要是奶制品、鸡肉、火鸡以及蛋类，由加拿大供应管理系统对其进行配额管理。除人造黄油、大麦、小麦、大麦制品及小麦制品外，所有关税配额限制的农产品的进口都需要事先获得配额。对于大麦、小麦、大麦制品及小麦制品的进口，可签发一般进口许可证，直到配额用完为止。关税配额以内的农产品进口关税较低，甚至为零，但是对关税配额以外的进口征收高关税，如对配额外的部分奶制品征收最高 314% 的关税。

（四）机构调整挑战大

加拿大小麦局是代表加拿大政府负责加拿大西部地区小麦与大麦产品销售的世界级营销机构，拥有稳定的产品供应渠道和体系，但近年来其垄断地位却影响了加拿大小麦产品在全球市场的竞争力。为了削弱其影响力，加拿大联邦政府将其公司化，使得其垄断地位下降，面临各大谷物公司的竞争，麦农可以选择通过加拿大小麦局销售产品或者直接进入自由市场交易，这就使得加拿大本国农产品市场竞争日趋激烈，对中国企业产生了不小的挑战。

（五）投资信息及基础设施支撑薄弱

中国对发达国家投资刚刚兴起，企业普遍缺乏对外直接投资经验，特别是农业对外投资的经验不足。自 2007 年起，中国对加拿大直接投资呈加速增长趋势，但从总体来看，中国非金融类对外投资总量流向北美的份额仍然较小。中国境外企业分布的主要行业中农、林、牧、渔业所占比重仅为 4%～6%。农业对外直接投资流量仅占总流量的 0.3%～3%，对外直接投资存量占全部存量的 0.8%～1%。由此带来的问题是对外农业投资所需相关信息资源不足，导致投资风险较高。除此之外，经营环境与文化差异导致的市场信息、相关法律知识、风险防范和控制能力及管理方式的应对不足也对中国农业对外投资产生了一定的阻碍作用。

部分地区基础设施薄弱也是中国农业对加拿大扩大投资的制约因素。加拿大资源丰富，水上运输便利且发达。但由于地广人稀，一些地处偏远的北部省份完全不具备铁路、公路、电力、网络通信服务等企业运营所需的基础设施。部分地区现有的基础设施也可能无法满足企业运营的正常需求，导致企业无法按正常计划进行产品的运输和销售，造成产品积压、仓储设施面临巨大压力，严重时导致生产被迫延缓。

第三节　案例分析——加拿大皇家牛奶公司

加拿大作为工业化国家，制造业、高科技产业、服务业发达，资源工业、初级制造业和农业是加拿大国民经济的支柱。但是面对国际市场的冲击，近年来加拿大在婴幼儿配方奶粉生产领域一直不见起色，市场上奶粉品牌都是外来输入的欧美品牌。加拿大乳业委员会在加拿大国内和欧洲、亚洲一直寻求投资商未果。最终与中国婴儿配方奶粉制造商飞鹤乳业协商投资 3.32 亿加元在安大略省金斯顿建造新工厂。

黑龙江飞鹤乳业有限公司（美国独资）具有 40 多年专业乳品制造的历史。2002 年 3 月，飞鹤乳业加盟美国乳业控股有限公司（ADI），成为其在中国的第一家独资企业，专业从事营养乳品的科研开发与生产销售。飞鹤乳业公司位于北纬 47°，在中国享有"鹤乡之城"的齐齐哈尔市东部，是国际公认的最佳奶牛饲养带，资源优势为乳制品的制造提供了纯正天然的品质保证，在中国黑龙江、吉林、陕西和美国已经拥有 7 家制造工厂。

加拿大安大略省食品加工业的大笔投资可获得相当于投资额 10%～15% 即至少 2 250 万加元的政府拨款；飞鹤总部虽然在黑龙江，但是未来的金斯顿奶粉厂所属的"飞鹤国际"却在开曼群岛注册公司，正式名称是"加拿大皇家乳业"，不仅可以合理避税，还可享受和加拿大本国食品加工商同等的政府资助，大大减轻了飞鹤的投资成本；加拿大对牛奶、奶酪和禽蛋业的供应管理制度严格，奶粉品质在中国享有盛誉，飞鹤在金斯顿生产的牛奶粉和羊奶粉 85% 将运回中国销售，市场潜力广阔。综合考虑以上因素，飞鹤决定在加拿大安大略省投资建厂。

飞鹤加拿大奶粉厂 2017 年 6 月份开建，2019 年下半年投产，投资额 3.3 亿加元，占地约 2.79 万平方米。飞鹤在加拿大投资是过去十年来安大略省农业领域最大的外国投资，也将是北美地区最新、最现代化的企业，不仅是加拿大第一家且唯一一家使用湿法工艺婴幼儿配方奶粉生产企业，也是北美目前唯一的山羊奶粉生产基地，绝大部分则主要面向亚洲市场，20% 投向北美市场，每年需要 7 500 万升山羊原料奶，成为加拿大安大略省近十年来最大规模的投资项目。

2017 年 8 月初，飞鹤乳业与加拿大食品检验署高层会晤和洽谈，并与当地监管机构、当地政府、乳业协会、当地居民代表一起参观即将建成投产的奶粉厂。当地媒体以"金斯顿有史以来最大的经济发展项目"来形容这一事件。

飞鹤还使得加拿大在美—加—墨协议中对限制其牛奶制品的出口数量和取消奶制品配方定价系统等方面做出了妥协，将婴儿配方奶粉的年度出口配额大部分配给加拿大皇家牛奶公司（飞鹤在加拿大的全资子公司）。

飞鹤国际化布局的成功表明，中国在加拿大农业投资前景广阔，只要充分做到长袖善舞，扬长避短，中国农业在加拿大的投资一定大有可为。

第二十章 CHAPTER 20
加拿大农业发展的经验与启示 ▶▶▶

第一节 农业发展的经验

一、农业产业专业化，农产品生产集中化

加拿大农作物生产非常集中化，农业区域划分明显，并形成多个农业区域类型。谷物生产区域主要在南部地区，其中萨斯喀彻温省以生产硬质春小麦为主，小麦产量已达到加拿大总产量的 3/5，主要用于出口；艾伯塔省以生产大麦为主，该地区大麦产量达到全国总产量的 1/2。中部地区是针对国内需求进行作物生产，以种植草原春小麦为主。玉米在加拿大主要用作饲料，其产量的 3/4 出自安大略省，大豆的种植区域最为集中，只在安大略省有分布。加拿大农作物种植的集中化，有利于进行良种繁殖、大田管理和病虫害的防治工作，有利于发展农业产销一体化模式，提高农业产业专业化水平，凸显加拿大农业生产的规模效应和竞争力优势。

二、农产品商品化，农业贸易国际化

加拿大农业劳动生产率居世界前列，农产品产量高、种类繁多，但人口少，国内市场需求量较小。为了提高农产品利用率，加拿大政府对农产品的产量进行详细统计，针对每年国内市场需求进行合理分配，每年约 45％的农产品用于出口，美国是加拿大农产品最大的出口国。目前，加拿大与中国的农产品贸易逐渐增加，中国可能会成为加拿大农产品出口的第二大贸易伙伴。

三、农场发展大型化，农机设备完善化

加拿大农业以农场经营为主，2016 年加拿大拥有 19.3 万个农场，其中面积小于 4 公顷的农场数量占 6.8%，相对于 1996 年增加了 0.8%，面积为 4～28 公顷的农场数量占 16.6%，增加了 3%，面积为 28～1 152 公顷的农场数量占比降低了 7%，而面积大于 1 152 公顷的农场数量占比增加了 4%，说明随着农业的发展，农场数量将会越来越少，而农场规模将会逐渐扩大，面积达 1 000 公顷以上的农场数量会越来越多。1996—2016 年，农场总数有所减少，从 276 548 个减少到 193 492 个，总数减少了 30%。大型化的农场节约了投入成本，提高了劳动生产效率。此外，加拿大农场配套设备完善，大功率农业机械数量较多，而且不同环节的大功率设备一应俱全，3 种不同的产业专业化模式形成一条完整的生产链，从而实现农业的生产、加工和销售。

四、农业产业科学化，农业研究应用化

加拿大十分重视农业科研，成立了多个研究机构，从农业及农业食品部到各级的农业厅以及农业院校和农企等，大家紧密合作。加拿大农业科研侧重于应用性，重视对产业领域的研究，其投入经费占农业生产总值的 2% 以上。在所有自然学科中，农业科研占 12% 以上，远远高于世界平均的农业科研投入占比。在科研人员中，农业科技人员占比最大，达到 28% 左右。正是由于加拿大政府对农业科技的重视，才促进了农业科技转化率的提升，提高了农业科技的应用程度。

五、农民知识化，从业职业化

加拿大政府对农业的重视程度不仅体现在政策和投入的支持上，更体现在对有知识的生产者的重视程度上。例如，在加拿大具有一定知识水平的农民可以优先申请贷款，这说明政府对有知识的农民具有足够的重视和尊重。为了提高农民的整体技术水平，加拿大政府开展绿色证书培训，并出资鼓励农场主进行知识培训，在培训过程中根据岗位进行规范考核，培训侧重于实践操作，提

高培训的效果与适应性。小型农场抗风险能力较弱，成本高，因此加拿大政府鼓励建立规模化的农场，缩小成本，提高生产效率，实现农场的规模化和集约化，为此，农业从业者可以从规模化农业经营中获得足够的收益，成为完全意义的职业农民。

第二节 农业发展的启示

一、加快实现规模化经营，提高机械化和信息化水平

加拿大农业经营以农场为主，而中国则是家庭承包经营责任制，规模小，竞争力弱。必须加快耕地的流转，实现耕地集中化，这也是现代农业发展的必然要求。中国农业人口占比较大，大部分农业人口主要从事农业生产，因此解决农业劳动力的就业问题成为打破传统农业经营方式的关键，也是促进耕地集中的有效途径。加拿大农业机械化提高了劳动生产效率，效果明显。中国应该在可成片种植的区域，大力推行机械化、信息化和自动化生产技术，提高农业生产效率。

二、优化农业产业结构，提高产业化经济效益

加拿大农业产业结构主要以市场为导向，具有很强的目的性和针对性。因此，农业发展应着眼于市场需求，因地制宜，制定合适的种植计划和农业发展规划，从传统的作物种植结构向计划型、多样化种植结构转变，从单一型向多种经营型转变。围绕市场需求，鼓励农业产业化龙头企业与农民合作，借鉴加拿大企业集团模式，建立针对市场需求的生产—加工—技术—销售—服务的一体化经营模式，提高农业经济效益和农产品的国际市场竞争力。

三、把握大农业发展趋势，向品牌农业方向发展

品牌农业目前仍处于快速发展时期。中国农业人口多，传统农业文化悠久，生态农业快速发展，这些条件都有利于发展品牌农业。发展品牌农业就是走生态、环保、可持续发展的道路，中国应抓住机遇发展品牌农业，提高中国

农产品的竞争力。制定并深入实施品牌农业的发展策略，加大对标准、对科研的投入，加强品牌农业的管理，提高品牌农产品在国内外市场的占有率。

四、加大农业支持力度，完善相关农业政策和制度

加拿大政府重视对农业的投入，在资源、技术、人力和资金的投入上都明显高于中国。因此，中国应强化对农业的支持。在农业政策和制度上，应完善农业生产的相关制度，适当增加农业机械设备的投入，提高劳动生产效率；提高先进技术的转化率和普及率，让农业研究院、高校研究机构的技术人员和农民进行有效对接，及时为农民进行农业技术培训，实现技术的有效推广和使用；增加科研项目经费的投入，把科研放在首要地位，为研发过程提供充足的经费保障。

五、加强对农民的教育培训，提高整体素质和竞争力水平

虽然中国建立了农村教育和农民培训机构，但仍有很大提升空间。基于加拿大农民培训制度，建议制定出台切实可行的持续培训和职业资格政策制度，确保培训经费到位和培训支持体系建设，鼓励农民积极参加农业教育培训；并根据农民实际情况进行技术指导，提高教育培训的有效性。同时，选择吸引骨干务农人员，完善农业科技推广体系，对骨干务农人员进行专业化技术培训，也可以考虑将其培养成为基层的农业技术推广人员，发挥示范带动作用。

参考文献

References

曹广生，张宝田，银仕宏，等，1994. 对加拿大政府发展农作物保险事业的考察 [J]. 农村经济与社会 (5)：43-48.

陈蓬，2004. 加拿大森林经营及其启示 [J]. 浙江林学院学报 (4)：117-121.

陈肖安，张跃远，2003. 中加两国绿色证书培训比较研究 [J]. 职业技术教育，24 (1)：63-67.

陈亚红，2017. 加拿大现代农业技术推广的特点与启示 [J]. 北京农业职业学院学报，31 (4)：15-19.

陈园园，2009. 加拿大绿色证书计划的特点 [J]. 中国职业技术教育 (28)：58-60.

程冠楠，2013. 农村基础设施建设的国际经验 [J]. 世界农业 (7)：4-56.

程又中，胡宗山，2007. 国外农村建设的经验教训 [J]. 当代世界与社会主义 (2)：100-104.

崔向慧，卢琦，褚建民，2012. 加拿大土地退化防治政策和措施及其对我国的启示 [J]. 世界林业研究，25 (1)：64-68.

董振亚，2007. 加拿大土地利用规划体系模式及其启示 [J]. 国土资源导刊 (2)：63-66.

杜艳艳，郭斌梅，余文哲，2013. 发达国家食品安全监管体系及对中国的启示 [J]. 全球科技经济瞭望，28 (5)：71-76.

樊军锋，2002. 加拿大森林经营与管理考察见闻 [J]. 陕西林业科技 (2)：89-93.

范利君，2014. 国外农业基础设施建设的实践及经验 [J]. 世界农业 (3)：64-90.

费平，杨洋，王国林，2009. 国外农村医疗保障和社会救助制度 [J]. 中国劳动 (2)：28-31.

江树革，比约恩·古斯塔夫森，2007. 国外社会救助的经验和中国社会救助的未来发展 [J]. 经济社会体制比较 (4)：78-83.

高晓春，2014. 比较分析美国和加拿大农业保险制度模式及其启示 [J]. 世界农业 (9)：76-78.

郭华麟，韩国全，蒋玉涵，等，2018. 加拿大食品安全监管体系与启示 [J]. 检验检疫学刊，28 (4)：51-55.

郭文华，2012. 加拿大开展表土剥离，重视保护土地质量 [J]. 国土资源情报 (3)：28-31.

340

郭兴平，王一鸣，2011.基础设施投融资的国际比较及对中国县域城镇化的启示［J］.上海金融（5）：22-27.

胡静，闫志利，2014.中外新型职业农民资格认定标准比较研究［J］.职教论坛（10）：57-62.

胡雨梦，姜雪梅，王森，2017.应对与发展——全球气候变化背景下的加拿大林业［EB/OL］.http://www.sjlyyj.com/html/2017/6/20170614.html.

贾建宇，2017.农村医疗保险制度变迁的国际比较研究［J］.农村金融研究（6）：57-61.

矫波，2009.加拿大环境保护法的变迁：1988—2008［J］.中国地质大学学报（社会科学版），9（3）：57-61.

李剑泉，谢怡，李智勇，2009.加拿大森林采伐管理制度及借鉴［J］.世界林业研究，22（5）：6-9.

李黎，何苗，2008.我国的农业教育可以加拿大为借鉴［J］.资源与人居环境（5）：20-22.

李莎，2009.美国农村教育问题及对策浅析［J］.成功（教育）（2）：13.

李万江，2001.加拿大森林资源的管理［J］.甘肃林业（1）：32-33.

李武艳，徐保根，赵建强，等，2013.加拿大农地保护补偿机制及其启示［J］.中国土地科学，27（7）：74-78.

李翔，2020.加拿大农业发展经验及对中国的启示［J］.世界农业（4）：60-65.

李翔，2020.加拿大农业发展经验及对中国的启示［J］.世界农业（4）：62-67.

李卓尔，2005.加拿大高等农业职业教育的特点探析［J］.高等教育（9）：78-81.

刘长安，赵继龙，王楠，2016.北美城郊社区与农业共生规划思想探析——以加拿大皮埃尔丰社区规划为例［J］.山东建筑大学学报，31（5）：428-434.

刘全永，崔保伟，贾利元，等，2020.加拿大农业职业教育"课程"（专业）体系开发研究——奥兹农学院为例［J］.教育现代化，7（17）：168-171.

罗超烈，曾福生，2015.农业与生态环境协调发展：加拿大经验及启示［J］.世界农业（6）：28-30.

马元琤，2001.加拿大水资源概况［J］.水利水电快报，18-19.

穆德智，尹卫，2012.浅议国外农业科研管理体制和机制［J］.青海农林科技（1）：34-36.

邱艳娟，李亦珠，2013.借鉴先进经验，加快我国农村社会救助制度发展［J］.中共南昌市委党校学报，11（5）：51-54.

宋国明，2006.加拿大土地资源管理［J］.中国发展观察.

宋艺，2020.国外都市现代农业的典型模式及经验启示［J］.现代经济信息（5）：155-156.

孙婧毅，2014.加拿大农业产业化发展特点及对我国的启示［J］.上海经济（4）：48-50.

孙艺冰，2013.都市农业发展现状与潜力研究［D］.天津：天津大学.

孙永堂，1997.加拿大农业科研机构及其科研活动的发展［J］.山东农业科学（5）：49-50.

孙振霖，2002. 加拿大全民医疗保健制度［J］. 中国卫生质量管理（2）：59-60.

田玉丽，2020. 中国与中亚五国贸易竞争性与互补性研究［J］. 山东社会科学（10）：152-158.

田玉敏，杜丽华，2008. 国外高等农业教育支撑农村发展的路径探究［J］. 世界农业（3）.

万利，黄莹，2020. 新时期休闲农业与乡村旅游业协调发展研究［J］. 核农学报，34（10）：2380-2381.

王爱华，李社潮，2019. 加拿大农业生产服务模式及对我国的启示［J］. 农业工程，9（10）：133-135.

王东亚，黄志英，2014. 国外农村医疗服务可持续发展与借鉴［J］. 内蒙古农业大学学报（社会科学版），16（1）：11-13.

王俊，2011. 发达国家农业科技发展经验对中国新农村建设中农业科技发展的启示［J］. 世界农业（7）：75-80.

王克，2019. 加拿大农业支持政策和农业保险：发展和启示［J］. 世界农业（3）：56-116.

王莉，2012. 加拿大高等农业教育特点分析［J］. 世界农业（12）：137-141.

王莉，2012. 中加高等农业教育合作初探［J］. 社科纵横，27（2）：148-153.

王敏，孟刚，张凯峰，等，2017. 国内外基础设施现状及发展趋势［J］. 混凝土世界（8）：32-35.

王志，李艳芳，2008. 加拿大土地利用规划对我国土地规划启示［A］//中国土地学会、中国土地勘测规划院、国土资源部土地利用重点实验室.2008 年中国土地学会学术年会论文集［C］. 北京：中国土地学会.

夏敬源，2003. 美国、加拿大促进农产品出口贸易的经验与启示［J］. 中国农技推广（4）：11-14.

修德仁，张平，王世军，2004. 加强农业科技创新支撑体制建设——访加拿大农业科研院校的启迪［J］. 天津农业科学（2）：1-3.

徐晖，周之澄，周武忠，2014. 北美休闲农业发展特点及其经验启示［J］. 世界农业（11）：110-116.

许勇，2007. 加拿大可持续农业发展的经验及对中国的启示［J］. 世界农业（5）：20-22.

严仲连，2014. 加拿大发展农村学前教育的经验［J］. 外国中小学教育（5）：14-18.

杨嫩晓，张海庆，2007. 加拿大的农业管理政策与启示［J］. 经济研究参考（47）：15-18.

杨艳丽，马红坤，王晓君，等，2019. 发达国家区域性农业科技创新中心的构建经验及对京津冀区域的启示［J］. 中国农业科技导报，21（11）：9-16.

殷际文，徐虹，2006. 加拿大农业职业教育及对我国的借鉴意义［J］. 东北农业大学学报（社会科学版）（4）：48-50.

员金松，2010. 国外农业产业化发展模式分析［J］. 合作经济与科技（3）：24-25.

翟治芬，周新群，张建华，等，2015. 发达国家农业科技化发展的经验与启示 ［J］. 世界农业（10）：149 - 153.

张福田，王亚男，李梦佳，2018. 加拿大有机农业发展现状分析 ［J］. 现代农业科技（6）：246 - 247.

张宏志，2015. 中国与美国农业保险特征比较研究 ［J］. 世界农业（2）：38 - 42.

张进，2008. 加拿大保护性耕作农业 ［J］. 当代农机（2）：26 - 28.

张静，2008. 借鉴国外社会救助制度构建我国农村最低生活保障法律制度 ［J］. 特区经济（9）：252 - 254.

张雷，2012. 发达国家农业保险发展研究 ［J］. 世界农业（9）：18 - 21.

张莉，谢元媛，张良，等，2014. 加拿大农业生产服务体系经验与借鉴 ［J］. 农产品加工（学刊）（19）：63 - 69.

张鹿鸣，申俊林，韩涛，等，2004. 加拿大的森林·林业与环境——赴加考察学习的几点体会 ［J］. 甘肃林业（1）：37 - 38.

张青，2016. 加拿大涉农财政体制研究 ［J］. 公共财政研究（6）：83 - 94.

张琼，2002. 别具一格的加拿大农业职业教育 ［J］. 华中农业大学学报（社会科学版）（1）：88 - 103.

张涛，王永生，2009. 加拿大矿山土地复垦管理制度及其对我国的启示 ［J］. 西部资源（1）：47 - 50.

赵丹，吴宏超，2010. E - Learning 在加拿大农村学校的应用及启示 ［J］. 中国远程教育（3）：71 - 74.

赵玉姝，焦源，高强，等，2017. 国外农业供给侧改革的经验与借鉴 ［J］. 江苏农业科学，45（19）：7 - 10.

中原农业保险公司加拿大农业保险考察团，2016. 加拿大农业保险考察报告（下）［J］. 保险理论与实践（8）：109 - 120.

中原农业保险公司加拿大农业保险考察团，2016. 加拿大农业保险制度发展模式（上）［J］. 保险理论与实践（6）：88 - 97.

周海鸥，赵邦宏，2012. 加拿大农民培训模式分析与经验借鉴 ［J］. 河北经贸大学学报，33（3）：91 - 97.

周批改，谭娟，2009. 加拿大社会保障制度及其对农民的优待政策 ［C］//湖湘公共管理研究（第一卷）. 湘潭：湘潭大学出版社.

朱鸿，2006. 美国农业技术推广体系的特点与职能 ［J］. 台湾农业探索（3）：62 - 64.

朱珏，2008. 加拿大促进农业发展政策措施 ［J］. 农产品市场周刊（42）：35 - 37.

朱俊生，姜华，庹国柱，等，2016. 加拿大农业保险考察报告（中）［J］. 保险理论与实践（7）：107 - 123.

朱晓鸣，2014. 加拿大的农业产业化 [J]. 中国畜牧业 (12)：54-55.

朱晓鸣，2014. 加拿大的农业环境保护 [J]. 中国畜牧业 (23)：50-51.

朱晓鸣，2015. 加拿大的保护性农业生产 [J]. 中国畜牧业 (4)：41-42.

Roberta MacDonald，Lee Jolliffe，2003. Cultural Rural Tourism，Evidence from Canada [J]. Annals of Tourism Research (30)：307-322.